1. Auflage Oktober 2016
2. Auflage Juli 2018 (überarbeitet)
3. Auflage April 2020 (überarbeitet)
4. Auflage Januar 2022 (neuer Buchsatz)

Buchgestaltung und Portrait
Conni Berner, cb-photography.one

Globaler Reichtum

Eine Machbarkeitsstudie

Ludwig D. Gartz

Neunheit Reihe · Band 2

Inhalt

Eine Bande von Dieben beraubte eine Person ihrer Wertsachen. Die Diebe banden sie mit einem Seil und stießen sie in einen Brunnen. Das Opfer rief nach Hilfe. Als einige Menschen diese Rufe hörten, gingen sie zu dem Brunnen. Als sie die Person sahen, warfen sie ein Seil in den Brunnen und retteten sie. Ein Seil hatte die Person festgebunden. Später wurde sie von einem anderen Seil gerettet. In ähnlicher Weise ist unser eigener Geist die Ursache sowohl für unsere Gefangenschaft als auch für unsere Befreiung."

Mata Amritanandamayi, Leiterin des M.A. Math, einer Organisation zur Unterstützung der Armen und Hilfsbedürftigen in Indien

Weiterführung des Autors: „*Und in ähnlicher Weise kann ein Geldsystem, das eine Gesellschaft sich wählt, Ursache von Verarmung und Knechtung, wie auch Ursache von allgemeinem Wohlstand und Befreiung sein. Da die eine Menschheit aus vielen Körpern besteht, ist es an der Zeit, dass wir uns selbst ein Seil in den Brunnen hinabwerfen, uns herausziehen und die Fesseln lösen.*"

Grundgedanken

In diesem Werk geht es um die Beleuchtung der Rückwirkung des vom Menschen geschaffenen Geldes auf unsere Welt und unser Bewusstsein im Lichte der neunfachen Struktur des menschlichen Geistes. Dies soll eine Antwort auf die Frage geben, ob und wie wir durch einen Wandel des Geldsystems negative, für unser Menschsein schädliche Wirkungen auflösen und positive, für unser Menschsein förderliche Rückwirkungen eines Geldsystems schaffen können. Wie sieht unser Geldsystem aus und wie könnte oder sollte es aussehen?

Immer mehr Menschen fragen sich, was wir tun können, um die großen gesellschaftlichen, politischen, ökologischen, ökonomischen, zwischenmenschlichen und psychischen Probleme der Menschheit zu lösen.

-Eine zunehmende Arm-Reich-Spaltung weltweit anstatt einer wirtschaftlich neutralen Verteilung des Wohlstands der Menschheit

-Milliarden von Menschen in bitterer Armut (die Hälfte der Menschheit lebt von weniger als 2,50 Dollar am Tag) anstatt eines globalen Wohlstands

-Nationale Feindschaften und teilweise militärische Auseinandersetzungen wegen Energieressourcen und Märkten anstelle von Kooperation und Frieden

-Eine immer noch nicht zum Stillstand gebrachte Zerstörung der Umwelt, die mittlerweile noch vor einer Kriegsgefahr und noch vor den ökonomischen Problemen zum Problem Nummer 1 der Menschheit geworden ist. Denn Kriegsgefahr und ökonomische Probleme werden sekundär, wenn wir die natürlichen Grundlagen unseres Überlebens unwiederbringlich zerstören. Dies anstatt eines konzertierten Bemühens der Menschheit, die Umwelt zu reinigen, Wälder wiederaufzuforsten, Wüsten zu begrünen und die Wirtschaft der Welt auf 100% umweltfreundlichen Energieerzeugung und Produktionsweisen umzustellen.

Was können wir tun, um all die Dinge möglich zu machen, die weltweit dringend getan werden müssen?

Das System, mit dem es zu all diesen Problemen gekommen ist, wird kaum in der Lage sein, die Probleme zu lösen, für deren Entstehung es mindestens mitverantwortlich ist. Worin genau bestehen die ursächlichen Zusammenhänge in diesem System? Warum erzeugt (oder zumindest begünstigt) das bestehende System diese Probleme? Wie wirkt sich dieses System auf unsere Welt aus? Mit diesen Fragen beschäftigt sich Kapitel 1.

Wie könnte ein Geldsystem aussehen, das die wirtschaftlichen Aspekte der oben genannten Probleme lösen kann? Welches Geldsystem würde eine neutrale Verteilung des Wohlstands begünstigen und Armut und die anderen Probleme nachhaltig im Einklang mit der Natur beseitigen? Um diese Fragen geht es in Kapitel 2.

Kapitel 3 beschäftigt sich speziell mit der Wirkung unseres Geldes auf unser Bewusstsein. Es vergleicht die beiden Geldsysteme und zeigt, wie unser kollektives Bewusstsein verursacht, welches Geldsystem sich in der Außenwelt durchsetzt. Es zeigt, wie ein kollektiv überwiegend eigennütziges Bewusstsein automatisch ein ungerechtes System erzeugt und erst ein kollektiv überwiegend auf das Wohl der Gemeinschaft und des Ganzen ausgerichtetes Bewusstsein ein gerechtes System möglich macht. Es beschäftigt sich demzufolge mit der Frage, was wir tun können, um das kollektive Bewusstsein für ein gerechtes System bereit zu machen? Worin liegt der Sinn, als Gesellschaft mit einem dysfunktionalen, ungerechten, destruktiven System zu leben? Solange wir ein solches System nicht durch ein gerechtes ersetzen können: Wie können wir der kollektiven Resignation entgegentreten und ein solches System dennoch positiv für uns nutzen? Und zu einem positiven Wandel beitragen?

Kapitel 4 beschäftigt sich mit der Philosophie eines geldlosen Arbeitsbeitragssystems: Wie könnte ein Wirtschaftssystem aussehen, das ganz ohne Geld auskommt? Wie würde es strukturiert sein, um in der Realität gut zu funktionieren? Welche Bedingungen müssten hierzu erfüllt sein?

Das abschließende Kapitel 5 beschäftigt sich mit den Fragen des besten Weges zum Ziel eines Wohlstands für die ganze Menschheit. Es geht nicht (nur) um die Frage, welches System letztendlich das beste für uns ist, sondern vordringlich um die Frage: Können wir den Weg zur besten Lösung in Teilabschnitte unterteilen, die ökonomisch und psychologisch eher mehrheitsfähig und daher leichter umzusetzen sind?

Manche Leser haben mir rückgemeldet, dass die Beschäftigung mit den Automatismen unseres Geldsystems zu viel Negativität mit sich bringt, die sie kaum aushalten können. Einerseits denke ich, dass es für einen positiven Wandel wichtig ist, das bestehende System genau zu durchschauen. Andererseits rate ich Lesern, denen die Beschäftigung mit den bestehenden Strukturen zu viel wird, mit Kapitel 2 fortzufahren, bevor Sie das Buch ganz weglegen. Vieles über unser bestehendes System wird auch indirekt klar, indem wir uns mit der Lösung des Problems beschäftigen.

Lesern, die denken, man sollte sich grundsätzlich nicht mit Negativem beschäftigen, würde ich mit einer Aussage Gandalfs im „Herrn der Ringe" entgegnen. Bei Elronds Rat in Bruchtal liest Gandalf laut den in den Einen Ring eingravierten Spruch über die Versklavung aller Lebewesen vor. Auf den Vorwurf der Elben, dass er dies im Haus der Elben nicht hätte tun dürfen, antwortet er sinngemäß, dass wir uns schon zumindest ein Stück weit mit den Auswirkungen des Einen Ringes beschäftigen müssen, um zu verhindern, dass die in ihn einprogrammierte

Versklavung aller Wesen sich auch ungebremst entfaltet. In Band 3 dieser Reihe über die Symbolik Tolkiens wird u.a. gezeigt, dass „Der Eine Ring“ u.a. das Zinsgeldsystem symbolisiert.

Bevor wir am Ende dieses Buches also die Lösungsoptionen betrachten, schauen wir uns in Kapitel 1 zunächst unser bestehendes Zinsgeldsystem an, wie es die verschiedenen Probleme erzeugt, unter denen die Menschheit so massiv leidet, und warum es mehr als alles andere in dieser Welt die direkte Drohung einer vollständigen Entmachtung der Menschheit verkörpert.

Kapitel 1 – Negative Zinsgeld-Automatismen

Grundlegende Betrachtungen zu unserem Geldsystem

Zunächst sind einige Begriffe zu definieren. Wir greifen an dieser Stelle mit nur kurzen Erläuterungen die Inhalte des ersten Bandes dieser Neunheit-Reihe auf. Demnach hat das Bewusstsein des Menschen drei Ebenen, eine energetische, eine mentale und eine Ebene des tiefsten inneren Erlebens, die man geistig oder spirituell nennen könnte.

Jede dieser drei Ebenen ist ihrerseits in drei Funktionsbereiche unterteilt, so dass sich neun Funktionsbereiche ergeben. Diese neun Funktionsbereiche bauen unser gesamtes Bewusstsein auf und alle Erscheinungen in unserem Bewusstsein lassen sich einem dieser neun Bereiche (oder einer Kombination daraus) zuordnen. Im Einzelnen lauten die nach ihrer Funktion genannten Bereiche

-für unser energetisches Bewusstsein: Versorgungsgefühl, Austauschgefühl, Miteinander (Gemeinschaftsgefühl).

-für unser mentales Bewusstsein: Selbstwertgefühl, Macht-/Souveränitätsgefühl, Gerechtigkeitsempfinden/Ethik.

-für unser spirituelles Bewusstsein: Innerstes Sinngefühl, innerstes Seinsgefühl, innerstes Bewusstsein.

Da jedes Einzelbewusstsein so aufgebaut ist, sind dies auch die neun Bereiche, in denen unser gesellschaftliches Leben abläuft. Durch diese neun Bereiche erleben und ordnen wir die physische Welt. Der Status dieser neun Bereiche legt für jeden Einzelnen und damit für die gesamte Gesellschaft fest, wie wir die Welt erleben und was die Welt ist. Wenn wir nicht reflektieren, dann ist die Welt so, wie wir sie durch diese neun Bereiche wahrnehmen. Wenn wir uns das menschliche Leben unserer Zeit anschauen, können wir leicht feststellen, dass der am meisten regulierende und bestimmende Faktor in dem besteht, was den Austausch von Waren und Dienstleistungen der Menschen untereinander regelt, nämlich im Geld. Es gibt den Spruch: Geld regiert die Welt. Und da Geld in unserer Zeit fast alles regelt, ist es de facto auch so.

Wie genau nun regelt unser Geld die Welt? Ist Geld immer Geld, ein neutrales Mittel zur Regelung wirtschaftlicher Vorgänge? Oder ist Geld vielleicht weniger neutral als man meint? Wodurch werden das Wesen und die Struktur von Geld und seine Auswirkung auf die Welt bestimmt? Kann der Mensch Unterschiede definieren und wenn ja, wie?

Geld wird geschaffen durch seine Herausgabe als Geld. Die Struktur des Geldes in der Welt, sein Dasein in der Welt und seine Auswirkung auf die Welt werden primär dadurch bestimmt, zu welchen Bedingungen es verliehen und damit zirkuliert wird.

Grundsätzlich braucht eine über Geld funktionierende, arbeitsteilige Gesellschaft einen kontinuierlichen Geldfluss, damit jeder durch seine Teilnahme am wirtschaftlichen Geschehen auch das Geld verdienen kann, das er zum Leben braucht. Ursprünglich kommt das Geld von Geld emittierenden Banken oder Institutionen, im Falle von Geldscheinen von Zentralbanken, im Falle von Giralgeld von Geschäftsbanken. Münzen werden vom Staat herausgegeben, was von der Menge her vernachlässigbar ist.

Auf die Schöpfung des Giralgeldes durch die Geschäftsbanken gehen wir hier gleich zu Beginn der Betrachtungen näher ein, weil viele Menschen diese Giralgeldschöpfung durch die Geschäftsbanken für das wichtigste Problem halten. Eigentlich haben die Geschäftsbanken kein Recht, selbst Geld herauszugeben, tun dies in Form des Giralgeldes aber dennoch. Giralgeld ist dabei eigentlich kein richtiges Geld, sondern nur ein von den Geschäftsbanken ausgestellter Gutschein auf Geldnoten, der jederzeit gegen echte Geldnoten eingetauscht werden kann. Der Hauptgrund, warum Giralgeld als 1:1 gleichwertig mit den Geldnoten behandelt wird, besteht darin, dass die Finanzämter Giralgeld zur Zahlung der Steuern nicht nur akzeptieren, sondern vorschreiben. Es ist also der Staat, der die giralen Gutscheine der Geschäftsbanken mit echtem Geld gleichwertig macht.

Jetzt kann man argumentieren, dass die Geldschöpfung per Gesetz eigentlich den Zentralbanken vorbehalten ist und eine Geldschöpfung durch die Geschäftsbanken eine illegale Selbstbereicherung darstellt.

Das dabei meist unerkannte Problem besteht darin, dass die Selbstbereicherung nicht durch die Geldschöpfung stattfindet, sondern durch die Bedingungen, zu denen dieses von den Geschäftsbanken geschaffene Giralgeld verliehen wird. Durch die Kreditrückzahlung in Form von Giralgeld verschwinden die Gutscheine der Geschäftsbanken im Ausmaß der Rückzahlung auch wieder aus dem Zahlungsverkehr. Die Selbstbereicherung findet also nicht durch die Geldschöpfung statt, sondern im Wesentlichen dadurch, dass die Kreditbedingungen zu Zahlungen an die Geschäftsbanken führen, die die Kosten der Bank im Zusammenhang mit der Giralgeldschöpfung und Kreditverwaltung weit, weit übersteigen. Die Banken können dadurch potentiell sehr viel Geld einfordern, für das sie keinerlei echte Leistung erbringen. Wir können also festhalten: Die Geldschöpfung durch die Geschäftsbanken ist nicht das eigentliche Problem. Das eigentliche Problem sind die Kreditbedingungen. Diese bestimmen, wie gut das Geld durch die Wirtschaft fließt und wie neutral sich das erwirtschaftete Vermögen auf die ganze Gesellschaft verteilt. Für die Bedingungen der Kreditvergabe haben die Banken grundsätzlich zwei Möglichkeiten:

1) Sie vergeben zinspflichtige Kredite an Unternehmen, öffentliche Kassen und Privatpersonen. Dadurch kommt Geld in Umlauf. Diese Methode wird nun schon ununterbrochen seit gut 600 Jahren praktiziert, zuerst vornehmlich in Europa, seit der Kolonialzeit zunehmend weltweit.

2) Die jeweilige, Geld zirkulierende Institution gibt das Geld durch zinslose Kredite in Umlauf, erhebt jedoch eine Steuer auf die liquiden Mittel (das gedruckte Geld und das Giralgeld) selbst. Die Steuer wird nicht vom Kreditnehmer bezahlt, sondern stets von der Person, die dieses Geld zu den Stichtagen der Liquiditätssteuer in ihren Händen hält. (Diese Art der Geldzirkulation wird uns in Kapitel 2 näher beschäftigen.)

Obschon die 2. Art der Geldzirkulation im Mittelalter in Europa weit verbreitet war, gibt es in unserer Zeit nun schon lange nur noch Zinsgeld. Zinsgeld wird von unseren Geschäftsbanken also gegen einen Zins an öffentliche Kassen, Unternehmen und Privathaushalte verliehen. Wer überschüssiges Geld hat, kann dies bei einer Geschäftsbank auf ein Sparkonto tun und bekommt dafür einen Sparzins. Die Geschäftsbanken arbeiten mit diesem Geld der Sparer, mit den von der Zentralbank - oder möglicherweise von anderen Geschäftsbanken - geliehenen Noten und mit dem selbst geschaffenen Giralgeld. Mit der Differenz zwischen den Zinseinnahmen und anderen Gebühren der Banken einerseits und den Auslagen für die Sparkonten an die Sparer und die Kreditzinsen an die Zentralbank und anderen Banken andererseits wird die von den Banken geleistete Arbeit bezahlt und ein Gewinn erwirtschaftet.

Jetzt könnten wir uns fragen: Wenn Geschäftsbanken Giralgelder selbst schöpfen können, warum sollten Sie überhaupt teure Kredite aufnehmen und Sparkonten anbieten? Sie brauchen die Gelder, die sie sich leihen, um die Noten auszahlen zu können, die ihre Kunden sich von den Bankautomaten abheben. Nur solange sie diese Fähigkeit hat, kann sie auch weiter Giralgelder schöpfen und verleihen. Die Giralgelder werden also nur in dem Maße von den Geschäftsbanken geschöpft, in dem nicht die Auszahlung von Geldnoten verlangt wird. Die Geldschöpfungsfähigkeit der Geschäftsbanken wird also durch ihren eigenen Zugriff auf Geldnoten (oder in Geldnoten wechselbare Zentralbank-Giralgelder) begrenzt. Für die

Bedingungen, zu denen Kreditnehmer wirtschaften müssen, ist es letztlich jedenfalls egal, wer das Geld, das sie von den Geschäftsbanken leihen, herausgibt. Weil das eigentliche Problem in den Bedingungen der Kreditvergabe liegt, wird in den weiteren Ausführungen auch nicht mehr speziell zwischen Geldnoten und Giralgeld unterschieden. Wir sprechen einfach nur von Geld. Durch Kreditrückzahlungen verschwindet das rückgezahlte Geld aus der Zirkulation. Wenn jemand einen Kredit bei einer Bank aufnimmt – d.h. wenn sich jemand verschuldet – kommt neues Geld in Umlauf. Ohne eine verzinste Verschuldung käme also kein Geld in Umlauf.

Dieser Ansatz des Wirtschaftens mit Geld, dem die globale Wirtschaft unterworfen ist, wirkt sich in einer spezifischen Weise auf Wirtschaft, Gesellschaft, Umwelt und das Menschsein des Einzelnen aus. Offensichtlich birgt diese Art der Geldzirkulation bestimmte vorausberechenbare Auswirkungen, die sich mit mathematischer Zuverlässigkeit automatisch entfalten. Diese Automatismen unseres Zinsgeldes schauen wir uns im Folgenden näher an. Analog den – im Buch „Neunfache Selbstheilung“ dargelegten - neun Bereichen des menschlichen Bewusstseins betrachten wir die Auswirkung des Geldes auf die Welt und auf unser Bewusstsein über seine Auswirkung auf die Bereiche Versorgung, Austausch, Miteinander, Selbstwert, Macht/Souveränität, Gesetz/Ordnung, innerstes Sinngefühl, innerstes Seinsgefühl und innerstes Bewusstsein. Diese neun Bereiche lassen sich drei Ebenen zuordnen, der materiellen, der organisatorischen und der inneren, menschlichen.

Materielle Ebene

Bei den Funktionsbereichen auf der materiellen Ebene geht es um die Themen der Versorgung (hier der Versorgung der Realwirtschaft mit Geld), des Austauschs (der Verteilung des von der arbeitenden Bevölkerung geschaffenen Vermögens) und des gesellschaftlichen Miteinanders (wie gehen die Menschen in der Gesellschaft miteinander um).

Versorgung der Realwirtschaft mit Geld

Schauen wir uns also zunächst an, wie sich unser Geld ganz allgemein auf den Bereich der Versorgung der Realwirtschaft mit Geld auswirkt.

Die Geldverknappung – Erster Automatismus des Zinsgeldes

Wir nutzen Geld, um die Arbeitsteilung in unserer Gesellschaft effizient zu gestalten. Geld lässt sich weit schneller und müheloser gegen Waren und Dienstleistungen tauschen als sich Waren und Dienstleistungen gegen Waren und Dienstleistungen tauschen lassen. Diese Arbeitsersparnis sollte sich letztlich für jeden Einzelnen so auswirken, dass wir auf der einen Seite weniger Arbeit leisten müssen und auf der anderen Seite mehr Freizeit und mehr Wohlstand genießen. Geld sollte uns also die Erfahrung bescheren, mehr wirtschaftliche und materielle Fülle zu erleben. Ist dies die Erfahrung, die wir mit Zinsgeld als Gesellschaft machen oder theoretisch alle machen könnten? Die Antwort auf diese Frage ist ein klares Nein. Zinsgeld erzeugt mit mathematischer Unvermeidbarkeit den Automatismus der Geldverknappung. Dieser lässt sich auf zweierlei Art erläutern, einmal aus Sicht der Geldinvestoren, und zudem mit einer rein mathematisch-technischen Überlegung:

a) Geldverknappung durch Gewinnabschöpfung

Bei unserem Geld handelt es sich um Zinsgeld, das seit Jahrhunderten ununterbrochen die wirtschaftlichen Vorgänge regelt. Euro, Dollar, Pfund, Franken, Rubel, Rupie, Yen, Yuan etc. sind Zinsgeldwährungen. Zinsgeld wird von den Banken gegen einen Zins an öffentliche Kassen, Unternehmen und Privatleute verliehen. Das meiste Geld fließt in der Regel in die Wirtschaft. Das Geld der Geschäftsbanken besteht aus den Einlagen privater Anleger/Sparer, den von der Zentralbank geliehenen Geldscheinen und dem von ihnen selbst geschaffenen Giralgeld. Da die in Privatbesitz befindlichen Geschäftsbanken Sparzinsen auszahlen müssen und selbst möglichst hohe Gewinne machen wollen, sind sie stets auf der Suche nach den Märkten, die die höchsten Gewinne versprechen. Private Anleger gehen natürlich auch hin und investieren direkt in die am meisten versprechenden Märkte. Im Wesentlichen gehört das Geld, das in die Wirtschaft investiert wird, also Privatleuten (Geschäftsbanken und privaten Anlegern).

Diese ständige Suche des Geldes der privaten Anleger nach den die höchsten Gewinne versprechenden Märkten geht also einher damit, dass Geld nur gegen einen Zins in Umlauf kommt und Kreditnehmer Fremdkapital nur gegen die Bezahlung irgendeiner Form von Zins bekommen können. Dies ist die direkte Ursache dafür, dass wir fundamental unter einem chronischen, nicht zu überwindenden und sich immer mehr verschärfenden Geldmangel leiden. Denn je mehr Geld in einen Markt investiert wird, desto mehr sättigen diese Investitionen den Markt und mit der Sättigung sinken die Preise und mit den Preissenkungen sinken die Gewinne. Um der Marktsättigung und dem Preisverfall entgegenzuwirken, kommt in jedem Markt immer wieder der Punkt, an dem die Investoren weiterhin ständig ihre Gewinne abschöpfen, diese aber nicht mehr zurück in den Markt investieren. Diese ständige Entnahme von Geld aus dem Markt, das nicht wieder zurück in den Markt investiert wird, erzeugt unausweichlich einen zunehmenden Geldmangel im Markt. Heute (2016) gibt es nicht nur Milliarden, sondern immer mehr Billionen in den Händen einer privaten, global operierenden Hochfinanz, die auf Giralkonten geparkt oder in Tresoren gehortet werden oder nur noch zu spekulativen Zwecken auf dem Devisenmarkt vagabundieren und in keine Wirtschaft dieser Erde mehr investiert werden, um durch das Nichtinvestieren überall die Gewinne hoch zu halten. Dadurch bleibt dieses Geld den Produzenten (den Unternehmen und Arbeitenden) entzogen und die Geldknappheit in der Realwirtschaft wird einher mit dem Wachstum des internationalen Devisenmarktes und der übrigen Geldhortung immer weiter verschärft. Der internationale Devisenmarkt absorbiert immer mehr Geld aus der Realwirtschaft, bis diese irgendwann zwangläufig und unausweichlich an Geldmangel kollabiert. Wir haben heute eine Situation, in der einerseits die Finanzmärkte mehr im Geld schwimmen denn je, und andererseits die arbeitende Bevölkerung – auch der Mittelstand – immer mehr verarmt, immer mehr von Arbeitslosigkeit und sinkender Bezahlung erfasst wird.

b) Geldverknappung durch Nichtemission der Zinsen

Zinsgeld kommt überhaupt nur dadurch in Umlauf, dass sich der Staat, die Wirtschaft und/oder die Privathaushalte gegen die Verpflichtung einer Zinszahlung verschulden. Wenn niemand einen Kredit aufnimmt, ist kein Geld in Umlauf. Ohne Geldumlauf keine Wirtschaft. Wird ein Kredit mit Zinsen zurückgezahlt, verschwinden das Geld, das als Kredit vergeben wurde, plus die Zinsen dafür aus dem Geldumlauf. Nach Rückzahlung des Kredits wurde also mehr Geld aus dem Umlauf entnommen, als vorher hineingegeben wurde.

Um die Menge des in den Umlauf ausgegebenen Geldes gleich hoch zu halten, muss anschließend also ein um die Zinsen erhöhter Betrag als Kredit vergeben werden. Ist dieser plus Zins zurückgezahlt, muss erneut ein um die nächsten Zinsen erhöhter Kredit vergeben werden, nur um die Menge des in den Umlauf ausgegebenen Geldes gleich groß zu halten. Es müssen also immer höhere Kredite vergeben werden, nur um die Menge des in den Umlauf ausgegebenen Geldes gleich groß zu halten.

Jeder einzelne Kredit hat dem Geldkreislauf nach seiner Rückzahlung also mehr Geld entzogen als er ihm vorher zur Verfügung gestellt hat.

Dies wäre kein großes Problem, wenn die Zinseinnahmen vollständig ausgegeben würden und so wieder in den Kreislauf kämen. Da das meiste davon jedoch in die Hortung geht (nicht wieder investiert wird), ist es ein Problem. Zinsgeld verhält sich also wie Salzwasser, dessen Salzgehalt etwas höher ist als der des Körpers. Trinkt man solches Salzwasser, um seinen Durst zu löschen, wird dem Körper zunächst scheinbar Wasser zur Verfügung gestellt. In Wirklichkeit jedoch entzieht solches Salzwasser dem Körper durch Osmose Wasser, anstatt ihm Wasser zur Verfügung zu stellen. Durch das Trinken solchen Salzwassers wird das Verdursten am Ende beschleunigt. Genauso versorgt Zinsgeld eine Wirtschaft zunächst mit Geld, saugt das Geld über die Schuldzinsen letztlich aber nur aus ihr heraus. Der Unterschied ist, dass zu salzhaltiges Wasser uns binnen Stunden an Dehydrierung sterben lässt, während Zinsgeld mehrere Jahrzehnte braucht, bis die damit versorgte Wirtschaft am Geldmangel (an Deflation) zusammenbricht. Wird dem Geldmangel (der Deflation) seitens einer Zentralbank dann durch Drucken von Geld und dauerhaft niedrigere Zinsen (oder Nullzinsen, wie es aktuell schon seit mehreren Jahren der Fall ist) und die massive Vergabe günstiger Giralgeldkredite, also insgesamt durch billigere Kredite begegnet, kann der Zusammenbruch der Wirtschaft durch intelligentes Manövrieren der Zentralbank sehr lange hinausgezögert werden. Wir haben hier zwei Entwicklungen, die sich immer mehr zuspitzen:

-Die Menge des sich außerhalb der Realwirtschaft befindenden Geldes nimmt immer mehr zu => steigende Gefahr einer Hyperinflation und Geldentwertung, sollte dieses Geld jemals in die Realwirtschaft drängen

-Der Geldmangel bei den Arbeitenden spitzt sich immer mehr zu, weil die Banken bei globaler Überschuldung irgendwann schlichtweg keine seriösen Kreditnehmer für eine noch weitere Schuldenausweitung mehr finden und die Arbeitenden nicht mehr genug Geld verdienen, um über die Runden zu kommen => Deflation und Wirtschaftskrise

Der Grat zwischen Deflation links vom Wegrand und Hyperinflation rechts vom Wegrand wird immer schmaler. Ein in regelmäßigen Abständen auftretender Zusammenbruch der Wirtschaft durch Deflation oder Geldentwertung (beschönigend formuliert: durch eine Währungsreform), wie er in den letzten Jahrhunderten immer wieder aufgetreten ist, ist in einer Zinswirtschaft unvermeidbar. So erzeugt das Zinsgeld die Geldverknappung, den ersten Automatismus des Zinsgeldes.

Eine nachhaltige Geldzirkulation dürfte dem Geldumlauf nicht ständig mehr Geld entziehen als sie zur Verfügung stellt. Eine Wirtschaft, die nachhaltig und krisensicher zum Wohle aller funktionieren soll, braucht eine Währung, die sich so verhält wie Süßwasser mit ausreichend geringem Salzgehalt, das dem Körper kein Wasser entzieht. Die Funktionsweise eines solchen Geldes wird in Kapitel 2 erläutert.

Vermögensverteilung im Austausch für die erbrachten Leistungen

Im zweiten Schritt beleuchten wir, wie sich Zinsgeld auf den Bereich „Austausch", das heißt speziell auf die Verteilungsneutralität, die Verteilungsgerechtigkeit des durch die Arbeit der arbeitenden Bevölkerung geschaffenen Vermögens auswirkt. Wer bekommt was an Vermögen im Austausch für das, was er für die Gesellschaft leistet?

Vermögensumverteilung – Zweiter Automatismus des Zinsgeldes

Wenn Zinsgeld einer Wirtschaft offensichtlich mehr Geld entzieht als es ihr zur Verfügung stellt, warum arbeiten wir in unserem modernen Wissenschaftszeitalter dann trotzdem immer noch global mit Zinsgeld? Wem nutzt das Ganze trotz (oder vielleicht sogar wegen) dieser massiven grundlegenden Negativwirkung des Zinsgeldes auf die Wirtschaft?

Politiker lieben es, Schuldenabbau zu versprechen. Während sie dies seit vielen Jahrzehnten tun, sind die Schulden unbeirrt weiter angewachsen. Warum? Schuldenabbau ist in der Zinswirtschaft nur scheinbar möglich und nur partiell, wenn der Schuldenabbau in einem Bereich durch beschleunigte Weiterverschuldung in anderen Bereichen ausgeglichen wird. Die Gesamtverschuldung von Staat, Wirtschaft und Privathaushalten muss ständig anwachsen. Dieser Zwang zur ständigen Weiterverschuldung ist in der oben dargestellten Art der Zirkulation des Zinsgeldes enthalten: Um den Geldumlauf stets auch nur gleich hoch zu halten, muss nach jeder Kreditrückzahlung ein um den Zinsbetrag erhöhter Betrag neu als Kredit vergeben werden. Ist zu wenig Geld in Umlauf, bricht die Wirtschaft an Deflation zusammen. Daher müssen die Schulden IMMER weiter anwachsen, um die Wirtschaft vor dem Zusammenbruch zu bewahren.

Also haben wir einen zinsgeldimmanenten Zwang zur ständigen Weiter- und Höherverschuldung, damit die Wirtschaft nicht zusammenbricht, EGAL WIE HOCH DIE SCHULDEN BEREITS SIND.

Ein Mensch kann nur dadurch Zinseinnahmen erzielen, dass sich ein anderer Mensch verschuldet und den Zins für seine Verschuldung bezahlt. Dabei entspricht die Höhe der Zinseinnahmen auf der einen Seite stets der Höhe der Zinszahlungen auf der anderen Seite. Dies spaltet die

Gesellschaft automatisch in Zinsverdiener und Zinszahler. Diese grundlegende Spaltung erzeugt zusammen mit dem ständigen Zwang zur Weiterverschuldung eine ständig weiterwachsende Arm-Reich-Spaltung. Es gibt keine Politik und keine Gesetze, die dies ändern könnten, solange das Zinsrecht herrscht. (Daher der berühmte Rothschild-Spruch: „Gebt mir die Kontrolle über das Geldsystem und es ist egal, wer die Gesetze macht.)

Vermögen und Schulden sind stets gleich hoch. Der dargestellte Zwang zu ständiger Weiterverschuldung nutzt jenen am meisten, die den größten Teil der Zinszahlungen für die ständige Weiterverschuldung kassieren.

Statistisch haben sich im Deutschland der Jahrzehnte nach dem 2. Weltkrieg die addierten Schulden von Staat, Wirtschaft und Privathaushalten alle zehn Jahre verdoppelt. Verschuldet sind Staat, Wirtschaft und Privathaushalte bei privaten Investoren/Anlegern. Durch den an diese ausgezahlten Zins verdoppeln sich die Privatvermögen statistisch alle zehn Jahre mit. Dies stellt eine kontinuierliche Umverteilung des Vermögens von den Menschen, die die Schuldzinsen erarbeiten müssen, zu den Vermögendsten dar, die diese Zinsen leistungslos einkassieren. (Auch Menschen, die privat schuldenfrei bleiben, zahlen über die wachsende Verschuldung von Staat und Wirtschaft durch steigende Steuern und Produktpreise immer mehr Zinsen, die zum Wachstum der Privatvermögen führen.) Irgendwann führt dies zwangsläufig dazu, dass die Konsumkraft der Arbeitenden so schwach ist, dass die Wirtschaft an Deflation kollabiert.

Die größten Vermögen erzielen stets die größten Zinsgewinne. Das heißt, die größten Vermögen benötigen den geringsten Anteil ihrer Zinsgewinne für ihre Lebenshaltung und können den größten Anteil ihrer Zinsgewinne erneut als verzinsten Kredit vergeben. Das heißt, die Reichsten profitieren am meisten vom Zinseszins (einer erneuten Verzinsung der Zinseinnahmen) und genießen durch diesen das schnellste Vermögenswachstum. Diese Dynamik des Zinsgeldes erzeugt in jeder Zinswirtschaft im Laufe der Zeit eine kleine Gruppe von Privatleuten, die über den Zins automatisch das meiste Geld an sich zieht, zum Hauptkreditgeber wird und den Status der Hochfinanz einnimmt. Staaten leihen ihr Geld fast ausschließlich und die Wirtschaft überwiegend bei ihr. Da das Geld zu den Banken fließt, die das Geld nur verwalten, sind die Mitglieder der Hochfinanz, auf deren Konten das meiste Geld landet und die den Banken ihr Geld geben, für den Normalbürger unsichtbar, während man davon ausgehen kann, dass die Banken in ihrem Verhalten den Willen und die Interessen ihrer größten Geldgeber zum Ausdruck bringen.

Um den Unterschied zwischen Zins und Zinseszins anschaulich zu machen: Die Leser/innen werden das Beispiel eines Pfennigstücks kennen, das zu Jesu Lebzeiten für 5% jährlichen Sparzins auf ein Sparkonto eingezahlt wird. Wenn der Zins jährlich nicht ausgezahlt, sondern angespart wird, ergäbe sich aus dem einen Pfennig bis heute ein Sparguthaben in Höhe des x-fachen der Erde in Gold. Wenn der Zins jährlich ausgezahlt worden wäre, wäre in 2000 Jahren gerade mal 1 DM ausgezahlt worden. Es ist also der Zinseszins, der jene Hochfinanz erzeugt hat und immer reicher macht, die schon seit ein paar Jahrhunderten durch das Gewähren oder Verweigern ihrer Kredite Wirtschaft und Politik dieser Erde in ihrem Sinne steuern und kontrollieren kann.

Das exponentielle Wachstum von Privatvermögen und Schulden (Verdoppelung alle 10 Jahre) führt dazu, dass ein immer größerer Anteil des erwirtschafteten Geldes leistungslos zu den Privatvermögen fließt und ein immer geringerer Anteil davon übrig bleibt, um die Arbeit zu bezahlen, durch die das Geld erwirtschaftet wird. Dieses automatische Schrumpfen des Geldes, das zur Bezahlung von Arbeit übrig bleibt, hat zwei direkte Auswirkungen: 1. Eine zunehmende Arbeitslosigkeit und 2. Eine immer schlechtere Bezahlung der geleisteten Arbeit. Die zunehmende Arbeitslosigkeit und wachsende Gefahr, arbeitslos zu werden, werden von der profitierenden Hochfinanz genutzt, die Unzufriedenheit der Arbeitenden über die immer schlechtere Bezahlung zu ersticken.

Den vorherigen Abschnitt noch einmal aus einem anderen Winkel: Je höher die Wirtschaft verschuldet ist, ein desto größerer Anteil an den Produktpreisen wird von den Unternehmen weitergeleitet zu den Inhabern der Kredit gebenden Privatvermögen. Je mehr Zinsen ein Unternehmen zahlen muss, desto weniger Geld bleibt für den Unternehmer und seine Angestellten zur Bezahlung ihrer Arbeit übrig. Je höher die Verschuldung der Wirtschaft, desto höher wird automatisch die Arbeitslosigkeit und desto schlechter die Bezahlung der Arbeit. Je höher auch der Staat verschuldet ist, desto mehr Steuern fließen als Schuldzinsen zu den privaten Geldgebern des Staates und desto weniger Geld bleibt für die Erfüllung der Aufgaben des Staates übrig. Daher müssen die Steuereinnahmen ständig steigen oder die Staatverschuldung wächst noch schneller an.

Die Wirtschaftswissenschaft tut so, als bedeute die gleiche Höhe von privaten Vermögen einerseits und Verschuldung andererseits, dass die Wirtschaft im Gleichgewicht ist: Plus und Minus in gleicher Höhe bedeutet in der Summe gleich Null. Und Null bedeutet Gleichgewicht.

Wie blind diese offizielle Sichtweise unserer Wirtschaftswissenschaft ist, lässt sich sehr einfach nachvollziehen: Sagen wir, von elf Menschen haben zehn jeweils 1 Mio. Euro Schulden, für die sie 5% Zinsen zahlen müssen. Diese sind beim elften verschuldet, der also 10 Mio. Euro Guthaben hat. Unsere offizielle Wirtschaftswissenschaft sagt dann: Diese elf Menschen haben zusammen 10 Mio. Euro Guthaben und 10 Mio. Euro Schulden, also ist die Wirtschaft im Gleichgewicht. Während in Wirklichkeit zehn so hoch verschuldet sind, dass sie selbst mit lukrativen Jobs arm sind, da sie den größten Teil ihres Verdienstes als Zins an die zehnte Person abtreten müssen und ihre Schulden unter Umständen dennoch weiter anwachsen.

Eine Wirtschaft ist also nicht im Gleichgewicht, wenn sich Guthaben und Schulden auf null summieren, das tun sie sowieso immer. Eine Wirtschaft ist im Gleichgewicht, wenn sich das erwirtschaftete Vermögen einer Wirtschaft ausreichend neutral und damit relativ gleichmäßig und gerecht auf alle Mitglieder der Gesellschaft verteilt. Für unsere Zinswirtschaft bedeutet das, je höher die Guthaben/Schulden in einer Wirtschaft, desto größer die Arm-Reich-Spaltung, desto größer die Verarmung der Arbeitenden und desto größer also das Ungleichgewicht. Die automatisch immer weiter anwachsenden Schulden/Guthaben bedeuten also eine immer größere Verarmung jener Bevölkerungsteile, die auf die Bezahlung von Arbeit angewiesen sind, immer mehr von Arbeitslosigkeit oder schlechterer Bezahlung erfasst werden und über keine nennenswerten leistungslosen Einnahmen verfügen, weil sie kein oder zu wenig Vermögen haben.

Sobald der Automatismus der Umverteilung eine Hochfinanz hervorgebracht hat – in Europa trat dieser Punkt im 17. Jahrhundert ein – ist die Hochfinanz in der Lage, durch die schieren Riesenvermögen, die sie kontrolliert, die Geschwindigkeit der Umverteilung weiter zu erhöhen. Das wichtigste Werkzeug der beschleunigten Umverteilung ist die ständige Abfolge von Inflation und Deflation. Was als Konjunkturzyklus bezeichnet wird, als handelte es sich um ein unbeeinflussbares Wetterphänomen, ist in Wirklichkeit allein durch die Zinspolitik der Banken gesteuert. In Zeiten der Inflation sind die Zinsen niedrig, das Geld wird billig und es den Kreditnehmern damit leicht gemacht, viele Schulden zu machen. Was die Kreditnehmer dabei häufig vergessen, dass es auch wieder Hochzinsphasen geben wird, in denen die Restschulden unbezahlbar teuer werden können. Unbezahlbar teuer heißt, dass viele der Kreditnehmer in den Hochzinsphasen ihre der Bank für die Kredite gegebenen Sicherheiten abtreten müssen und häufig ihr ganzes Sachvermögen verlieren. Das Kaufen in der

Inflationsphase, wenn die Kredite billig sind, bedeutet hohe Preise für das Sachvermögen, weil viele mit den billigen Krediten Sachvermögen kaufen wollen (hohe Nachfrage in Relation zum Angebot = hohe Preise). Das Verkaufen in der Deflationsphase, wenn Kredite zu teuer geworden sind, bedeutet meist, dass viele verkaufen wollen/müssen, nur wenige kaufen können, die Preise demnach purzeln und das teuer erworbene Sachvermögen viel zu billig verkauft werden muss (kaum Nachfrage in Relation zum Angebot = niedrige Preise). Von diesem Wechsel profitieren am Ende nur jene wenigen, die in der Deflationsphase genug Geld haben, um das ganze Sachvermögen aufzukaufen, das viele nun für einen Spottpreis verkaufen müssen, also nur die private Hochfinanz.

Die Abfolge von Inflation und Deflation ist also nichts anderes als ein Werkzeug in den Händen der Hochfinanz, mit dem sie Sachvermögen angeln. Inflation = Angel auswerfen und Deflation = Angel einziehen und das Sachvermögen in Beschlag nehmen.

Während der Weltwirtschaftskrise 1929-1933 wurde dieses böse Spiel auf die Spitze getrieben. In den U.S.A. haben die Geschäftsbanken ausgehend von der privaten (also der Hochfinanz gehörenden) Zentralbank den Geldumlauf vier Jahre hintereinander jährlich etwa halbiert und damit absichtlich die schlimmste Deflation der amerikanische Geschichte ausgelöst. Während der 1920er Jahre war das Geld sehr billig und der größte Teil des Sachvermögens der Amerikaner mit einer Schuld belastet, in vielen Fällen getrieben von der Gier, an der Börse schnelles Geld zu machen. Ende 1929 wurden Kredite nicht mehr verlängert und die Deflation damit absichtlich geschürt. Das Geld wurde rasch knapper. Geldnot zwang zum Verkauf der Aktien auf breiter Front, deren Kurs infolgedessen rasch auf einen Bruchteil ihres Kaufpreises fiel (hohes Angebot an Aktien bei geringer Nachfrage = niedrige Kurse). Binnen vier Jahren wanderte mehr als die Hälfte des amerikanischen Sachvermögens/Immobilienvermögens/Aktienanteile von den verschuldeten Amerikanern zur kleinen Gruppe der amerikanischen Hochfinanz, die nur einen Spottpreis dafür bezahlen musste. Viele Amerikaner hatten selbst nach dem Verlust ihrer Immobilien noch Restschulden. – Obwohl dies das krasseste Beispiel der Geschichte dafür ist, wie die Hochfinanz Inflation und Deflation für ihre Vermögensanreicherung nutzt, gilt dies prinzipiell für alle sogenannten Konjunkturzyklen von Inflation und Deflation, weil die Dynamik immer dieselbe ist. Der Normalbürger versucht, möglichst dann zu kaufen, wenn er es sich am ehesten leisten kann, also in einer Niedrigzinsphase. Da dies für alle anderen auch gilt, sind dann die Preise hoch. Die Hochfinanz genießt die Freiheit zu kaufen, wenn alle anderen es sich nicht mehr leisten können und tendenziell eher verkaufen müssen, so dass sie dann zu deutlich niedrigeren Preisen einkaufen kann. Der Begriff „Konjunkturzyklus“ tut so, als handele es sich um eine natürliche Wirtschaftsdynamik. In Wirklichkeit kontrolliert die Hochfinanz das Geld in so hohem Maße, dass sie über die konzertierte Vergabe oder nicht Vergabe von Krediten und das Festlegen der Zinssätze den „Konjunkturzyklus“ nach Belieben zu ihrem eigenen Vorteil steuern kann. Die Ursachen für den „Konjunkturzyklus“ sind also künstlich – von wenigen Menschen gemacht – nicht natürlich.

Dieses nur der Hochfinanz dienende Umverteilungssystem wird solange existieren, wie im kollektiven Bewusstsein die Ansicht und der Anspruch vorherrschen, ein Grundanrecht auf einen Zins für Erspartes und Investiertes zu haben: Einen Zins auf Spargelder, eine Rendite auf Aktien, einen Kapitalertrag auf Investitionen und einen Mietzins für vermietete Wohnungen. Solange wir kollektiv nach solchen Einnahmen streben und sie als Grundrecht betrachten, wird das Umverteilungssystem mit den bisher aufgeführten Auswüchsen weiterbestehen und die Hochfinanz damit automatisch immer reicher und mächtiger machen. Es gibt keine wirklich „Bösen“ in diesem System. Die „Bösen“ sind wir alle, die ein System wollen, das uns leistungslos Zinseinnahmen bescheren soll. Das „Böse“ ist eigentlich unser aller Anhaftung an das Zinsgeld und unser aller Verlangen nach verzinstem Vermögen. Solange wir eine solche Anhaftung haben, würden wir auch nichts anderes machen, als die aktuelle Hochfinanz, wenn wir uns an deren Stelle befänden, nämlich unsere aus dem Geldsystem entstehenden Rechte wahrzunehmen. Dass dies auf Kosten anderer geschieht, ist ja automatisch im System verankert und muss uns nicht belasten.

Zusammenfassend: Das Zinsgeld erzwingt eine fortlaufende Höher- und Weiterverschuldung und damit einher eine automatische Umverteilung des Vermögens von den Arbeitenden zu den Vermögendsten, von unten nach oben. Die automatische Umverteilung bewirkt unmittelbar, dass die Arbeitslosigkeit automatisch immer weiter wächst und die Arbeitenden automatisch immer schlechter bezahlt werden. Die durch die Umverteilung entstehende Kapitalkonzentration in den Händen der Hochfinanz gibt dieser Mittel an die Hand, die Umverteilung durch die absichtliche Steuerung von Inflation und Deflation weiter zu beschleunigen.

Solange das Zinsrecht herrscht, verhält es sich dominant gegenüber allen Gesetzen, die für soziale Gerechtigkeit sorgen sollen. Zinsrecht heißt also: Alles Recht wird an die automatische Umverteilung des Vermögens zu den Vermögendsten angepasst. Diese Anpassung setzt soziale Gerechtigkeit automatisch außer Kraft, egal welche sozialen Maßnahmen ergriffen und Sozialprogramme verabschiedet werden. Daher dienen linke Parteien der Hochfinanz letztlich genauso wie rechte Parteien und halten das Volk noch besser bei der Stange.

So erzeugt das Zinsgeld die Vermögensumverteilung, den zweiten Automatismus des Zinsgeldes.

Zusammenspiel der beiden ersten Automatismen des Zinsgeldes

Die Automatismen der Geldverknappung und Umverteilung arbeiten perfekt zusammen. Da das Geld automatisch immer knapper und immer mehr von unten nach oben umverteilt wird, entsteht bei den meisten ein immer größerer Durst nach Geld. Dieser macht es den Vermögendsten leicht, ihr Vermögen immer weiter verzinst anzulegen, immer schneller immer reicher zu werden und auf der anderen Seite die Gesamtverschuldung der Gesellschaft immer weiter anwachsen zu lassen. Dies liefert die Gesellschaft automatisch der Gnade der Geldgeber aus. Während die Vermögendsten immer mehr von Gier getrieben sind, führen die Arbeitenden einen immer verzweifelteren Kampf gegen den Geldmangel. Je größer die zinsbedingte Gefahr zu verarmen, desto stärker das Drängen, sich verzinste finanzielle Sicherheiten aufzubauen. Je stärker dieses kollektive Drängen, desto mehr wird dieses Verknappungs- und Umverteilungssystem vom Kampf gegen den Geldmangel aufrechterhalten, noch mehr als von der Gier. Die Gier der Reichsten hängt von der Bereitschaft der Arbeitenden ab, für immer weniger Geld die nötige Arbeit zu machen. Dieser Kampf gegen den Mangel kann den Mangel nur weiter verschärfen, anstatt ihn zu beheben, da die Automatismen des Zinsgeldes mit mathematischer Grausamkeit die große Mehrheit immer weiter auf die Seite der Zinszahler zwingen und die Verarmung gnadenlos antreiben. Die Zuflucht in einem System zu suchen, das Not erzeugt, verschärft die Not zwangsläufig. Dennoch wird die wachsende Verarmungsgefahr als Grund dafür genommen, sich immer mehr mit Hilfe des Systems abzusichern. Es wird nicht erkannt, dass die Art und Weise der Problemlösung das Problem an sich ist, das gelöst werden muss. Somit sichert das kollektive Absicherungsdenken das Überleben eines Systems, das Absicherung überhaupt erst erforderlich macht – während das kollektive Absicherungsdenken für eine statistisch notwendige Mehrheit von Zinszahlern zum Albtraum wird.

Umgang der Menschen miteinander

Im dritten Schritt betrachten wir die Auswirkung des Zinsgeldes auf den Bereich unseres sozialen Miteinanders.

Vernichtungswettbewerb – dritter Automatismus des Zinsgeldes

Die meisten Unternehmen müssen Investitionen tätigen, um wettbewerbsfähig zu bleiben. Von diesen wiederum können die meisten die nötigen Investitionen nur mit Hilfe von Fremdkapital tätigen. Es besteht zwischen den Unternehmen also eine Konkurrenz um das von den privaten Anlegern verliehene Geld und eine Abhängigkeit davon.

Durch die Arbeit der Unternehmen werden die von den Unternehmen bedienten Märkte immer mehr gesättigt. Die Marktsättigung lässt die Preise sinken. Die sinkenden Preise führen zum Schrumpfen der unternehmerischen Gewinne. Dieser Dynamik kann niemand ausweichen. Wenn die Gewinne eines Unternehmens unter den Zinssatz sinken, den die privaten Anleger für ihre Spareinlagen bei der Bank bekommen, wird es für die privaten Anleger lohnender, ihr Geld aus den Unternehmen wieder abzuziehen und es bei der Bank anzulegen, wo ihnen ein Sparzins garantiert wird. Dies führt zumeist dazu, dass die von Fremdkapital abhängigen Unternehmen unterhalb einer gewissen Gewinnschwelle geschlossen werden. Die Schließung solcher Unternehmen verringert die Produktion und sorgt für eine größere Knappheit des Angebotes im Markt, wodurch die Preise zugunsten höherer Gewinne der privaten Anleger wieder steigen können.

Da die Tätigkeit der Unternehmen die Märkte automatisch immer mehr sättigt und die Marktsättigung die Gewinne automatisch schrumpfen lässt, kommt immer wieder ein Punkt, an dem Unternehmen schließen müssen, damit für die übrigen Unternehmen die nötige Knappheit der Produkte im Markt vorhanden ist, um selbst oberhalb jener Gewinnschwelle zu bleiben, die sie für ihr Überleben brauchen. Alle konkurrierenden Unternehmen wissen also, dass der Punkt kommt, an dem es mindestens einen von ihnen erwischt. Um selbst zu überleben, müssen die Unternehmen dafür sorgen, dass es andere zuerst erwischt.

Diese Dynamik lässt sich auch aus einem anderen Blickwinkel beleuchten: Unternehmen, die verzinste Kredite zurückzahlen, müssen dem Markt mehr Geld entziehen als dem Markt durch den Kredit zur Verfügung gestellt wurde. Denn sie müssen dem Markt für die Rückzahlung des Kredits ja den Zins entziehen. Sie müssen also einen Teil des Geldes erwirtschaften, das andere Unternehmen als Kredit aufgenommen haben. Da dies für alle gilt, erzwingt das System eine gewisse Anzahl von Verlierern, die ihre Kredite nicht mehr zurückzahlen können und ihren Betrieb einstellen müssen. Durch die Insolvenz bleibt deren zuvor investiertes Geld im Markt, so dass das Spiel für die Überlebenden funktioniert, während das Sachvermögen der Insolventen in die Hände der Kreditgeber, meistens der Hochfinanz übergeht. So wird nicht nur das Geld, sondern auch das Sachvermögen kontinuierlich zur Hochfinanz umverteilt. Da in der Regel alle um ihr wirtschaftliches Überleben kämpfen, entsteht ein gnadenloses Hauen und Stechen darum, wer überlebt. Da feststeht, dass immer ein gewisser Anteil der Unternehmen scheitern muss, sind alle gezwungen, ihre Wettbewerber zu vernichten, um selbst zu den Überlebenden zu gehören.

Diese Dynamik lasst sich auch noch aus einem dritten Blickwinkel beleuchten: Wie schon erläutert, kommt in jeder Wirtschaft irgendwann der Punkt, an dem die Investoren ihr Geld nicht mehr in diese Wirtschaft investieren und nur noch ihre Gewinne abschöpfen. Durch dieses finanzielle Ausbluten der Wirtschaft müssen sich die verbliebenen Unternehmer gegenseitig das nötige Geld im Markt abjagen, da es niemals für einen Gewinn für alle reicht. So wird Reise nach Jerusalem gespielt. Immer wieder wird ein Stuhl weggenommen und einen erwischt es, der ausscheidet.

Der so entstehende feindliche Wettbewerb zwischen den Unternehmen kann dadurch abgemildert werden, dass die Wirtschaft insgesamt ihre Exportbilanz gegenüber anderen Nationen verbessert. Da dies aber für alle Nationen und Volkswirtschaften gilt, kämpfen alle darum, anderen Nationen gegenüber Exportüberschüsse zu erzielen. Jeder erzielte Exportüberschuss erzwingt auf der anderen Seite jedoch Verlierer mit Exportdefiziten. Würde keine Nation Exportüberschüsse erzielen und alle eine Nullbilanz miteinander haben, würden dennoch alle Nationen langsam durch die überall ausbleibenden Investitionen finanziell ausbluten. In einer solchen Situation würde man sehen, dass die Probleme einer Volkswirtschaft nicht von den konkurrierenden Volkswirtschaften verursacht werden, sondern überall von den Investoren, die ihre Gewinne abschöpfen und nicht mehr neu investieren. Die Lösung „Verbesserung der Exportbilanz" verschlimmert bei den Verlierernationen die Situation noch weiter und löst die Probleme der „Gewinnernationen" nur vorübergehend.

Der feindliche Wettbewerb zwischen den Volkswirtschaften ist spätestens seit dem 19. Jahrhundert die Hauptursache für alle Kriege.

Der Vernichtungswettbewerb, bei dem immer wieder Unternehmen und manchmal auch ganze Volkswirtschaften auf der Strecke bleiben müssen, damit die anderen überleben können, führt mit mathematischer Unausweichlichkeit auf den Punkt zu, an dem in allen Industrien überall auf der Welt nur noch Monopole oder monopolähnliche Strukturen übrig bleiben. Wo auch immer die Konzerne der Hochfinanz in einen Wettbewerb mit weniger großen Unternehmen mit geringeren finanziellen Ressourcen treten, hat die Hochfinanz immer den längeren finanziellen Atem und kann am Ende den Wettbewerber übernehmen. Das heißt, die entstehenden Riesenkonzerne gehören natürlich der Hochfinanz. Die meisten anderen Marktteilnehmer sind Arbeitslose oder drastisch unterbezahlte Arbeitskräfte, inklusive des Mittelstands. Der Vernichtungswettbewerb geht also unmittelbar mit der laufenden Umverteilung des Vermögens von unten nach oben einher. Kriege erweitern diese Umverteilung von unten nach oben auf die ganze Welt. Kriege schwächen Nationen, so dass keine Nation stark genug ist, dem Weltmonopolziel der Hochfinanz zu widerstehen.

Das Zinsgeld bewirkt also, dass der Wettbewerb zwischen Unternehmen feindseliger Natur ist und Unternehmen bemüht sind, ihre Wettbewerber zu vernichten, um selbst überleben zu können. Im Großen überträgt sich der Vernichtungswettbewerb zwischen Unternehmen durch einen erbitterten Kampf um Exportüberschüsse auf einen feindlichen Wettbewerb zwischen ganzen Volkswirtschaften und verursacht Kriege.

So erzeugt das Zinsgeld den Vernichtungswettbewerb und Krieg, den dritten Automatismus des Zinsgeldes.

Abschliessend die Bedeutung des technischen Fortschritts

Im Zinsgeldsystem fließt laufend Geld zu den Inhabern der Geldvermögen und immer weniger Geld bleibt für die Bezahlung der Arbeit übrig. Die Menge der zu leistenden Arbeiten wird nicht weniger, nur weil immer weniger Geld zu deren Bezahlung übrig bleibt. Wenn die Arbeitenden ungefähr gleichbleibend bezahlt werden sollen, muss die Anzahl der Arbeitenden schrumpfen und der Anteil der Arbeit, der durch den technischen Fortschritt von Maschinen übernommen werden muss, nimmt zu. Der technische Fortschritt wird also nur genutzt, damit das immer weniger werdende Geld für die Arbeitenden ausreicht, um deren Arbeit angemessen zu bezahlen. Für die Gesellschaft sieht es dann so aus, als erzeugte der technische Fortschritt Arbeitslosigkeit, obwohl es alleine das Zinsgeld ist, das Arbeitslosigkeit erzeugt. Der technische Fortschritt fängt nur die Mehrarbeit auf, die durch die wachsende Arbeitslosigkeit anfällt. Der technische Fortschritt an sich lässt nur die von Menschen zu erbringende Arbeit weniger werden, während das Zinsgeld darin versagt, sich zu allen zu verteilen, so dass sich das Heer der Arbeitenden zunehmend aufspaltet in Arbeitslose und Arbeitende, die mit Arbeit überlastet sind. Bei einem sich neutral verteilenden Geld würde technischer Fortschritt nur bedeuten, dass der Wohlstand aller wächst, während alle weniger arbeiten.

Organisatorische Ebene

Auf der organisatorischen Ebene geht es um die Strukturen zur Bewahrung und Verwaltung unserer Welt. Es geht um die Bereiche Wert/Selbstwert (für den Bereich der Wirtschaft bedeutet dies das Ressourcenmanagement), Macht (die Frage, wer die Macht hat) und Gesetz/Ordnung (die Frage, wie sich das Zinsgeld auf die Gerechtigkeit und Redlichkeit in der Gesellschaft auswirkt).

Wert des Menschen, Wert der Dinge und Ressourcenmanagement

Im vierten Schritt betrachten wir die Wirkung des Zinsgeldes auf den Wert der Dinge und unseren Umgang mit den Ressourcen der Erde.

Verschwendung – Vierter Automatismus des Zinsgeldes

Bei den Erläuterungen zur automatischen Umverteilung des Vermögens haben wir gesehen, dass die Schulden automatisch immer weiterwachsen müssen. Diese automatisch weiterwachsenden Schulden haben außer den steigenden Steuern, der steigenden Arbeitslosigkeit und der sich verschlechternden Bezahlung von Arbeit noch eine weitere indirekte Auswirkung: Diese automatische Umverteilung des Vermögens führt zu einer relativ raschen Verarmung der arbeitenden und (der unvermögend) arbeitslosen Bevölkerung. Es gibt nur eine Möglichkeit, diesen Verarmungsprozess etwas zu verlangsamen: Wirtschaftswachstum. Durch Wirtschaftswachstum kann der von der Umverteilung programmierte Wirtschaftskollaps eine ganze Weile hinausgezögert werden. Wenn der politische Standpunkt herrscht, dass das Zinsgeldsystem selbst nicht gewandelt werden darf und um jeden Preis in Gang gehalten werden muss, entsteht somit durch die Umverteilung ein Wachstumszwang, der von der Politik immer wieder als alternativlos ausgegeben wird.

Das Dumme an einem verewigten Wachstumszwang ist, dass wir auf einem Planeten leben, dessen Ressourcen begrenzt sind. Würde es uns gelingen, unser System dauerhaft (ohne Systemkrise und Geldentwertung) zu erhalten, das Wirtschaftswachstum mit dem exponentiellen Wachstum der Privatvermögen mithalten zu lassen, zu diesem Zweck immer weiter ins Weltall vorzudringen, um die Ressourcen anderer Sonnensysteme und Galaxien zu erschließen, so würden wir binnen kaum mehr als 3000 Jahren das gesamte der Physik bis heute bekannte Universum zu Schrott verarbeiten. Spätestens an dieser Stelle wird unser gesunder Menschenverstand einsehen müssen, wie unsinnig und destruktiv die permanente Forderung der Politik nach Wirtschaftswachstum ist. Wir sind ja jetzt schon nahe an dem Punkt, unsere Erde bis zum Punkt kollektiven Suizids zu verschrotten, nur um ein Wirtschaftswachstum zu produzieren, das unser Zinsgeldsystem in Gang halten soll.

Die vom Zinsgeld programmierte Verschwendung ergibt sich aus dem Zusammenspiel zwischen dem Wachstumszwang und dem Knappheitsgebot. Die Wirtschaft muss wachsen, um die vorprogrammierte Verarmung der Arbeitenden abzumildern und hinauszuzögern und die Waren müssen knapp genug bleiben, damit die Investoren einen Kapitalertrag (Zins) erwirtschaften können. Der Wachstumszwang sorgt dafür, dass wir immer mehr konsumieren müssen, um die Wirtschaft zu erhalten und vor dem Zusammenbruch zu bewahren. Das Knappheitsgebot sorgt dafür, dass dieser immense Konsum nie dazu führt, dass unser Bedarf kollektiv so gesättigt ist, dass Unternehmen unprofitabel werden.

Dieser Druck führt dazu, dass die Produkte, die wir kaufen, immer kurzlebiger sein müssen. Dies bewirkt, dass immer mehr Produkte immer schneller weggeschmissen werden und somit die Ressourcen der Erde immer schneller verschwendet werden müssen. Gleichzeitig bewirkt dies, dass die Intelligenz beim Entwerfen von Produkten dahin geht, immer kurzlebigere Produkte zu erschaffen. Ginge die Intelligenz in die andere Richtung, so dass Produkte immer stabiler, hochwertiger und langlebiger würden, müssten die Arbeitenden bei gleicher Bezahlung – und einem Geldsystem, das das Vermögen gerecht verteilt – immer weniger arbeiten. Durch die zunehmende Verramschung der hergestellten Produkte wird also auch die Arbeitskraft und damit die Zeit der Arbeitenden verschwendet, weil viel zu viele kurzlebige Produkte hergestellt werden müssen.

Nicht nur wird ein großer Teil der Arbeit der Arbeitenden durch die Herstellung kurzlebiger Produkte verschwendet, auch das wachsende Heer der Arbeitslosen ist eine riesige Verschwendung. Ungeachtet des Wirtschaftssystems ist die wichtigste Ressource doch immer die Arbeitszeit der Menschen. Und die wird sowohl durch Arbeitslosigkeit als auch durch die Fertigung kurzlebiger Produkte verschwendet.

Die Verschwendung, die wir in unserer Welt sehen, ergibt sich also aus dem Aufeinanderprallen zweier jeweils dominanter und sich widersprechender Kräfte: Der Zwang zu Wirtschaftswachstum verlangt die Herstellung von immer mehr Produkten. Und der Zwang zu ausreichender Warenknappheit erzwingt eine schlechte Qualität und Kurzlebigkeit dieser Produkte, um das Wirtschaftswachstum aufrechtzuerhalten.

Die einfache mathematische Formel für das ganze Ausmaß der vom Zinsgeld programmierten Verschwendung lautet dabei:

Wachstumszwang minus Knappheitszwang gleich Verschwendung.

Alles, was die globale Wirtschaft oberhalb des erforderlichen Knappheitslevels herstellt, landet auf dem Müll, verschwendet unsere Ressourcen und zerstört unseren Planeten. So erzeugt das Zinsgeld die Verschwendung, den vierten Automatismus des Zinsgeldes.

Die Machtverteilung

Im fünften Schritt beleuchten wir die Auswirkung der Zirkulation von Zinsgeld auf den Bereich der Machtverteilung in der Gesellschaft.

Machtkonzentration – Vierter Automatismus des Zinsgeldes

Im Kern des 5. Automatismus des Zinsgeldes steht die Erpressungsmacht, die das Zinsgeld verleiht. Die Erpressungsmacht ergibt sich aus der Unverzichtbarkeit des Geldes in der Wirtschaft aufgrund der Nichtverfügbarkeit eines anderen Zahlungsmittels außer Zinsgeld. Auf dieser Grundlage sind es die ersten drei Automatismen des Zinsgeldes, die die Erpressungsmacht des Zinsgeldes uferlos machen: Aufgrund der Geldverknappung geben Menschen leicht der Erpressung durch Geld nach, nur um an das zum Überleben benötigte Geld zu kommen. Vermögensumverteilung und Vernichtungswettbewerb verschärfen die Erpressungsmacht weiter, weil Geld definiert, ob und wie wir überleben können. Menschen werden durch Zinsgeld in eine Lage gedrängt, in der sie für ihr Überleben alles und für ein besseres Leben (fast) alles tun und hinnehmen. Wenn man in einen stinkenden Raum kommt, erlahmt der Geruchssinn binnen Minuten, so dass der Gestank viel weniger oder gar nicht mehr wahrgenommen wird.

Genauso verhält es sich mit der Erpressung durch Zinsgeld. Die Erpressung durch Zinsgeld ist so allgegenwärtig, dass sie nicht mehr als solches wahrgenommen wird, vor allem, weil der Zins selber ein reines Erpressungsprodukt ist: „Entweder du akzeptierst die Kreditbedingungen oder es gibt kein Geld." Diese Erpressung durchzieht die ganze Wirtschaft.

Entweder du akzeptierst den Lohn oder du bekommst die Stelle nicht. Entweder du akzeptierst die vom Käufer gewünschten Bedingungen oder du verkaufst nicht. Und ganz allgemein: Entweder du gibst den Geldzwängen nach, oder du wirst aussortiert. Die Erpressungsmacht einer Person definiert sich vor allem über das Maß, in dem sie Kredite gewähren kann oder Geld zu investieren oder auszugeben hat. Wer selbst abhängig ist von der Gewährung von Krediten oder dem Kauf seiner Waren und Dienstleistungen durch Kunden oder der Bezahlung seiner Arbeit, der unterliegt der Erpressungsmacht jener, die das Geld haben, das sie brauchen.

Die einzige Möglichkeit, sich auf der Seite der Verkaufenden (also auf der Seite derer, die Geld haben wollen) der Erpressung zu entziehen und selbst Erpressungsmacht zu gewinnen, besteht darin, in einer bestimmten Industrie ein Kartell oder Monopol zu erzielen. Wenn dein Wettbewerb ausgeschaltet ist, muss bei dir gekauft werden. Und in diese Position kann sich mit Hilfe des Automatismus' des Vernichtungswettbewerbs auf Dauer allein die Hochfinanz bringen, die nun von 2 Seiten erpressen kann: 1. Weil sie das Geld kontrolliert und alle ihr Geld brauchen. 2. Weil auch ihre Kartelle und Monopole über Erpressungsmacht verfügen.

Die Drohung, Unternehmen aus einem Land abzuziehen, so dass Arbeitsplätze und Steuereinnahmen verloren gehen, ist sowohl sehr effizient als auch überall in den Volkswirtschaften gängige Praxis und führt dazu, dass die Kartelle und Konzerne der Hochfinanz kaum Steuern zahlen.

Wie sollte ein Parlament im Angesicht einer solchen ständigen Erpressung tun können, was das Volk, also der Wähler will - vor allem also mehr wirtschaftliche Gerechtigkeit herbeizuführen - anstatt zu tun, was sie aufgrund der Erpressungssituation tun müssen, um die wirtschaftliche und finanzielle Versorgung des Volkes zu sichern - nämlich der Hochfinanz nachgeben, keine Steuer zu zahlen und sich andere Vorteile zu sichern? Es ist verständlich, dass die Parlamente nachgeben und natürlich bedeutet das, dass wir keine Demokratie haben.

Die Kontrolle der Hochfinanz über Staat und Wirtschaft bedeutet, dass ihr linke Politik (Sozialismus und Kommunismus) und rechte Politik (eine Deregulierung der Wirtschaft) gleichermaßen dienlich sind. Dadurch werden Kapitalismus und Kommunismus zum rechten und linken Arm ihrer Diktatur. Darauf kommen wir im nächsten Unterkapitel noch zurück.

Echte Demokratie bedeutet, dass die Macht beim Volk ist. Das Volk ist überall. Echte demokratische Macht bedeutet also dezentralisierte Macht, überall da, wo das Volk ist. Dezentralisierte Macht bedeutet, dass die

Macht bei den Gemeinden ist und nach oben hin nur von unten delegiert ist und daher abnimmt, weil die Gemeinden delegierte Macht jederzeit wieder zurücknehmen können, wenn diese nicht dem Auftrag des Gemeindevolkes gemäß ausgeübt wird. Dies bedeutet auch, dass in einer Gemeinde kein Gesetz gültig sein dürfte, das von einer zentraleren Stelle erlassen wird, wenn die Gemeinde dieses Gesetz nicht ratifiziert.

In unserer seit 600 Jahren vom Zinsgeld geprägten Welt erleben wir jedoch zunehmend das genaue Gegenteil. Es gibt zwar Wahlen, die Macht wird aber immer weiter nach oben verlagert, so dass das Volk selbst, also die einzelne Gemeinde, machtlos gegenüber den Entscheidungen zentraler Stellen ist. Je weiter nach oben die Macht verlagert wird, desto mehr handelt es sich nur noch um die Macht derer, die die Entscheidungsträger (die unter massiven wirtschaftlichen und finanziellen Zwängen stehen) am wirkungsvollsten beeinflussen (= erpressen oder bestechen) können, und desto machtloser ist das Volk an der Basis. Man sieht am Ablauf der Geschichte, dass die wirtschaftliche und politische Machtkonzentration durch die Bildung immer größerer Konzerne, Konglomerate und Kartelle einerseits und immer umfassenderer Staatenbünde und internationaler Regierungsstellen andererseits Hand in Hand abgelaufen ist. Die geschichtliche Entwicklung der letzten 300 Jahre war nahezu ausschließlich von der allgegenwärtigen Erpressungsmacht des Geldes, den Automatismen des Zinsgeldes und den Interessen der Hochfinanz bestimmt, während diese nach außen hin als etwas ganz anderes dargestellt wurden. Siehe dazu das nächste Unterkapitel zum Automatismus der Verdrehung.

Durch die Unverzichtbarkeit des Geldes in unserer arbeitsteiligen Gesellschaft und den unausweichlichen Zwang zur laufenden Weiterverschuldung erzeugt das Zinsgeld nicht nur eine automatische Schere aus Reichen und Armen, sondern auch aus Mächtigen und Machtlosen. Die Konzerne der Hochfinanz gewinnen global den Vernichtungswettbewerb auf Kosten der jeweiligen regionalen mittelständischen Unternehmen, übernehmen die Wirtschaft und zentralisieren die Verwaltung. Da alles den Geldzwängen unterworfen ist, werden auch die Mitsprachemöglichkeiten immer weiter eingedampft. Da dies ein schleichender Prozess ist, ergibt sich die Gesellschaft nach und nach in dieses vom Zinsgeld vorprogrammierte Schicksal. Die immer stärker werdende Abhängigkeit der Unternehmen und Volkswirtschaften von Fremdkapital und die Konkurrenz der Unternehmen und Volkswirtschaften um dieses Fremdkapital führen dazu, dass Unternehmen und Volkswirtschaften immer verzweifelter die Position von

Bittstellern einnehmen, bereit sind, immer mehr Arbeit für immer weniger Geld zu leisten und dabei immer machtloser werden.

Mit Hilfe der Automatismen des Zinsgeldes ist es für die Hochfinanz relativ einfach, ihr globales Machtkonzentrationsziel (also ihr Weltmonopol) zu erreichen: Sie setzt sich einfach an die Spitze der Bewegungen für Völkerverständigung, für den Zusammenschluss der Völker, für den Frieden und die Kooperation, um eine immer zentralere Gewalt, die die Menschheit immer mehr entmachtet, als erstrebenswert hinzustellen.

Wenn wir Demokratie wollen, dürfen wir uns hier nicht täuschen lassen: Je weiter die politische Macht von der Basis entfernt ist, desto mehr kann die Hochfinanz diese steuern und desto weniger kann die Basis Einfluss nehmen. Einerseits verhindert die Hochfinanz, dass die Staatsregierungen die vom Zinsgeld geschaffenen enormen sozialen Probleme lösen können, und andererseits nutzen sie die solchermaßen nachgewiesene „Unfähigkeit" der Staatsregierungen, diesen ihre Macht wegzunehmen und den zentralen Organen der Staatenbünde zu geben. „Die Probleme lassen sich von den einzelnen Staaten nicht mehr lösen und können nur noch im Verbund gelöst werden." Das ist die Philosophie, die populär gemacht wird, wenn der Prozess der Machtkonzentration vorangetrieben wird.

Jede Abgabe nationalstaatlicher Kompetenzen an die EU (oder andere Staatenbünde) wird von den Massenmedien als Fortschritt der Völkerverständigung gefeiert. Zu dieser Verdrehung gehört natürlich, dass jeder Schritt zu mehr staatlicher Unabhängigkeit als eine Ablehnung der Idee der Gemeinschaft und Völkerverständigung verunglimpft wird. Als wäre die Ablehnung einer europäischen Zentralregierung eine Ablehnung der anderen Völker und der Verständigung mit ihnen. Während bei den in einigen Abschnitten zum 2. Automatismus des Zinsgeldes genannten Formen der Umverteilung bereits die Macht der Hochfinanz zu sehen ist, und klar ist, wie sehr Zinsgeld nur der Hochfinanz dient und sonst niemandem, ist die Gesamtdynamik dennoch nur in geringerem Maße durch die Geldgier der Hochfinanz bedingt. Sie wird wie beim 2. Automatismus des Zinsgeldes dargestellt, viel mehr durch die automatisch entstehenden Zwänge des Zinsgeldes erzeugt. Das meiste Übel liegt in den Automatismen des Systems, gar nicht mal bei denen, die am meisten davon profitieren.

Die Automatismen der Umverteilung und Machtkonzentration laufen direkt analog ab: Aufgrund der bereits seit Jahrhunderten laufenden Vermögensumverteilung, gehört der Hochfinanz heute schon so viel von dieser Welt, dass sie längst versucht, auch unsere Grundversorgung mit

Wasser und öffentlicher Infrastruktur (öffentliche Gebäude, Straßen, Brücken, Tunnel, Autobahnen usw.) in ihr Eigentum umzuverteilen. Die Argumente in den Massenmedien lauten dann immer: „Privatunternehmen können effizienter arbeiten als Beamte und so Kosten sparen." Aber darum geht es nicht und es stimmt meistens auch gar nicht. Es geht der Hochfinanz darum, letztlich alles und alles in ihre Hände umzuverteilen. So können sie uns für alles Geld abverlangen und Kontrolle ausüben. Wer sich dann nicht benimmt, wer nicht gehorcht, wird nicht mehr versorgt. Und das nennt sich dann Weltmonopol. Da der Automatismus der Umverteilung keine natürliche Schranke kennt, solange wir alle mit Zinsgeld operieren, führt er die Menschheit zwangsläufig zu einem Weltmonopol der Hochfinanz, das ihnen eine göttergleiche Erpressungsmacht verleiht.

Durch die so seit Jahrhunderten laufende Umverteilung des Vermögens von der Weltbevölkerung hin zu den relativ wenigen Familien der Hochfinanz kontrollieren diese Familien viele Billionen, von denen eine darbende Menschheit zunehmend abgeschnitten wird und zunehmend abhängig ist. Der sich immer mehr verschärfende Geldmangel lähmt die Menschheit in einen Zustand zentralisierter Fremdbestimmung durch die Hochfinanz, deren erpresserischen Kreditbedingungen sich Regierungen und Volkswirtschaften schon seit langem vollständig unterworfen haben.

Das Wort „Macht" ist verwandt mit dem Wort „Möglichkeit". Macht verleiht Möglichkeiten. Eine der Auswirkungen der Machtkonzentration besteht darin, dass die Selbstorganisation der Gesellschaft ihrer Kreativität und Flexibilität beraubt wird. Durch die Umverteilung des Geldes wird die Gesellschaft zunehmend ihrer Möglichkeiten beraubt, kreative Lösungen zu finden und flexibel zum Wohle der Gesellschaft zu arbeiten. Lösungen, die die Umverteilung verlangsamen und die Macht der Hochfinanz einschränken, dienen dem System der Umverteilung nicht. Also schränkt die zentralisierte Macht die Fähigkeit der Gesellschaft, kreative Lösungen zu schaffen und flexibel auf Krisen und Notstände zu reagieren, ein. Wenn Krisen und Notstände der Umverteilung dienen, werden sie beibehalten, bzw. nichts wirklich Effizientes dagegen unternommen.

Das Zinsgeld erzeugt eine Gesellschaft, in der die Macht der Einzelnen umverteilt und in den Händen einer kleinen Gruppe von Geldgebern zentralisiert wird, die durch den systemimmanenten Zwang zur Weiterverschuldung automatisch immer reicher und mächtiger werden.

Auch zum Automatismus der Machtkonzentration gibt es ein bekanntes Zitat der Rothschild-Brüder in London aus dem Jahr 1863: „Die Wenigen, die das System verstehen, werden dermaßen an seinen Profiten interessiert oder so abhängig von seinen Vorzügen sein, daß aus ihren Reihen niemals eine Opposition hervorgehen wird. Die große Masse der Leute aber, geistig unfähig zu begreifen, wird seine Last ohne Murren tragen, vielleicht sogar, ohne je Verdacht zu schöpfen, dass das System ihnen feindlich ist."

Somit erzeugt das Zinsgeld den Automatismus der Machtkonzentration, den fünften Automatismus des Zinsgeldes.

Gesetz & Ordnung

Im sechsten Schritt beleuchten wir die Auswirkung des Zinsgeldes auf den Bereich von Gesetz und Ordnung. Wie wirkt sich Zinsgeld auf die Gerechtigkeit, Gesetzgebung, Rechtsprechung und ganz allgemein auf die Redlichkeit in der Gesellschaft und in der Welt aus?

Verdrehung – Sechster Automatismus des Zinsgeldes

Das Zinsgeld verdreht die Wertigkeit von Geld und Mensch und ist ein Werkzeug in den Händen der Hochfinanz, um Lösungen und den Widerstand gegen das Zinsgeldsystem zu verdrehen, unsere Orientierung im Leben umzupolen, unsere Souveränität, Redlichkeit, unser Rechtsempfinden und unsere Werte zu verdrehen. Schauen wir uns das nacheinander an.

Verdrehung der Wertigkeit von Mensch und Geld

Durch die Automatismen der Geldverknappung (in der Realwirtschaft) und der Umverteilung des Vermögens von unten nach oben ist das Geld im Markt knapper als die menschliche Arbeitskraft. Es ist also leichter, an Arbeitskräfte zu kommen als an Geld. Dadurch wird das Geld in der Wirtschaft wichtiger als die Arbeitskraft, das heißt wichtiger als der Mensch.

Dass Zinsgeld wichtiger ist als der Mensch, stellt die eine fundamentale Verdrehung dar, die die Verrücktheit unserer Welt verursacht: Der Mensch hat das Geld geschaffen. Der Mensch sollte auf jeden Fall und unter allen Umständen wichtiger sein als seine Erfindungen, die ihm ja nur dienen sollen. Wenn eine dieser Erfindungen wichtiger wird als der Erfinder, verdreht das die Welt fundamental: Anstatt dass das Geld uns dient, sind wir aufgrund der vom Zinsgeld erzeugten Automatismen gezwungen, dem Geld zu dienen, dass es weiterexistieren kann und nicht zusammenbricht. Alles erwirtschaftete Geld kann nur einmal ausgegeben, bzw. zugeteilt werden. Es gibt einen Interessenkonflikt zwischen Investoren und Arbeitenden: Beide wollen möglichst viel vom erarbeiteten Kuchen.

Da sich die Kreditgeber die Bedingungen zur Rückzahlung des Kredits und Zahlung der Zinsen jedoch garantieren lassen, sitzen bei den Tarifverhandlung Unternehmen und Angestellte immer alleine am Tisch. Die Investoren gewinnen dieses Tauziehen immer, weil das Zinsgeld im Markt knapper ist als die Arbeitskräfte. So ist das Zinsgeld stets automatisch stärker als der Mensch und die Zinsforderungen sind automatisch stärker als alle menschlichen Bedürfnisse der Bezahlung der Arbeitskraft.

Die drei wichtigsten Beteiligten eines Unternehmens sind a) die Unternehmer, die das Unternehmen führen, b) die Mitarbeiter, die die notwendigen Arbeiten für das Unternehmen verrichten, c) die Investoren, die dem Unternehmen nötiges Investitionskapital zur Verfügung stellen.

Was die realen Leistungen eines Unternehmens anbelangt, sind Unternehmer und Mitarbeiter wichtig, und Investoren unwichtig, da sie keine reale Arbeit leisten. Dadurch dass das Zinsgeld in der Zinswirtschaft nun aber knapper ist als die Arbeitskräfte, sind die Investoren wichtiger und mächtiger als Unternehmer und Angestellte. Dies ist eine fundamentale Verdrehung. Der Automatismus der Umverteilung schafft in der Gesellschaft und Menschheit eine überall sichtbare immer weiter zunehmende Arm-Reich-Spaltung. Dadurch fließt das Zinsgeld über den Zins falsch herum: Weg von denen, die Geld brauchen, und hin zu denen, die schon längst mehr als genug haben. In anderen Worten: Das Zinsgeld fließt generell von den finanziell Schwächeren zu den finanziell viel Stärkeren. In einer Gesellschaft, die den Namen „menschlich" verdient hätte, müssten die Stärkeren die Schwächeren unterstützen, ohne ihre Überlegenheit zu ihrem Vorteil auszunutzen. Das Zinsgeldsystem existiert und überlebt jedoch dadurch, dass die finanziell Stärkeren die finanziell Schwächeren ausnutzen und beherrschen. Das ist „die" eine fundamentale Verdrehung der Menschlichkeit durch das Zinsgeldsystem. Sie zeigt die grundlegende Ungerechtigkeit und Unmenschlichkeit des Zinsgeldes.

Verdrehung von Lösungen

Natürlich sind Menschen und Gesellschaften ständig auf der Suche nach „Lösungen" für die zwangläufig aus dem Zinsgeld resultierende zunehmende Verarmungsproblematik. Nur ist es leider so, dass eine echte Lösung nur darin bestehen könnte, die automatische Umverteilung zu beenden, so dass das von den Arbeitenden verdiente Geld auch bei diesen bliebe. Ein Ende der Umverteilung wäre natürlich auch ein Ende des automatischen Vermögenszuwachses der Reichsten und ein Ende ihrer Macht. Da diese ein solches Ende nicht wollen, nutzen sie ihre enorme finanzielle Stärke und ihre politische Macht, alle von irgendwelchen Experten, Fachleuten, Politikern etc. ersonnenen Lösungen so zu beeinflussen, dass sie die grundlegende Problemursache, die Umverteilung/das Zinsgeld, bewahrt oder sogar noch beschleunigt. Somit werden tendenziell echte Lösungen zu Scheinlösungen verdreht und die Probleme verschlimmern sich automatisch weiter. Wenn unerwünschte Lösungen verheimlicht, tabuisiert oder verdreht werden, wirkt sich dies auch massiv auf die Wissenschaft aus. Die Hochfinanz nutzt die finanziellen Bedürfnisse und Abhängigkeiten von Universitäten und Forschern, ihre Wünsche und Tabus in den für sie wichtigen Disziplinen auch „wissenschaftlich" durchzusetzen und zu Lasten einer echten, redlichen Wissenschaft zu legitimieren.

In Anbetracht der bereits durchleuchteten Automatismen des Zinsgeldes ist es egal, wer die Gesetze macht, oder welchen Inhalt diese Gesetze haben, wenn die Wirtschaft mit Zinsgeld betrieben wird. Das Zinsgeld wird mittel- und langfristig immer automatisch alle sozialen Programme und Maßnahmen aushebeln und das Geld zu den Reichsten umverteilen. Während Gesetze also eigentlich für Gerechtigkeit sorgen sollten, werden die Gerechtigkeitsziele stets von den Automatismen des Zinsgeldes unterminiert und vor allem die ungerechte Umverteilung weitergetrieben. Das passiert automatisch, auch ohne Korruption. Korrupte Verantwortungsträger beschleunigen die Umverteilung nur. Es gibt also eine dominante Grundlage ungerechter Verteilung, auf die Gesetze aufgebaut werden, die die Umverteilung nur begleiten, ohne selbst für Gerechtigkeit sorgen zu können. Gesetze dienen in einer Zinswirtschaft also nicht dem Schaffen von Gerechtigkeit, sondern dem Tarnen der ungerechten Umverteilung als Gerechtigkeit und dem Ergreifen nutzloser Maßnahmen, die den Eindruck erwecken als würde etwas getan, um für Gerechtigkeit zu sorgen.

Wie könnte die Welt mehr auf dem Kopf stehen, als wenn der oberste Gesetzgeber a priori nicht in der Lage ist, Gerechtigkeit herbeizuführen, egal was er macht (weil er das Zinsgeld als Tabu akzeptiert und schützt)?

Bei allen negativen Entwicklungen gibt es einen egoistischen, rücksichtslosen und einen selbstlosen, menschlichen Ansatz, damit umzugehen. Das Ziel, ein Weltmonopol an dieser Erde zu erreichen, ist natürlich egoistisch und rücksichtslos gegenüber den Bedürfnissen der Menschheit. Die Hochfinanz möchte aber gerne, dass sich die Menschheit nicht gegen ihre Entmachtung wehrt und möglichst nicht mitbekommt, dass und wodurch sie entmachtet wird. Generell nutzt sie also die menschlichen Bestrebungen zur Lösung der negativen Entwicklungen, um sich selbst an deren Spitze zu setzen und sie als Mantel für das Verfolgen ihrer egoistischen, rücksichtslosen Ziele zu verwenden. Dem dienen auch die politischen Ideologien, die wir weiter unten durchgehen werden.

Die Hochfinanz will Zollschranken abbauen, damit ihre eigenen multinationalen Konzerne Wettbewerbsvorteile gegenüber der jeweiligen heimischen Wirtschaft genießen, und stellt dies nach außen als „Völkerverständigung“ und als „Schaffen neuer wirtschaftlicher Möglichkeiten“ und „Erschließen neuer Märkte“ dar. Sie will Nationalstaaten schwächen, um die politische Macht international und möglichst global zu zentralisieren, und stellt dies als „Zusammenwachsen der Menschheit“ und „Garant für den Frieden“ dar. Sie stellt Länder, die sich der Machtkonzentration und der Gängelung von oben (z.B. von Brüssel aus) widersetzen, wie 2016 die Briten, als asozial und egozentrisch dar und missbraucht gerne die Sehnsucht der Völker nach Frieden, Verständigung und Gemeinschaft, um ihre Machtkonzentrationspläne weiter voranzutreiben.

Die Hochfinanz verdreht auch unsere Hilfsbereitschaft gegenüber Zuwanderern. Natürlich ist es wichtig und richtig, Menschen zu helfen, die in der Heimat von Verfolgung, Folter und Tod bedroht werden, würden sie zurückgeschickt. Aber die Hochfinanz, die in der Regel die militärischen Operationen und Kriege in der Welt finanziert, weil sie viel Geld damit verdient, hat diese Zustände auch erst herbeigeführt. Im Namen der Menschlichkeit, den Flüchtlingen zu helfen, verfolgt sie ihre eigentlichen Ziele, die Nationalstaaten und die Identität ihrer Völker erst zu schwächen und dann ganz aufzulösen. Mit einer ausgelöschten nationalen Identität sind wir nicht mehr in der Lage und haben irgendwann auch nicht mehr den Willen, unsere nationale Kultur und damit unsere Unabhängigkeit gegenüber der internationalen Zentralgewalt (U.N.O., E.U. etc.) zu bewahren. Ich war dem Dalai-Lama sehr dankbar, wiederholt darauf hinzuweisen, dass die Flüchtlinge nur so lange bleiben sollten, bis sie wieder in ihre Heimat zurückkehren. Es sei wichtig, darauf zu achten, dass Deutschland auch das Land der Deutschen bleibt, und dass kein arabischer Staat daraus wird. Aber genau das strebt die Hochfinanz an und prangert alle Gegner ihrer Ziele als fremdenfeindlich, intolerant oder rassistisch gegenüber anderen Völkern an. Der eigentliche Rassismus richtet sich gegen die europäischen Ureinwohner, was so verdreht wird, dass diese als Rassisten beschimpft werden, wenn sie sich ihre Heimat und Kultur vor einer Überfremdung bewahren wollen. Was für eine Verdrehung dessen, was Rassismus ist.

Politische Integration des Widerstands gegen das System in das System

Während das Zinsgeldsystem eine automatische Verdrehung erzeugt, überlebt es auch nur dadurch. Könnten die Dinge geradegerückt werden, so dass die Automatismen des Zinsgeldsystems nicht mehr erzeugt würden, endete natürlich das Zinsgeldsystem selbst.

Alle Versuche, Gerechtigkeit zu schaffen UND das Zinsgeldsystem beizubehalten, werden automatisch ad absurdum geführt und verdreht, weil das Zinsgeldsystem durch echte Gerechtigkeit enden würde. Die Kraft des Systems, sich selber zu erhalten, ist immer stärker als alle Gerechtigkeitsbestrebungen, solange die menschliche Reife im kollektiven Bewusstsein noch nicht zu einer wirklich gerechten Welt bereit ist und dabei bereit ist, das Zinsgeldsystem selbst loszulassen. Solange wir kein gerechtes System manifestieren können, bei dem das Zinsgeldsystem auf natürliche Weise von alleine wegfallen darf, wird es weiterexistieren und die Gerechtigkeit auch weiter zur Ungerechtigkeit verdrehen.

Gerechtigkeit ist nur gerecht, wenn sie gewaltlos und ohne Zwang herbeigeführt wird. Eine Prävalenz von Gewalt und Zwang in der Gemeinschaft erzeugt immer eine Herrschaft des Stärksten, also Ungerechtigkeit.

Daher dienen vor allem die extremen politischen Strömungen dem System. Extrem bedeutet in der Politik letztlich, Andersdenkende die eigenen Ansichten aufzuzwingen. Zwang lässt sich nur von oben nach unten durchsetzen. Wenn zwei einander zwingen wollen, gewinnt immer der Stärkere. Oben steht die Hochfinanz. Der Stärkere ist immer die Hochfinanz. Somit kann sie jedes politische Denken, das Andersdenkende zwingen will, für ihre Zwecke lenken. Man kann die, die gegen den Rest der Gesellschaft ihre Vorstellungen durchsetzen können, nicht zu Gerechtigkeit zwingen. Zwingen wollen ist ein Machtkampf, den die Stärksten am oberen Ende der Umverteilungskette und damit verbundenen Machtpyramide immer für sich entscheiden können. Zwang ist keine Lösung und kann immer vom Stärkeren für dessen Zwecke verdreht werden.

Durch eine Neigung, Andersdenkende zu bekämpfen und die eigenen Ziele zu erzwingen, wird jeder Widerstand gegen das System leicht in unterschiedliche Lager aufgespalten, die gegeneinander gelenkt werden, so dass die Hochfinanz über den Staat am Ende die streitenden Parteien zur Ordnung zwingen kann, was das System bewahrt und verstärkt.

Das System selbst gibt vor, wie sich jene, die einen Wandel des ungerechten Systems bewirken wollen, politisch einbringen können und müssen. Letztlich braucht die Hochfinanz nur Aktivisten zu installieren, die

die Bemühungen und Forderungen der Menschen nach einer Lösung der durch die Automatismen entstehenden Probleme aufgreifen und eine Ideologie daraus machen, die den Anschein erweckt, als könne sie das Problem lösen, während sie es in Wirklichkeit bewahrt und auf Dauer verschlimmert. Dies hat sie von Anfang der Parteienbildung in Deutschland um das Jahr 1860 an so gemacht. Zur Behebung des Automatismus' der Geldverknappung in der Welt wurde der Kapitalismus als die Ideologie des freien Marktes propagiert, um durch die Gewinnmöglichkeiten und Wirtschaftswachstum für mehr Geld zu sorgen. Das Wirtschaftswachstum soll es den Marktteilnehmern möglich machen, sich Vermögenswerte aufzubauen, die uns vor der Geldverknappung und damit vor Armut beschützen.

Leider führt der Kapitalismus - also das Zinsgeldsystem - wie wir weiter oben gesehen haben, zu einer automatischen Vermögensumverteilung von unten nach oben, die eine ungebremst zunehmende Arm-Reich-Spaltung vorantreibt, einerseits riesige Armut und andererseits Superreichtum produziert. Eine freie kapitalistische Marktwirtschaft taugt also nicht zur Behebung der Geldverknappung, sondern ist ihre Ursache.

Zur Behebung des Automatismus' der Arm-Reich-Spaltung wurde der Sozialismus als die Ideologie der sozialen Gerechtigkeit entwickelt. Der Staat legt den Vermögenderen und Besserverdienenden hohe Steuern auf, um so für mehr Gerechtigkeit zu sorgen. Leider hat diese Ideologie ein Problem, weil dadurch der Staat immer mehr Macht über seine Bürger ausübt und von denen, die etwas haben, immer mehr Geld einfordert.

Und leider ist derselbe Staat bei der Hochfinanz verschuldet, so dass er einen immer größer werdenden Teil seiner Steuereinnahmen für Schuldzinszahlungen an die Hochfinanz ausgeben muss. Während die Reichen durch den Sozialismus also vom Staat immer mehr zur Kasse gebeten werden, wird die Hochfinanz, bei der derselbe Staat verschuldet ist, gerade durch den Sozialismus immer noch reicher und noch mächtiger.

Zur Behebung des Automatismus' des Vernichtungswettbewerbs, der einen regelrechten Krieg zwischen Unternehmen, zwischen ganzen Volkswirtschaften und häufig auch militärischen Krieg zwischen Völkern erzeugt, wurde die Ideologie des Sozialismus' erweitert zur Ideologie des Kommunismus'. Der Staat soll garantieren, dass allen Menschen Chancengleichheit und soziale Gerechtigkeit zuteil wird - und nicht nur das - sondern ein globaler Staatenbund soll letztlich Sorge tragen, dass allen Staaten dieser Erde diese selbe Gleichheit und soziale Gerechtigkeit und internationaler Frieden garantiert wird.

Die kommunistische Ideologie besagt, dass nur durch den Kommunismus garantiert ist, dass kein Krieg mehr zwischen Unternehmen und Volkswirtschaften herrscht und nur durch den globalen Kommunismus kann garantiert werden, dass der Frieden gewahrt wird. Dies ist die Ideologie, die letztlich auch die UNO vorantreibt. Die UNO soll die Gleichheit, Gerechtigkeit und Friedlichkeit aller Staaten dieser Erde garantieren.

Um dies garantieren zu können, soll der UNO auch die nötige Macht gegeben werden. Sie ist in dieser Vision also eine kommunistische Idee. Ein Problem an dieser Ideologie ist, dass eine kommunistische Planwirtschaft in der Praxis nicht gut funktioniert und Menschen nicht motiviert, gute und der Gesellschaft wirklich dienliche Leistungen zu erbringen. Das Hauptproblem an der kommunistischen Ideologie ist aber nicht die Planwirtschaft, sondern die Umsetzung der Ideologie durch staatliche und überstaatliche Gewalt. Damit hat der Kommunismus dasselbe Problem wie der Sozialismus, dass die Hochfinanz, die dem Staat das Geld gibt, am Ende eine diktatorische Macht im Namen der Gleichheit und Gerechtigkeit erlangt. Der Unterschied ist, dass der Sozialismus den Reichsten mehr Macht und Geld gibt und der Kommunismus gibt der kleinen Gruppe an der Spitze absolute Macht und die Kontrolle über alles Geld und Vermögen. Aus Sicht der Hochfinanz ist der Sozialismus damit nur eine Zwischenstation auf dem Weg zu einer kommunistischen Diktatur unter ihrer verborgenen Kontrolle.

Zur Behebung des Automatismus‘ der Verschwendung, der eine zinssystemische, also nicht zu bremsende Umweltzerstörung vorantreibt, wurde die Ideologie des Ökologismus ins Leben gerufen, die Ideologie, dem Menschen Gesetze aufzuerlegen, die ihn zwingen, die Umwelt nicht mehr zu zerstören, um dadurch das Überleben der Menschheit zu sichern.

Der Ökologismus scheint den Menschen nun die schönste und dringlichste aller dieser Ideologien zu sein, hat aber dasselbe Problem wie der Sozialismus und Kommunismus, dass er nämlich wenigen Menschen alle Macht gibt, so dass auch diese Ideologie am Ende nur den einen Effekt hat, uns einer Diktatur der Hochfinanz näher zur bringen.

Zur Behebung des Automatismus‘ der Machtkonzentration wird aus denselben Kreisen, die die oben genannten Ideologien kontrollieren, propagieren und instrumentalisieren, einerseits die Ideologie des Revolutionismus propagiert, also die Ideologie, ständig und fortlaufend gegen alle sich herausbildenden Machtstrukturen zu rebellieren und eine Revolution dagegen zu betreiben. Eine ewige Revolution zerstört alle gewachsenen

Werte und Traditionen und liefert die Gesellschaft ganz der Macht der Menschen aus, die die ewige Revolution finanzieren und vorantreiben, also auch der globalen Hochfinanz. Revolutionismus ist Diktatur.

Die andere Ideologie zur Lösung des Automatismus' der Machtkonzentration besteht perverserweise in einer weiteren Konzentration von Macht „guter" internationaler Organisationen, wie der EU oder UNO. Die Argumentation ist, dass wenn sich eine Machtkonzentration schon nicht verhindern lässt, dann müssen wir wenigstens sicher stellen, dass die Macht von „Guten" ausgeübt wird, die nur die Gleichheit und Gerechtigkeit der ganzen Menschheit im Sinn haben. Niemand verrät uns, dass dieselben Leute, die alle diese Ideologien finanzieren und vorantreiben, auch die EU und UNO kontrollieren. Wir müssen uns immer fragen, wer damit beauftragt wird, die Ziele einer Ideologie durchzusetzen. Wenn wir das betrachten, werden wir sehen, dass es sich praktisch immer um Organisationen handelt, die von den Lobbys der Hochfinanz gesteuert werden. Damit dient jede politisch instrumentalisierte Ideologie den Menschen an der Spitze der Institutionen, die sie umsetzen sollen, also der Hochfinanz.

Am Ende dienen alle propagierten Ideologien dem Ziel der Errichtung einer kommunistischen Diktatur. Tatsächlich ist das Endziel des Kapitalismus der Kommunismus mit Hilfe von Sozialismus und Ökologismus als Zwischenstufen. Warum? Beim Kommunismus haben wenige Menschen alle Macht, damit einher dann auch die Kontrolle über allen Reichtum und der Rest hat den Status eines besitz- und rechtlosen Proletariats. Kommunismus ist Diktatur und vor dieser Diktatur sind alle anderen gleich. Trägt man die Vermögensverteilung im Kommunismus in ein Koordinatennetz, gibt es bei der Y-Achse eine steile Linie nach oben, die für das gesamte Vermögen aller steht, das in Händen sehr weniger Menschen liegt. Und dann geht eine Linie nahe der X-Achse ab, die zeigt, dass der Rest nichts hat. Es sieht aus wie ein rechter Winkel.

Der Kapitalismus schafft eine Vermögensumverteilung von unten nach oben, die zu einer globalen Vermögensverteilung führt, die einer 1/x Kurve ähnelt. Links die Superreichen, also die Hochfinanz. Dann nach rechts hin eine steil abfallende Kurve und 90% der Menschheit, die Systemverlierer sind. Zwischen den Armen und Superreichen befinden sich ein Mittelstand und eine Gruppe reicher Menschen. Durch den Sozialismus können diese zur Kasse gebeten werden, so dass sich die 1/x Kurve immer mehr dem rechten Winkel annähert, der die Vermögensverteilung im Kommunismus zeigt. Daran sieht man, dass der Kommunismus das offensichtliche

Ziel aus der Kombination von Kapitalismus und Sozialismus ist. In neuerer Zeit wird der Sozialismus noch ergänzt durch den Ökologismus.

Die Automatismen der Vermögensumverteilung und Umweltzerstörung führen zum Sozialismus und zum Ökologismus. Und Sozialismus und Ökologismus dienen dann zusammen als Werkzeuge zur Einführung eines globalen Kommunismus, einer totalen Diktatur durch die UNO oder einen UNO-Nachfolger, das offensichtliche Ziel der Hochfinanz.

Verdrehung, Umpolung, Frontenbildung und Auslöschung von links und rechts

Warum ist im traditionellen Sprachgebrauch

- „rechts“ richtig und „links“ falsch?
- „rechts“ aufrichtig und links verlogen?
- „rechts“ geschickt und links ungeschickt (linkisch)?

Links ist die weibliche Seite, die großzügige Versorgung aller. Rechts ist die männliche Seite, das Achten auf die richtige Ordnung, dass alle gerecht behandelt werden und niemanden die großzügige Versorgung missbraucht, die das Weibliche bereitstellt. Das Gleichgewicht von links und rechts ist essentiell für das Gleichgewicht im Einzelnen und in der Gesellschaft.

Im Biologischen ist die göttliche Ordnung dadurch umgesetzt, dass es die Aufgabe der Männer ist, die Frauen vor Gewalt und Missbrauch zu beschützen, weil es die Frauen sind, die offenherzig und mit der Unterschiedslosigkeit selbstloser Liebe alle versorgen und durch ihre Liebe auch die Gemeinschaft zusammenhalten. Links steht damit auch für die Liebe und rechts für die richtige Unterscheidung. Der linke Arm in der pentalogischen Darstellung da Vincis steht für die Liebenden, die großzügige Versorgung des anderen. Der rechte Arm dort für den Krieger, den Verteidiger der richtigen Ordnung. Das linke Bein steht für die große Mutter, also die Einheit aller in der und durch die Liebe. Das rechte Bein steht für den Weisen, also die Weisheit und richtige Unterscheidung der Dinge.

Als Menschen leben wir in der Dualität. In dieser Dualität gibt es Egoismus und aus dem Egoismus heraus unrechtes Handeln auf Kosten anderer, bis hin zu Lug und Trug und Verbrechen an anderen Menschen.

In dieser Dualität kann das Weibliche ohne das Männliche nicht existieren. Ohne den Schutz durch das Männliche wird das Weibliche ausgenutzt, unterdrückt und zerstört. Das ist das Schicksal der Liebe, wenn sie in dieser Welt ohne Weisheit agiert.

Weil links die weibliche Seite ist, die Seite der Liebe, ist sie auch die Seite, die getäuscht, ausgenutzt und damit dann zerstört werden kann.

Wenn die linke, weibliche Seite führend ist, führt dies zu Täuschung, Ausnutzung und Untergang. Daher steht links für Täuschung und Ungeschicklichkeit. Weil rechts die männliche Seite ist, die Seite der richtigen Ordnung, der Unterscheidung und des Eintretens für die richtige, gerechte Ordnung, ist dies die Seite, die die Führung innehaben muss. Richtiges Unterscheiden und Eintreten für Gerechtigkeit müssen daher auch in der politischen Ausrichtung die Führung innehaben, damit eine soziale Politik ohne Zusammenbruch überhaupt möglich ist. Daher hat rechts Vorrang vor links. Daher führt das Männliche das Weibliche, bezieht seine Berechtigung zur Führung aber allein aus seiner Pflicht, das Weibliche zu beschützen und ihm zu dienen. Um diese göttliche Ordnung einzuüben, ist es z.B. beim Paartanz die Aufgabe des Mannes, die Bewegung anzuführen, was er aber nur richtig kann, wenn a) die Frau ihn lässt, und b) er nicht versucht zu beherrschen, sondern die Frau zu ihrer vollen Geltung zu bringen. Nur dann entfaltet sich die Schönheit des Gleichgewichts zwischen Mann und Frau. Nur wenn die Frau dem Mann die Führung überlässt und der Mann das Glück der Frau (und der Familie) über sein eigenes stellt.

Linke Politik dient der Hochfinanz auf verschiedene Weise: Durch die Überbetonung von Weiblichkeit und großzügigem Geben in der Gesellschaft kann sie sich viel mehr Geld in die eigene Tasche stecken. Sie kann die Reichen im Namen eines sozialen Beitrags viel höher besteuern und sich auf diese Weise nicht nur das Geld der Arbeitenden, sondern auch das Geld der Menschen holen, die weniger vermögend sind als sie selbst. Da links sowohl die Seite der sozialen Großzügigkeit als auch die Seite der Täuschung ist, fällt der Betrug der Hochfinanz, dass die hohe Besteuerung der Reichen nur ihr dient und in keiner Weise zu sozialer Gerechtigkeit führt, niemandem so schnell auf. Durch linke Politik muss die Staatsverschuldung schneller anwachsen als durch rechte Politik. Das heißt durch linke Politik müssen die Steuern schneller steigen als durch rechte Politik. Durch linke Politik bringt die Hochfinanz das Geld der Reichen zum Staat und in Kombination mit der Staatsverschuldung vom Staat dann in ihre eigenen Taschen. Das ist maximierte Ausbeutung im Namen linker Politik. Durch die Dämonisierung und Verurteilung von „Rechten“, durch den linken Feminismus und die Verweiblichung und Verweichlichung der Männer kann sie die männliche Fähigkeit der Gesellschaft, die Fähigkeit der Männer, für eine gerechte Ordnung einzutreten, unterdrücken und teilweise sogar auslöschen und damit die ganze Gesellschaft, natürlich auch die Frauen, schutzlos gegenüber ihrer Ausbeutung machen.

Weil linke Politik dem weiblichen Denken so viel näher ist, ist es für Frauen schwerer zu durchschauen, warum sie durch linke Politik betrogen und ausgebeutet werden.

Wenn im Handeln die Liebe den Vorrang vor der Weisheit hat, fällt die Liebe dem Ego zum Opfer, wird ausgenutzt, führt zur Erblindung der Weisheit und die Liebe wird zerstört.

Wenn im Handeln die Weisheit den Vorrang hat, kann sie die Liebe beschützen und in ihrer wahren Pracht zum Leuchten bringen.

Das bedeutet der Vorrang der rechten Seite. Darum ist rechtes Handeln richtiges Handeln. Nur wenn rechtes Handeln die Liebe verliert, wird es zum Terror, und ist kein rechtes Handeln mehr.

Rechts ist ohne links nichts und links ist ohne rechts nichts.

Durch die vom Zinsgeld erzeugte Verarmung der Arbeitenden (Vermögensumverteilung) wird ein Mehr an Liebe und Fürsorge in der Gesellschaft gebraucht, das die linke Seite aktiviert, um der Armut gegenzusteuern. Durch die vom Zinsgeld erzeugte Verdrehung, durch die Kontrolle des Staates durch die Hochfinanz, wird die erwachende Liebe und Fürsorge in der Gesellschaft jedoch benutzt, um die Arbeitenden anzutreiben, mehr und noch mehr und noch mehr zu leisten. Und diese Mehrleistung kommt nicht den Bedürftigen zugute, sondern am Ende allein der Hochfinanz. Solche linke Politik führt zwangsläufig in die völlige Erschöpfung, in den totalen Burnout der Arbeitenden und in den Zusammenbruch.

Aber natürlich kontrolliert die Hochfinanz nicht nur den Staat, sondern auch die Wirtschaft. Dadurch hat rechte Politik die gleiche Auswirkung wie linke Politik. Ein Mehr an linker Politik bringt der Hochfinanz mehr staatliche Kontrolle und dadurch mehr Macht. Ein Mehr an rechter Politik bringt der Hochfinanz mehr Macht für ihre Konzerne. Da Staat und Konzerne auf oberster Ebene demselben Herrn gehorchen, arbeiten sie natürlich auch schön zusammen, immer im Interesse der Hochfinanz, immer gegen die Interessen des Volkes.

Da sowohl rechte (kapitalistische) als auch linke (sozialistische, kommunistische, ökologistische) Politik das Zinsgeldsystem beschützen und dieses nur der Hochfinanz und ihrem Ziel der Errichtung eines Weltmonopols dient und sonst niemandem, kann man Kapitalismus und Kommunismus (Sozialismus, Ökologismus), politisch rechts und politisch links, auch als den rechten und linken Arm der Diktatur bezeichnen.

Daher ist die eigentliche politische Verdrehung, dass links und rechts weder links noch rechts sind. Links ist nicht sozial und rechts dient nicht der richtigen Ordnung. Linke Politiker sind eigentlich nicht links und rechte Politiker sind eigentlich nicht rechts. Während wir die Illusion haben, nach rechts oder links zu steuern, steuert allein die Hochfinanz in Richtung mehr Geld für sie und weniger Geld für uns und in Richtung mehr Macht für sie und weniger Macht für uns. Jedwede Richtung ist diese eine Richtung. Solange das Zinsgeld herrscht, wird das auch so bleiben. Linke und rechte Politiker können sich endlos beschimpfen und beide haben immer recht in Bezug auf den anderen, aber niemals Recht in Bezug auf sich selbst. Der mediengläubige Wähler ist verwirrt. Er fragt sich, auf welchen Politiker er hören soll und ob es einen Schwenk nach links oder rechts braucht, um die Dinge zu verbessern und zu stabilisieren.

Wenn man Auto fährt, sind heftige Lenkkorrekturen nur in scharfen Kurven, beim Auftauchen plötzlicher Hindernisse oder beim Abkommen von der Fahrbahn erforderlich. Legt es ein Außenstehender aber auf einen Unfall an, z.B. um die Insassen ausrauben und das Auto stehlen zu können, wird er den Fahrer dazu bewegen, möglichst nach links oder rechts von der Straße abzukommen. Wenn der Fahrer merkt, dass er nach links abkommt, wird er heftig nach rechts korrigieren und umgekehrt. Ähnlich nutzt die Hochfinanz politisch links und politisch rechts, um die Menschheit so zu destabilisieren, dass sie sie übernehmen kann, versucht sie also, möglichst links- und rechtsextrem zu machen.

Zu rechts = zu viel Recht den Stärkeren auf Kosten der Schwächeren. Zu viel Abgrenzung gegenüber dem Missbrauch sozialer Leistungen führt zur Verarmung der Benachteiligten und Herrschaft der Stärksten.

Zu links = zu viel soziale Fürsorge - z.B. durch eine gleichberechtigte Versorgung aller Zuwanderer - führt zur Überlastung der Arbeitenden und dass sich Arbeit nicht lohnt. Dies führt zum Zusammenbruch. Der Zusammenbruch führt zu null sozialer Fürsorge, Bürgerkrieg und zur Diktatur der Hochfinanz.

Sowohl zu starkes Lenken nach rechts als auch zu starkes Lenken nach links führt also sowohl zum Verlust linker Werte als auch zum Verlust rechter Werte, dient nur der Hochfinanz und hilft ihr, eine Diktatur zu errichten.

Da die Hochfinanz sowohl den Staat (durch die Staatsverschuldung) als auch die Wirtschaft (durch die Wirtschaftsverschuldung) kontrolliert, kann sie das Auto tatsächlich beliebig von außen steuern und völlig unabhängig von der gewählten Richtung wie auch immer der einzige Profiteur bleiben.

Wir brauchen ein Gleichgewicht. Nur: Solange sowohl die Wahl von mehr staatlicher Kontrolle und mehr staatlicher Sozialprogramme als auch von mehr Macht der freien Wirtschaft jeweils nur der Hochfinanz dient, zahlen ausschließlich die Arbeitenden für jedwede rechte und für jedwede linke Politik. Jeder Fahrer, den wir hinter das Steuer der Regierung wählen dürfen, folgt den Anweisungen der Hochfinanz, die das Auto von außen steuert.

Die Hochfinanz ist Meisterin darin, sich an die Spitze aller „Befreiungsbewegungen" zu setzen und diese so zu verdrehen, dass sich nichts verändert. Die Krönung dieser Fähigkeit besteht dann darin, die Menschen mit den richtigen Ideen und Werten zur Befreiung der Menschheit als gefährlich und böse hinzustellen, so dass die Menschen jene, die sie korrekt in Richtung ihrer Befreiung anleiten und beraten könnten, von sich aus eliminieren, so wie sie Jesus gekreuzigt haben.

Allein rechts gegen links zu stellen ist eine Verdrehung. Wer versucht, über ein gespanntes Seil zu balancieren, weiß, dass er hierzu ein Gleichgewicht von links und rechts benötigt. Rechts und links gegeneinander zu stellen, schafft somit eine Quelle für Ungleichgewicht, die ein Eingreifen von außen erforderlich macht. Gut ist eine Harmonie und ein Gleichgewicht von links und rechts. Böse ist ihr Ungleichgewicht und ihr Kampf gegeneinander.

Sowohl links als auch rechts sind Kräfte für das Gute, wenn sie im Gleichgewicht sind. Durch die Verdrehung und das Gegeneinanderstellen werden beide aber zu Kräften für das Schlechte, zu Waffen der Hochfinanz, bzw. zu leeren Worten, weil das Gegeneinander von links und rechts sowohl die linken als auch die rechten Werte zerstört.

Verdrehung von redlich und unredlich

Auch die Redlichkeit und das Gerechtigkeitsempfinden in der Gesellschaft werden auf den Kopf gestellt:

Der Automatismus der Umverteilung verleitet uns, uns und unser Denken und Handeln immer mehr der rücksichtslosen Logik des Zinsgeldsystems zu unterwerfen, um nicht auf die Verliererseite zu geraten. Die Zahl der Arbeitslosen wird automatisch größer. Die Bezahlung der Arbeit wird automatisch schlechter. Der Mittelstand verarmt automatisch. Dies ist vorprogrammiert. Da eine automatische Umverteilung, wie das Zinsgeld sie bewirkt, grundlegend ungerecht ist und einen natürlichen Widerstand bei den Verlierern dieses Systems auslöst, muss dieser Widerstand immer wieder durchbrochen und besänftigt werden. Die Spitzenverantwortlichen in Wirtschaft, Wissenschaft und Politik müssen natürlich dafür bezahlt werden, dieser ungerechten Umverteilung zu dienen. Es ist somit die Käuflichkeit, die entscheidet, wer in die Spitzen der Gesellschaft aufsteigen kann. Nicht die Redlichsten und Integersten kommen in verantwortliche Position, sondern die Käuflichsten. Was für eine Verdrehung.

Durch die Zinsrealität werden die echten Werte in ihr Gegenteil verkehrt und auf den Kopf gestellt.

Die unbegrenzt zunehmende Arm-Reich-Spaltung führt dazu, dass die „Schuld“ bei den Verlierern des Systems liegt und das „Recht“ bei den Gewinnern. Wer Milliardenkredite vergibt, die nicht rückzahlbar sind, kann immer den Finger heben und als der Gerechte, Großzügige und Benachteiligte auftreten. Und er kann die Verschuldeten mahnen und moralisch beschämen. Hierdurch entsteht nicht nur eine finanzielle, materielle und politische Macht, sondern auch eine psychologische und spirituelle Macht, die alles verdreht und in sein Gegenteil verkehrt, bis wir völlig verwirrt sind und nicht nur an unserem Verstand zweifeln, sondern auch ethisch in Versuchung geführt werden, uns mit unrechten Mitteln zu wehren, so dass die Redlichkeit und Integrität in der Gesellschaft zerfällt.

Da die Reichsten ohne Arbeit immer reicher werden und auch als Vorbild dienen, gilt die Möglichkeit, ohne redliche Arbeit sehr reich zu werden, für Menschen, denen Redlichkeit egal ist, auch als eine Art Ideal. So ist alleine die Möglichkeit, ohne Arbeit immer reicher zu werden, ein großer Mitverursacher für die Kriminalität, vor allem für das im großen Stil betriebene organisierte Verbrechen. Erscheinungen wie Prostitution, Menschenhandel und organisiertes Verbrechen werden auf der einen Seite also durch die Automatismen der Geldverknappung und Umverteilung, also durch zunehmende Verarmung, verursacht, auf der anderen Seite aber auch durch die Verlockungen des Zinsgeldes. Anstatt Lösungen anzustreben, die diese Erscheinungen überflüssig machen, werden sie von unseren Massenmedien auch noch genutzt, um Unsicherheit zu verbreiten und den Ruf nach einer strengen Hand von oben, die Ordnung mit Zwang herstellt und die Bevölkerung also noch mehr kontrolliert, lauter werden zu lassen, so dass die Hochfinanz (indirekt in Form ihres Einflusses auf den Staat) letztlich ihre Kontrolle immer mehr ausweiten kann.

Die vom Zinsgeld vorangetriebene Dynamik lautet: Das Zinsrecht erzwingt eine zunehmende Ungerechtigkeit (Umverteilung). Der vom Zinsgeld ausgehende Zwang verleitet Menschen dazu, sich mit unredlichen

Mitteln Vorteile (Korruption und Gesetzesverstöße) und Gerechtigkeit zu verschaffen. Die Unredlichkeit in der Gesellschaft führt dazu, dass die Hochfinanz (in der Gestalt des Staates) die Bürger zur Ordnung zwingt und Politiker (in der Gestalt von Kampagnen in den Massenmedien) zwingt, ihren Willen auszuführen. Eine demokratische Gesellschaft, die zu lange mit Zinsgeld arbeitet, verliert am Ende fast zwangsläufig ihre Freiheit und wird zu einer Diktatur, in der die Hochfinanz dem Volk ihren Willen aufzwingt. Zinsgeld drängt die Demokratie automatisch in die Richtung einer Diktatur.

Verdrehung von gut und böse, gerecht und ungerecht

Schauen wir uns die Gemeinsamkeiten der vier weiter oben genannten Lösungen für die ersten vier Automatismen des Zinsgeldes an.

Während das Zinsgeldsystem eine Welt erschafft, die eher einer Hölle gleicht, wird den Opfern dieses Systems, also dem größten Teil der Menschheit, eingeredet, sie seien schuldig an dieser Hölle.

Die Geldverknappung soll durch die Ideologie des Kapitalismus gelöst werden. Die Vermögensumverteilung soll durch die Ideologie des Sozialismus korrigiert werden. Der Vernichtungswettbewerb, der immer wieder zu Kriegen führt, soll durch die Ideologie des Kommunismus gelöst werden, der Frieden garantieren soll und die Verschwendung, die unsere Umwelt zerstört, soll durch die Ideologie des Ökologismus gelöst werden, der alle Menschen zwingt, die Natur zu schützen und zu bewahren.

Alle vier Ideologien lassen die eigentliche Ursache des Problems, nämlich das Zinsgeld bestehen, so dass die angebliche Problemlösung das Problem bestehen und sich automatisch immer weiter verschlimmern lässt. Alle vier Ideologien nehmen die Verschlimmerung der Zustände als Beweis dafür, sich selbst rigoroser Geltung zu verschaffen. Keine dieser Ideologien stellt den eigenen Lösungsansatz in Frage.

Die Vertreter aller vier Ideologien sehen sich selbst als die Guten und ihre Gegner als die Bösen, denen die Lösung wenn nötig aufgezwungen werden muss. Alle vier Ideologien führen einen Kampf gegen das Böse. Alle vier Ideologie ziehen aus der Erfolglosigkeit ihres Kampf, also aus der Tatsache, dass die bekämpften Probleme automatisch immer schlimmer werden, nicht die Schlussfolgerung, dass etwas mit dem System oder ihrem Denken nicht stimmt, sondern allein die Schlussfolgerung, dass der Mensch böse ist und man ihm daher die Lösung wenn nötig mit Gewalt aufzwingen muss.

Alle vier Ideologien wirken damit darauf hin, dass die herrschenden Strukturen bestehen bleiben und die Menschen an der Spitze dieser Strukturen, nämlich die globale Hochfinanz, immer mächtiger werden.
Es gibt also einen roten Faden, der sich durch alle diese Ideologien zieht: Der Glaube daran, dass der Mensch so böse ist, dass man ihm die erforderliche Lösung aufzwingen muss. Und dieser Glaube an das Böse im Menschen nennt sich für gewöhnlich „Satanismus".

Wir werden dazu verlockt, an das Böse im Menschen zu glauben. Wir werden dazu verlockt zu glauben, dass sich die Menschheit mit Sicherheit selbst vernichten wird, wenn wir ihr die erforderliche Lösung nicht aufzwingen. Somit verlockt uns der in all diesen Ideologien enthaltene Satanismus dazu, einer Lösung zuzustimmen, die der ganzen Menschen die erforderliche Lösung mit staatlicher und überstaatlicher Gewalt aufzwingt.

Eigentlich ist der Mensch von Grund auf gut, gäbe es nicht sein Ego, und gäbe es da nicht das Zinsgeldsystem, das dieses Ego immer wieder anstachelt und als richtig bestätigt. Durch zu viel Ego können wir zu schlechten Menschen werden. Durch die Automatismen des Zinsgeldes wird letztlich der Glaube manifestiert, gestärkt und konditioniert, der Mensch wäre von Grund auf, von Natur aus egoistisch. Wenn wir uns zu diesem Glauben verleiten lassen, stimmen wir auch der Haltung zu, dass die Gesellschaft zu Ordnung und sozialem Verhalten gezwungen werden muss. Dieser verdrehte Glaube in unserem Kopf ist die ultimative Verdrehung, letztlich genau die Grundlage, auf der unserer Gesellschaft eine Diktatur aufgezwungen werden kann: Wenn wir verlangen, dass strengere Gesetze von oben durchgesetzt werden müssen, geht es ja nur gegen Menschen, die man zwingen muss, da der Mensch ja böse ist. Wer glaubt, der Mensch wäre von Grund auf egoistisch und böse, leistet damit einen direkten Beitrag zur Schaffung einer Diktatur. – Wer verlangt, dass von oben für Ordnung gesorgt werden soll, ruft letztlich nach einer Diktatur. Wenn wir frei sein wollen, dürfen wir den Glauben an das Gute im Menschen nicht verlieren und müssen selbst Verantwortung übernehmen.

Durch die Bedingungen, die sie für die Vergabe von Krediten an öffentliche Kassen stellen kann, sowie durch die Beeinflussung/mediale Bearbeitung und wenn nötig Korrumpierung der Verantwortungsträger wirkt die Hochfinanz auf komplizierte Gesetze hin, was ihr einerseits leicht fällt, weil jede Lösung, die die eigentliche Problemursache unberührt lässt, erstens keine Lösung ist und zweitens Probleme nur verlagert und dadurch neue Probleme schafft, die dann mit ähnlichen Pseudolösungen behandelt

werden usw. ad Infinitum, bis eine juristische Komplexität entsteht, die zu durchschauen auch Fachleuten nicht leicht fällt. Juristische Komplexität bringt ihr mehrere Vorteile:
– da die Konzerne der Hochfinanz kaum Steuern zahlen, wird es leicht, dies zu verschleiern und davon abzulenken;
– die Komplexität der Gesetze schreckt den Normalbürger davon ab, sich damit zu beschäftigen;
– die von den Gesetzen geschaffene Verwirrung wirft ein schlechtes Licht auf die Politiker und steigert bei vielen Menschen das Verlangen, es möge doch bitte jemand mit starker Hand von weiter oben den Saustall aufräumen und für Ordnung sorgen. Es soll richtig erscheinen, der nationalen Regierung ihre Macht wegzunehmen und diese z.B. an die E.U. zu verlagern, um Lösungen zu ermöglichen und zu vereinfachen.

Kennen Sie das, dass Sie wütend sind auf die offensichtliche Dummheit der nationalen Politik? Schon mal erwogen, dass diese „Dummheit“ nicht „Dummheit“, sondern „zielgerichtete Absicht“ ist? – Fallen Sie nicht darauf rein, indem Sie zu einer Revolution (= unser Recht erzwingen) aufrufen oder verlangen, dass Macht an die E.U. abgegeben und die Ordnung von zentraler Stelle, von oben durchgesetzt wird. Wenn wir Freiheit wollen, müssen wir unser Denken frei davon halten, anderen unsere Vorstellungen aufzuzwingen, UND allen Versuchungen widerstehen, Unrechtes zu tun.

Wenn die Gesellschaft gegen die Gesetze verstößt, auch wenn diese verdreht sind, tritt die Hochfinanz als Hüter des Rechts auf und lässt (über den Staat) Recht und Ordnung mit Gewalt erzwingen = Diktatur. Sie kann ihre diktatorischen Absichten fördern, indem sie selbst (über die Massenmedien) für den Verfall der Sitten, der Menschlichkeit und der Redlichkeit sorgt, damit sie mit erhobenem Zeigefinger anklagen und zur Ordnung zwingen kann.

Was könnte unredlicher sein, als den Rest der Gesellschaft gezielt zur Unredlichkeit zu verleiten, nur um sie dann zur eigenen Vorstellung von Ordnung zu zwingen? Diese Unredlichsten an der Spitze der Macht können ihre Vorstellung von Recht und Ordnung erzwingen, weil wir kollektiv an einem System festhalten, das automatisch so viel Ungerechtigkeit erzeugt, dass Menschen verleitet werden, sich mit unredlichen Mitteln zu wehren und Vorteile zu verschaffen. Und wir legitimieren sie, indem wir auf die satanische Ideologie reinfallen zu glauben, dass der Mensch von Grund auf egoistisch und böse ist und dieses Böse zur Ordnung gezwungen werden muss.

So erzeugt das Zinsgeldsystem den Automatismus der Verdrehung. Durch diesen Automatismus ist das Zinsgeldsystem eine riesengroße Prüfung für die Menschheit und unsere Menschlichkeit / Redlichkeit.

Zum Abschluss der ersten sechs Automatismen des Zinsgeldes

Der Automatismus der Umverteilung erzeugt mit mathematischer Zwangsläufigkeit eine Hochfinanz, die Bankwesen und Wirtschaft steuert und Politik und Gesellschaft in ihrem Sinne beeinflusst. Obwohl die Hochfinanz durch das Zinsgeldsystem nahezu allmächtig erscheint, hat sie auch eine wunde Stelle: Sie ist zu 100% vom Zinsgeldsystem abhängig. Ohne Zinsgeld nicht nur kein weiteres Wachstum des Superreichtums, sondern auch eine langsame Auflösung des Superreichtums. Daher sind sie - um sich ihren Status zu bewahren - auch auf alle Automatismen des Zinsgeldes angewiesen, auch auf ihre Fähigkeit, alle Versuche, das System durch ein gerechtes System zu ersetzen, so zu verdrehen, dass das Zinsgeldsystem erhalten bleibt.

Hinter dem Begriff der Hochfinanz befinden sich in der realen Welt natürlich Personen, die sich auch mit Namen benennen ließen. Mir ist der Begriff Hochfinanz als technischer und nicht-persönlicher Begriff jedoch lieber, weil es unsere Tendenz zur Schuldzuweisung füttert, wenn Namen genannt werden. Wenn wir mit dem Finger auf vermeintlich Schuldige zeigen, übernehmen wir keine Verantwortung für einen positiven Wandel mehr. Auch können einen die Machenschaften der Hochfinanz in der realen Welt so faszinieren und absorbieren, dass ihr eine unnötige Aufmerksamkeit geschenkt wird und wir uns in unnützen und falschen Verschwörungstheorien verlieren, was zum Beispiel im Internet massenhaft stattfindet. Uns in Gedanken zu viel mit Menschen zu beschäftigen, die Unrechtes tun, führt auch dazu, dass wir selbstgerecht werden. Und selbstgerechtes Moralisieren ist kein Beitrag für eine bessere Welt. Es stärkt im Gegenteil unser Ego und egoistischen Tendenzen. Sobald wir technisch verstanden haben, wie das System abläuft, sollten wir uns nicht mehr davon hypnotisieren lassen und uns auf unsere Verantwortung für diese Welt besinnen und überlegen, was wir selbst konstruktiv tun können. Andererseits wäre es auch unangebracht, den Begriff ganz wegzulassen, weil es mathematisch logisch ist, dass ein fortlaufendes und sich immer mehr beschleunigendes automatisches Umverteilungssystem von unten nach oben zwangsläufig eine Hochfinanz erschafft, die alle vom System und von der Menschheit bereitgestellten Kräfte darauf bündelt, sich das System und damit ihren Reichtum und ihre Macht zu bewahren. Es bringt nichts, das zu ignorieren oder zu versuchen, als verschwörungstheoretisch auszublenden, was einem der gesunde Menschenverstand als real bestätigt. Ja, es gibt eine Hochfinanz. Und ja, sie tut alles, sich ihren Status zu bewahren und ihn noch zu verbessern, auch wenn dies automatisch auf Kosten des Rests der Menschheit geschieht, dem sie fortlaufend das dringend zur Lösung vieler brennender Probleme benötigte Geld wegnimmt.

Falls es vor der Schaffung eines gerechten Systems zu einem Zusammenbruch unseres Geldsystems durch eine nicht mehr in den Griff zu bekommende Deflation oder Hyperinflation = Geldentwertung kommt, wird der Übergang zu einem gerechten System rauh und ungemütlich. Zurzeit werden durch die niedrigen Zinsen und nach mehreren Jahrzehnten der Umverteilung von unten nach oben so gigantische Geldbeträge gehortet oder damit auf dem Devisenmarkt spekuliert, dass der durchschnittliche Geldschein / Girogeldbetrag extrem langsam in der Realwirtschaft zirkuliert. Je mehr das Vermögen der Hochfinanz immer noch anwächst, desto schneller landet neu ausgegebenes Geld über die Zinsflüsse bei ihr. Je schneller das zu relativ niedrigen Zinsen verliehene Geld über die Zinsflüsse bei der Hochfinanz landet, desto mehr weitere Kredite neu geschaffenen Geldes müssen ausgegeben werden, damit die Wirtschaft nicht deflationiert. Auf der anderen Seite wird die Gefahr, dass irgendwann eine kritisch hohe Inflation eintritt, durch die ungehemmte Ausgabe von neuen Geldscheinen und neuem Giralgeld immer größer (obwohl sich dies durch das intelligente Manövrieren der Zentralbanken viele Jahrzehnte lang vermeiden lassen kann; die Deflationsgefahr ist weit größer als die Hyperinflationsgefahr, weil es immer weniger kreditwürdige Kreditnehmer für eine Kreditausweitung gibt).

Wenn ein zu großer Anteil der Menschen nur noch so gerade eben über die Runden kommt, wird eine nicht mehr zu bremsende Deflation unvermeidlich. Abgesehen von dem Elend, das bei einer Hyperinflation oder einer nicht zu bremsenden Deflation entsteht, ist zu hoffen, dass dann Solidarität, Kooperation, Kreativität und fürsorgliches Verhalten in der Menschheit erwacht. Wird es uns gelingen, zu etablieren, was unsere Grundversorgung sicherstellt?

Jedenfalls können wir dieses System nur lösen, nur auflösen, wenn wir innehalten, wenn wir verstehen, wenn wir erkennen, wenn wir aufwachen. Wir müssen wieder ins rechte Handeln kommen, dass wir die Dinge erkennen und Weisheit finden, bevor wir aus Erkenntnis heraus handeln.

Wir müssen unser vom Zinsgeld umgepoltes Denken wieder gerade rücken und wieder vom Kopf auf die Füße stellen. Wir brauchen wieder das feste und unverrückbare Bewusstsein, dass der Mensch wichtiger ist als das Geld. Dass die Werte der Mitmenschlichkeit wichtiger sind als der wirtschaftliche Erfolg oder das Rechtbehalten mit unseren Meinungen. Dass wir mehr Freiheit haben, wenn die Parteien und Parlamente weniger Macht und Einfluss haben. Dass unsere Macht zunimmt, je mehr die politische Macht dezentralisiert wird, bei den Gemeinden liegt, nicht höher, nicht zentraler. Dass auf dieser untersten Ebene die Gemeinschaft wichtiger ist als unsere Eigeninteressen, während gleichzeitig die Freiheit jedes Einzelnen wichtiger ist als die Durchsetzung einer gemeinsamen Lösung. Das heißt, eine Lösung, die wir anderen aufzwingen müssen, zersetzt die Einheit, führt zur Spaltung und ist keine Lösung. Dieser Spagat, dass das Wohl der Gemeinschaft wichtiger ist als die Interessen des Einzelnen und dass die Freiheit des Einzelnen (der sich an die Gesetze hält) höher steht als die Handlungsvollmacht der Gemeinschaft, lässt sich nur mit Menschen hinbekommen, die wir kennen, auf Gemeindeebene, nicht auf zentraleren Ebenen.

Dabei ist es aber auch wichtig, die oberste, am stärksten zentralisierte Ebene der Macht zuerst zu entmachten, das wären für Deutschland z.B. die EU-Institutionen in Brüssel. Wenn wir die Macht unseres Nationalstaats zuerst einschränken, erhöhen wir die Gefahr einer EU-Diktatur. Erst muss also Brüssel entmachtet werden, dann das nationale Parlament, nur Schritt für Schritt von oben nach unten, bis die Macht unten bei den Gemeinden ankommt.

Bevor wir in Kapitel 3 die Auswirkungen des Zinsgeldes auf unser innerstes Menschsein betrachten und auf die Frage eingehen, welche Rolle unser Bewusstsein bei der Beibehaltung eines offensichtlich so dysfunktionalen, destruktiven und ungerechten Geldsystems spielt, bringen wir jetzt möglichst schnell Licht und Leichtigkeit in das Thema, indem wir uns in Kapitel 2 damit beschäftigen, wie rein technisch gesehen Geld zirkuliert werden müsste, damit es die oben mathematisch abgeleiteten Automatismen nicht erzeugt, sondern stattdessen unsere positiven Bemühungen unterstützt und die konstruktive, freie Entfaltung von Wirtschaft, Gesellschaft und Individuen ermöglicht.

Kapitel 2 – Schaffung eines positiven Geldes

Grundgedanken

Die Ausführungen in diesem Kapitel gehen von den Entdeckungen Silvio Gesells aus, Geld mit einer Gebühr oder Steuer zu belasten, damit ein Gleichgewicht entsteht, das allen dient, nicht nur den Reichsten, und einen Wohlstand für alle Menschen erzeugt. Unser kollektives Leben als Gesellschaft ist eine Ausformung unseres kollektiven Bewusstseins. Wir können in der Außenwelt nur erschaffen, was in uns ist. Allen physischen Erscheinungen gehen Pläne, Konzepte und Ideen voraus, auf deren Grundlage sie ihre Form und Struktur bekommen. Wenn wir feststellen müssen, dass wir mit einem zutiefst ungerechten Geldsystem leben, in dem mehr oder weniger alle Menschen gefangen sind, geht dem also ein kollektives Bewusstsein voraus, das dieses Geldsystem hervorgebracht hat. Jetzt sagen manche Leute: Es waren Menschen mit bösen Absichten, die den Rest verleitet haben und jetzt durch die Zwänge und Automatismen des Systems herrschen. Während das nicht von der Hand zu weisen ist, gilt dennoch, dass uns nichts widerfährt, dem wir auf irgendeiner Ebene nicht zugestimmt haben, oder das nicht eine Reflektion unseres Bewusstseins für uns beinhaltet. Wenn wir in einem Albtraum gefangen sind, gibt es auch eine Ebene, auf der wir diesen Albtraum selbst erzeugen. Würde unser Bewusstsein diesen Albtraum nicht mehr brauchen, wäre es leicht für uns, daraus zu erwachen und uns von den leidvollen Strukturen zu befreien. Wenn wir verstrickt sind, weist dies also darauf hin, dass wir etwas zu lernen haben. Und nur wenn wir genau das lernen und lösen, was uns die Probleme widerspiegeln, können wir uns aus der Verstrickung befreien.

Grundgedanken eines zinsfrei fliessenden Geldes (ZFG)

Gehen wir nun über zu den geldtechnischen Betrachtungen. Wenn wir erkennen, dass das Zinsgeld automatisch immer wieder neu Probleme erzeugt, die sich im Kontext des Zinsgeldsystems nicht (oder in jedem Fall nicht dauerhaft) lösen lassen, stellen sich einige praktische Fragen:

1. Wodurch entsteht ein Zins überhaupt?
2. Was passiert, wenn die Zentralbank das Geld den Geschäftsbanken einfach zinsfrei verleiht?
3. Was passiert mit unserer Wirtschaft, wenn wir den Zins verbieten, so dass auch Geschäftsbanken keinen Zins nehmen dürfen?

4. Wie sorgen wir dafür, dass Geld zirkuliert, also auch zur Bank gebracht und von der Bank verliehen wird, wenn es keinen Zins dafür gibt?
5. Wie funktioniert ein zinsfrei fließendes Geld in der Praxis?
6. Wie wirkt sich zinsfrei fließendes Geld auf die Zinsgeldautomatismen aus? Gehen wir in der genannten Reihenfolge auf diese Fragen ein:

1. Wodurch entsteht ein Zins überhaupt?
Theoretisch lässt sich jeder Gebrauchs- und Vermögensgegenstand und jede Dienstleistung als Zahlungsmittel verwenden. In der Geschichte der Menschheit wurden/werden außer Münzen und Geldscheinen auch Bonuspunkte, Warenquittungen, Quittungen für Gold oder andere Edelmetalle, Edelmetalle als Barren, Münzen oder in anderer Form, Muscheln, Holzstöcke, Dienstleistungen aller Art, Quittungen für noch zu erbringende Dienstleistungen und auch andere Dinge als Zahlungsmittel verwendet. Die Häufigkeit, mit der ein bestimmtes angebotenes Zahlungsmittel auch von einem potentiellen Verkäufer als Zahlungsmittel akzeptiert wird, bestimmt über die Tauglichkeit dieser Sache als Zahlungsmittel. In den Jahren nach dem 2. Weltkrieg waren Zigaretten, Butter und Kartoffeln in Deutschland z.B. ein tauglicheres Zahlungsmittel als Bücher oder Kunst. Diese Tauglichkeit als Zahlungsmittel legt fest, wie schnell wir eine bestimmte Sache auch als Zahlungsmittel verwenden können. Und diese Geschwindigkeit, mit der eine Sache als Zahlungsmittel zu verwenden ist, wird in der Wirtschaftslehre als „Liquidität" bezeichnet. Die höchste Liquidität aller Zahlungsmittel hat in der Regel Geld, weil Geld normalerweise überall, jederzeit und von jedem als Zahlungsmittel angenommen wird. Auch Grund und Boden hat eine gewisse Liquidität, die aber geringer ist als die von Geld. Die Liquidität von Immobilien ist noch etwas geringer als die von Grund und Boden.

Wenn ich für hunderttausend Euro Großhandelswaren gekauft habe oder ein Grundstück besitze, das hunderttausend Euro Wert ist und möchte diesen Wert nutzen, um mir etwas dafür zu kaufen, stellt die nicht ausreichend hohe Liquidität dieser Dinge zunächst ein Problem dar. Ich muss die Dinge erst an den Mann bringen. Habe ich hunderttausend Euro als Bargeld, ist es kein Problem, mir das Gewünschte sofort zu kaufen.

Liquidität hat also einen Wert an sich, der sich in Prozenten messen lässt. Bei Geld liegt der Wert der Liquidität meistens bei etwa 6% des Geldwertes, bei Grund und Boden bei etwa 3% des Wertes von Grund und Boden.

Wenn ich mein Geld verleihe oder meinen Grund und Boden verpachte, trete ich diese Liquidität ab. Ich kann im Markt also hingehen und mir den Vorteil der Liquidität, den ich durch das Verleihen abtrete, bezahlen lassen. Diese Bezahlung nennt sich Zins. Durch den Liquiditätsvorteil des Geldes entsteht also der Zins. Der Zins ist damit sozusagen eine Gebühr für die Abtretung des Liquiditätsvorteils an den Kreditnehmer.

2. Was passiert, wenn die Zentralbank das Geld den Geschäftsbanken einfach zinsfrei verleiht?
Nun haben wir in Kapitel 1 oben gesehen, bzw. werden in Kapitel 3 noch sehen, dass das Zinsgeld durch seine bloße Zirkulation eine destruktive Neunheit negativer Automatismen aufbaut, die massive und immer schlimmer werdende Missstände und Ungerechtigkeiten mit sich bringt. Für das Überleben der Menschheit und die Bewahrung der Erde und ihres Ökosystems und schlichtweg für die Gerechtigkeit auf Erden und das Glück der Menschheit wäre es hilfreich, eine Lösung für die vom Zinsgeld erzeugten Missstände und Ungerechtigkeiten zu finden. Wie können wir den im Zinsgeld enthaltenen negativen Bauplan entschärfen und neutralisieren? Sollte die Zentralbank nicht mit gutem Beispiel vorangehen und das Geld einfach zinsfrei verleihen?

Die Situation, dass die Zentralbank den Geschäftsbanken die Geldnoten zinsfrei oder fast zinsfrei verleiht, haben wir heute schon eine Weile. Die Zentralbank kann durch die Höhe des Zinssatzes, zu dem sie den Geschäftsbanken Kredite gewährt, nur sehr bedingt auf die Höhe des Zinssatzes einwirken, zu dem die Geschäftsbanken ihren Kreditnehmern Kredite gewähren. Das Geld, das die Geschäftsbanken verleihen, wird als Giralgeld selbst geschaffen. Das in Form von Geldnoten von der Zentralbank geliehene Geld dient nur der Sicherstellung der Fähigkeit, die Abhebungen von den Geldautomaten bedienen zu können. Aber nicht die Kosten der Bank für ihre Mittelbeschaffung, sondern der Zinssatz, der im Markt für die vergebenen Kredite erzielt werden kann, legt fest, zu welchem Zinssatz die Geschäftsbanken Geld verleihen.

Die Niedrigzinsphase, die wir aktuell schon seit längerer Zeit haben, stellt für den Geldumlauf ein Problem dar. Je niedriger die Zinsen für die Spareinlagen, desto weniger Geld wird auf Sparkonten angelegt und desto mehr Geld wird einfach gehortet. Wenn der Markt eine Anhebung der Zinsen nicht mehr zulässt, weil zu den höheren Zinssätzen dann zu wenige Kredite vergeben würden, muss entsprechend mehr Geld gedruckt und mehr Giralgeld verliehen werden, damit noch genug neues Geld in den Umlauf kommt, das die Geldhortung ausgleicht. Solange dann mit dieser rasant wachsenden Menge des ausgegebenen Geldes eine zunehmende Geldhortung einhergeht, kann eine zu hohe Inflation vermieden werden.

Also, die Vergabe von Nullzinskrediten von der Zentralbank an die Geschäftsbanken trägt nur unwesentlich zu niedrigen Kreditzinsen im Markt bei. Die niedrigen Zinsen führen aber auch zu einer zunehmenden Geldhortung, so dass die Geschäftsbanken mehr Giralgeld verleihen und die Zentralbanken den Gelddruck forcieren müssen, damit noch genug Geld in Umlauf kommt. In unserer Zeit gibt es einen internationalen Devisenmarkt, der um ein X-faches größer ist als die reale Weltwirtschaft. Wenn dieses Geld aufgrund einer zu hoch werdenden Inflation global in die Weltwirtschaft drängt, weil die Eigentümer des Geldes noch etwas für ihr Geld bekommen wollen, bevor es wertlos wird, erleben wir eine globale Hyperinflation, die alle Währungen, die zu sehr gehortet werden oder zu sehr auf dem internationalen Devisenmarkt vertreten sind, fast wertlos macht oder zumindest stark entwertet.

Größer ist bei dauerhaft niedrigen Zinsen jedoch die Gefahr einer nicht mehr zu stoppenden Deflation mit Massenarbeitslosigkeit und einem Zusammenbruch der Wirtschaft. Die dauerhaft niedrigen Zinsen sind nämlich nur ein Indikator dafür, dass die Banken zu wenig seriöse Kreditnehmer finden, so dass zu wenig Geld in Umlauf kommt, das die Hortung ausgleicht. Da der Geldmangel zunimmt, steigt auch die Deflationsgefahr unausweichlich an, bis es unmöglich wird, ihr zu entgehen, weil alle darauf spekulieren, dass alles noch billiger wird als sowieso schon. Dadurch halten sie ihr Geld zurück = Deflation.

Auch die dauerhafte Vergabe von Nullzinskrediten von der Zentralbank an die Geschäftsbanken führt also letztlich zu einer unausweichlichen Wirtschaftskrise.

3. Was passiert mit unserer Wirtschaft, wenn wir den Zins verbieten, so dass auch Geschäftsbanken keinen Zins nehmen dürfen?

Ein Zinsverbot der Geschäftsbanken würde dazu führen, dass die Kreditnehmer sich Nullzinskredite in Höhe ihrer Verschuldung nehmen, um ihre zinspflichtigen Schulden abzulösen. Zunächst einmal würden alle ihre Schuldzinslasten auf null fahren. Sodann wird bei einem Nullzins der Geschäftsbanken zu viel Geld in Umlauf kommen und eine Hyperinflation/Geldentwertung ausgelöst werden, falls die Geschäftsbanken auch alle

Kreditanfragen bedienen. Eine Nullzinspolitik seitens der Geschäftsbanken würde also auf raschem Weg in die Geldentwertung führen. Falls die Geschäftsbanken nicht alle Kreditanfragen bedienen, wären es die Geschäftsbanken, die entscheiden, ob es zu Deflation oder Geldentwertung kommt. Es ist also unsinnig, den Zins ganz zu verbieten.

Zusammenfassend bisher also:

a) Zinsgeld erzeugt eine automatische fortlaufende Geldverknappung und führt auf dieser Grundlage automatisch zu sich immer mehr verschlimmernden Missständen und Ungerechtigkeiten (den Automatismen des Zinsgeldes).

b) Der Zins entsteht im Markt automatisch durch den Liquiditätsvorteil des Geldes.

c) Eine Nullzinspolitik seitens der Zentralbank führt letztlich zu einer nicht mehr zu bremsenden Deflation oder Geldentwertung, auf die wir aufgrund der jahrelangen Nullzinspolitik der Zentralbank auch zusteuern.

d) Ein Zinsverbot an die Geschäftsbanken führt noch weit rascher in die Geldentwertung oder lässt die Geschäftsbanken entscheiden, ob es zu Deflation oder Geldentwertung kommt.

4. Wie sorgen wir nun dafür, dass Geld zirkuliert, also auch zur Bank gebracht und von der Bank verliehen wird, wenn es keinen Zins dafür gibt? Geld hält durch seinen Liquiditätsvorteil die Jokerposition im Markt inne. Der Liquiditätsvorteil des Geldes ist gleichzeitig auch der Grund für die Hortung des Geldes. Eine Jokerkarte, die sich für jede andere Karte einsetzen lässt, wird nicht leichtfertig aus der Hand gegeben. Geld liquide zu halten, schafft Sicherheit und eine potentielle Möglichkeit, im Markt aktiv zu werden, wann immer sich günstige Kaufgelegenheiten bieten.

Durch den Liquiditätsvorteil ist Geld allen anderen Waren und Dienstleistungen im Markt überlegen. Was wir brauchen, ist ein Geld, das den Waren und Dienstleistung nicht mehr a priori überlegen ist. Wir brauchen ein Geld, das den Einkäufer nicht mächtiger macht als den Verkäufer. Wir brauchen ein Geld, das weniger mächtig, weniger attraktiv ist als das Zinsgeld. Wir brauchen ein Geld, das uns keinen Vorteil bietet, wenn wir den Kauf einer benötigten Ware zurückhalten und auf eine günstigere Gelegenheit warten. Wir brauchen ein Geld, das uns keinen Vorteil einbringt, wenn wir es zu Hause behalten, anstatt es auf ein Sparkonto einzuzahlen. Wir brauchen also ein Geld, das mit einem Nachteil behaftet ist, der seinen Liquiditätsvorteil neutralisiert. Wir brauchen eine Liquiditätssteuer, eine Steuer auf das Geld selbst; eine Steuer, der wir nur dadurch entgehen können, dass wir unser Geld ausgeben oder an jemanden verleihen, so dass der neue Inhaber des Geldes die Steuer zahlen muss, nicht mehr wir selbst. Eine solche Geldsteuer übt die Funktion einer Umlaufsicherung aus. Sie fügt der Joker-Funktion des Geldes eine Schwarze-Peter-Funktion des Geldes hinzu. Einen Schwarzen Peter will jeder wieder loswerden. Einer Umlaufsicherungsgebühr möchte jeder nach Möglichkeit entgehen. Da niemand eine solche Gebühr bezahlen will, ist jeder bemüht, sein Geld so schnell und vorteilhaft wie möglich wieder in Umlauf zu bringen. Wenn niemand Geld zurückhält, wird es auf der anderen Seite leicht, Geld zu verdienen. Wenn die Umlaufsicherungsgebühr so hoch ist wie der Wert des Liquiditätsvorteils, also etwa 6% im Jahr, wird der Impuls, Geld zurückzuhalten, vollständig neutralisiert.

Wer sein umlaufgesichertes Geld zur Bank bringt und auf ein Sparkonto einzahlt, entgeht damit der Umlaufsicherungsgebühr. Er bekommt zwar keinen Zins, muss aber auch keine Steuer auf das Geld zahlen. Der Lohn für das Sparen, also für das Verleihen an die Bank, kommt nicht über einen Zins, sondern durch die Einsparung der Steuer.

Die Bank hat nun den Vorteil, dass sie das Geld ihrer Sparer zinsfrei von diesen bekommt. Dies senkt ihre Kosten drastisch ab. Sie steht nun nicht mehr unter dem Druck, Zinsen für ihre Sparer erwirtschaften zu müssen. Die Bank kann nun hingehen, und gegen eine Kreditverwaltungsgebühr Kredite vergeben. Diese Gebühr wird nicht zu hoch sein, weil die Bank nun die Umlaufsicherungsgebühr für das Geld zahlen muss, wenn das Geld nicht als Kredit vergeben wird.

Bank und Bankkunde stehen auf einer Höhe. Die Bank ist nicht mehr mächtiger als ihr Kunde. Wenn der Kunde keinen Kredit nimmt, muss die Bank einerseits die Umlaufsicherungsgebühr auf ihr Geld selbst bezahlen. Andererseits braucht der Kunde Geld, um über die nötige Liquidität für seine Projekte zu verfügen. Die Vorteile bei einer Kreditvergabe sind für Bank und Bankkunde gleich hoch.

Während sich der Geldverleiher beim Zinsgeld stets in der mächtigeren Position befindet als der Kreditnehmer, begegnen sich bei einem durch eine Liquiditätssteuer umlaufgesicherten Geld Geldverleiher und Kreditnehmer stets auf Augenhöhe, sind gleich mächtig. Keiner hat eine größere Erpressungsmacht als der andere. Auf dieser Grundlage ist es wahrscheinlich, dass das zustande kommende Kreditgeschäft für beide Seiten gerecht ist.

5. Wie funktioniert ein umlaufgesichertes Geld in der Praxis?

Bevor wir uns näher anschauen, wie sich ein umlaufgesichertes Geld auf die Wirtschaft insgesamt auswirkt und was aus den Automatismen des Zinsgeldes wird, wenn Geld mit einer Umlaufsicherung belegt wird, schauen wir uns erst an, wie eine Umlaufsicherung in der Praxis funktionieren kann.

Der Gedanke einer Umlaufsicherung oder Steuer auf Geld ist uns zunächst einmal fremd, weil wir eine solche Steuer in Europa seit etwa 600 Jahren auch nicht mehr hatten. Damals gab es sie jedoch etwa 300 Jahre lang und hat die vielleicht größte Blütezeit ausgelöst, die Europa je hatte. Im Mittelalter gab es ein System, durch das umlaufgesichertes Geld zirkuliert wurde, das sogenannte Brakteatentum.

Dabei handelte es sich um Münzen aus billigem Metall, die von einem Landesfürst als Landeswährung ausgegeben wurden. Nach etwa 3 Jahren erklärte der Landesfürst die alten Brakteaten dann durch einen Widerruf für wertlos. Dadurch mussten alle, die gültige Münzen haben wollten, ihre alten Brakteaten zum Landesfürst bringen und bekamen für 10 alte 9 neue Münzen. Die 1 von 10 Münzen, die der Landesfürst einbehielt, waren seine Geldsteuer. Da alle Bürger wussten, dass die Münzen irgendwann widerrufen werden, war niemand versucht, sie zu horten. Die Bürger überlegten sich, überschüssige Münzen sinnvoll zu investieren oder zinslos zu verleihen. Egal in welche Zeit der Widerruf des Landesfürst fiel, zahlen musste, wer das Geld gerade in Händen hielt. Dadurch zirkulierte das Geld sehr schnell. Alle waren bemüht, ihr Geld sinnvoll auszugeben oder verliehen es zinslos. So war es für keinen seriösen Kreditnehmer schwer, an das zum Leben benötigte Geld zu kommen.

Die Geldsteuer der Landesfürsten fungierte als Umlaufsicherung. Jeder, der das Geld in die Hand bekam, war daran interessiert, der Steuer zu entgehen, und sorgte dafür, dass das Geld rasch wieder in Umlauf kam.

Auch im Alten Ägypten gab es eine Form von Umlaufsicherung. Bei den Ägyptern wurden die Getreideernten in großen Speichern gelagert. Die Bauern lieferten ihr Getreide ab und erhielten dafür Empfangsquittungen. Diese zahlreichen Quittungen zirkulierten als Geld. Da jeder Mensch Nahrung braucht, wurden diese Quittungen allgemein als Geld akzeptiert. Da Getreide im Laufe der Lagerung an Wert verliert, verloren auch die Quittungen analog an Wert. Dadurch kam niemand auf die Idee, diese Quittungen zu horten. Wer sein Getreide aktuell nicht brauchte, konnte seine Quittung verleihen und vereinbaren, bei der Rückzahlung eine Quittung desselben Wertes zurückzubekommen. Durch das Verleihen konnten die Ägypter also dem natürlichen Wertverfall der Quittungen entgehen. So zirkulierten die Quittungen sehr schnell. Es war einfach, dieses Geld zu verdienen und sich mit dem zum Leben Benötigten zu versorgen.

Auch im 20. Jahrhundert gab es eine Gemeinde, die mit umlaufgesichertem Geld arbeitete. (Die Zahlenangaben des folgenden Absatzes wurden überwiegend Wikipedia entnommen. Der originale Wikipedia-Text ist bei Wikipedia nachzulesen: „Das Wörgler Schwundgeld (Freigeld)".)

Die Tiroler Gemeinde Wörgl gab von Juli 1932 bis September 1933 so genannte Arbeitswertscheine heraus, auf die ein monatliche Gebühr zu zahlen war, um die Zirkulation der Scheine in Fluss zu halten. Es handelte sich also um eine Form zinsfrei fließenden Geldes.

Nach Beendigung des Projekts wurde errechnet, dass die Arbeitswertscheine in der Bevölkerung 8 Mal schneller zirkulierten als der offizielle Schilling. Das Experiment zeigte den Erfolg, der bei zinsfrei fließendem Geld eintritt, wenn es gleichberechtigt zirkuliert wird. Geldkreislauf und Wirtschaftstätigkeit wurden belebt, während der Rest von Österreich tief in der Wirtschaftskrise steckte.

Der Einnahmenrückstand wurde um 34 % verringert, der Abgabenrückstand konnte um über 60 % abgebaut werden. Weiter konnte eine Zunahme des Ertrages an Gemeindesteuern um 34 % und eine Zunahme der Investitionsausgaben der Gemeinde von etwa 220 % verzeichnet werden. In den vierzehn Monaten des Experiments sank die Arbeitslosenquote in Wörgl von 21 auf 15 % ab, während sie im übrigen Land weiter anstieg. Die positiven Auswirkungen führten dazu, dass der Modellversuch in der Presse als das ‚Wunder von Wörgl' gepriesen wurde.

Das Interesse daran stieg rapide an, so dass über hundert weitere Gemeinden im Umkreis von Wörgl dem Beispiel folgen wollten. Das Experiment schlug weltweite Wellen. Bevor sich dieses zinsfrei fließende Geld jedoch weiter ausbreiten und die Wirtschaft von ganz Österreich beleben konnte, setzte die Österreichische Nationalbank ihr Monopol der Geldschöpfung vor Gericht durch. Das Experiment von Wörgl und alle weiteren Planungen wurden verboten. Nach Androhung militärischer Gewalt beendete Wörgl das Experiment im September 1933.

Heute wären die mittelalterliche und antike Art der Umlaufsicherung für Geld nicht so gut praktikabel. Auch das Stempeln des Wörgler Geldes erinnert an Zeiten der Armut und ist ein wenig umständlich. Es gibt mit den Mitteln moderner Technik aber andere Möglichkeiten, eine Umlaufsicherung praktikabel zu handhaben. Wenn auf einen am 17. Mai ausgegebenen 100 Einheiten-Schein z.B. 0,50 pro Monat an Umlaufsicherung gezahlt werden muss, wären die 0,50 immer am 17. eines Monats fällig. Es wäre sicher kein größeres technisches Problem, die Kassen in den Geschäften automatisch feststellen zu lassen, ob die aktuelle Umlaufsicherung bezahlt wurde, so dass die Kasse automatisch den tatsächlichen Wert eines Geldscheins verrechnet. Immer wenn ein Geldschein zur Bank gebracht wird, schreibt die Bank dem Einzahler den aktuellen Wert des Geldscheins gut, zahlt die angefallenen Gebühren, vermerkt die Zahlung auf dem Schein und bringt den Geldschein vor der erneuten Zirkulation damit auf seinen Nennwert.

Die Bank verliert so kein Geld und der Bürger muss einen Geldschein nicht sofort zur Bank bringen, wenn die Gebühr fällig ist. So kann das Geld wie bisher üblich zirkulieren, ohne dem Bürger zusätzliche Unannehmlichkeiten zu bereiten. Nur wird es viel schneller zirkulieren, da niemand gerne die Umlaufsicherungsgebühr zahlen möchte. Eine weitere Möglichkeit besteht in der Schaffung einer umlaufgesicherten Krypto-Gemeindewährung.

Die schnelle Zirkulation ist einer der Vorteile eines umlaufgesicherten Geldes. Der Hauptvorteil besteht jedoch darin, dass Kredite zinsfrei und nur gegen eine Kreditverwaltungsgebühr aufgenommen werden können und die Kreditkosten für die Kreditnehmer damit drastisch absinken. Durch die beiden Eigenschaften eines umlaufgesicherten Geldes, schnell zu zirkulieren und zinsfrei verliehen zu werden, ist der Name „zinsfrei fließendes Geld“ (ZFG) für dieses Geld passend. Diesen Namen werden wir im Weiteren verwenden.

6. Welche Automatismen erzeugt das ZFG analog denen des Zinsgeldes?
Gehen wir nun näher auf die Auswirkungen des zinsfrei fließenden Geldes ein. Schauen wir uns an, wie sich zinsfrei fließendes Geld auf die neun Bereiche auswirkt, die wir in Kapitel 1 durchgegangen sind.

Auswirkung des zinsfrei fliessenden Geldes auf die Geldversorgung

Die Wirtschaft versorgt uns mit allem, was wir für unsere materielle Existenz benötigen. In einer arbeitsteiligen Gesellschaft werden die erbrachten Leistungen in der Regel mit Geld reguliert. Für eine gute Versorgung der Gesellschaft und der Menschheit ist es essentiell, dass das Geld wie ein Blutkreislauf funktioniert, der alle Zellen des Körpers erreicht. Entsprechend ist es essentiell, dass sich das Geld so verteilt, dass es alle Menschen der Gesellschaft und der Menschheit gut mit allem versorgt, was sie zum Leben brauchen.

Wir brauchen also ein Geld, das alle Menschen gut mit Geld versorgt. In Kapitel 1 haben wir einmal aus Sicht der Investoren und aus einem mathematisch-technischen Blickwinkel beleuchtet, warum Zinsgeld stets zwangsläufig eine nicht zu durchbrechende Geldknappheit erzeugt. Betrachten wir nun aus denselben beiden Blickwinkeln, wie sich das zinsfrei fließende Geld auf die Versorgung der Gesellschaft mit Geld auswirkt.

a. Auswirkung des ZFG auf die Geldversorgung mathematisch-technisch

Zinsfrei fließendes Geld wird nicht gegen die Zahlungspflicht eines Zinses in Umlauf gebracht, sondern ist mit der Pflicht verbunden, dass der jeweilige Inhaber des Geldes in regelmäßigen Abständen eine Umlaufsicherungsgebühr bezahlt. Dadurch kann es zinsfrei in Umlauf gegeben werden. Nachdem ein vergebener Kredit wieder zurückgezahlt wurde, ist die Menge des in den Umlauf ausgegebenen Geldes immer noch so groß wie vor dem Kredit, denn die Kreditführungsgebühren an die Bank und die Umlaufsicherungsgebühr an die öffentliche Kasse dienen den Kosten von Bank und öffentlicher Kasse, werden also ausgegeben und bleiben damit im Umlauf. Durch die Kreditrückzahlung entsteht also kein zusätzliches Loch, keine zusätzliche Geldverknappung durch Gelder, die den Umlauf verlassen und weggehortet werden. Somit verhält sich zinsfrei fließendes Geld wie Süßwasser oder leicht gesalzenes Wasser, das den Körper versorgt und in gleicher Menge wieder ausgeschieden wird. Es entzieht dem Körper kein Wasser. Die Wirtschaft nimmt von diesem Geld auf, was sie braucht und gibt zurück, was sie nicht mehr braucht, ohne dass dadurch ein kritisches Loch, ein kritischer Geldmangel entsteht.

b. Auswirkung des ZFG auf die Geldversorgung aus Sicht der Investoren

Die Motivation, zinsfrei fließendes Geld zu investieren, wird nicht aus der Lockung eines Zinses gezogen, sondern aus der Vermeidung einer Steuer. Das Verleihen oder Investieren des Geldes vermeidet die ansonsten zu zahlende Umlaufsicherungsgebühr. Die Umlaufsicherungsgebühr nimmt die Inhaber überschüssigen Geldes in die Pflicht, ihr Geld dem Geldkreislauf zur Verfügung zu stellen, ohne eine Gegenleistung in Form eines Zinses dafür zu bekommen. Wer dieser Pflicht nicht nachkommt, wer sie versäumt, indem er sein Geld zurückhält, muss die Umlaufsicherungsgebühr bezahlen.

Durch den Zins wird Geld zu persönlichem Kapital. Durch die Umlaufsicherungsgebühr wird Geld zu einer öffentlichen Einrichtung, die alle benutzen dürfen, die niemandem persönlich gehört, und deren Nutzung eine Gebühr kostet. Die Gesellschaft stellt das Geld zur Verfügung und berechnet dafür eine Nutzungsgebühr. Wer sein überschüssiges Geld an die Bank verleiht, bekommt von dieser keinen Sparzins, entgeht aber der Umlaufsicherungsgebühr, solange das Geld auf dem Sparkonto ist. Je nach Kreditbedarf der Wirtschaft pendeln die Sparzinsen bei der Bank immer etwa um null. Gehen Investoren jetzt hin und investieren ihr Geld in die Wirtschaft, haben wir wie gehabt den Effekt, dass die Tätigkeit der Unternehmen die Märkte immer mehr sättigt. Durch die Marktsättigung fallen die Preise. Durch die fallenden Preise tendiert der Zins für die Investitionen in Unternehmen immer gegen Null. Wenn die Banken für Sparguthaben keine Zinsen auszahlen, lohnt es sich für Investoren nun nicht mehr, ihr Geld aus einem Unternehmen abzuziehen, das ihnen keinen Zins erwirtschaftet. Denn bei der Bank bekommen sie nun auch keinen Zins. Wenn sie keine Ausweichmöglichkeit haben, stellen Investoren ihr Geld auch der Wirtschaft letztlich zinsfrei zur Verfügung.

Egal also, ob wir als Sparer unser Geld auf ein Sparkonto einzahlen oder es als Investoren in die Wirtschaft investieren: Wenn wir unser Geld für x Jahre zur Verfügung stellen, bekommen wir es nach x Jahren in ungefähr derselben Höhe zurück und haben in dieser Zeit keine Umlaufsicherungsgebühr bezahlt. Wir haben für den Zeitraum, in dem wir unser Geld nicht brauchten, also die mit dem Geld verbundenen Kosten eingespart. Der Zins in der Wirtschaft tendiert stets gegen null. Es bringt den Investoren keinen Vorteil, Geld aus der Wirtschaft abzuziehen, wenn sie es nicht woanders investieren können, da sie sonst sofort der Umlaufsicherungsgebühr unterliegen. Zinsfrei fließendes Geld hat keine Erpressungsmacht.

Für keinen Investor lohnt es sich, das Geld aus der Wirtschaft abzuziehen und auf dem Devisenmarkt damit zu spekulieren. Denn während der Spekulation wird immer wieder die Umlaufsicherungsgebühr fällig. Diese Kosten werden im Durchschnitt stets höher sein als die möglichen Spekulationsgewinne. Damit wird das Geld der Spekulation entzogen und gezwungen, den Arbeitenden zu dienen. Die Finanzmärkte schwimmen nicht mehr in Geld, welches sich stattdessen auf die Arbeitenden verteilt. Wenn Geschäftsbanken keinen Zinsgewinn erwirtschaften können, sondern nur ihre Arbeit bezahlt bekommen, stellt auch die Schöpfung von Giralgeld kein Problem mehr dar.

Auch wenn Investoren und Banken keinen Zins für ihre Investitionen und Kredite erwirtschaften, brauchen sie die Wirtschaft mehr als die Wirtschaft sie braucht. Denn das Geld braucht die Arbeitenden, damit es der Umlaufsicherungsgebühr entgeht. Für die Wirtschaft ist es auf der anderen Seite leicht, an genug Geld zu kommen, da alle Inhaber überschüssigen Geldes der Umlaufsicherungsgebühr entgehen wollen und Menschen brauchen, die das Geld von ihnen leihen, um Projekte damit zu finanzieren. Durch das Streben des Geldes danach, Projekte zu finanzieren, fließt das Geld zu den Arbeitenden und kommt permanent reichlich in Umlauf. So wie das Herz Blut durch den ganzen Kreislauf pumpt, wirkt die Umlaufsicherungsgebühr auf Geld wie eine Pumpe, die das Geld permanent zu den Arbeitenden pumpt, denn das Geld braucht die Arbeitenden, um der Umlaufsicherungsgebühr zu entgehen.

Die Umlaufsicherungsgebühr ist jene Pumpe, die die Wirtschaft reichlich mit Geld versorgt. Ohne eine Umlaufsicherungsgebühr auf Geld fehlen der Wirtschaft die Pumpe und das Herz. Es ist genau dieses Herz, das dem Zinsgeld fehlt. Kein Wunder, dass das Zinsgeld dann auch negative Automatismen erzeugt, die im doppelten Sinne des Wortes so herzlos sind.

Während Zinsgeld also eine chronische, nicht zu durchbrechende Geldverknappung erzeugt, drängt sich zinsfrei fließendes Geld automatisch den Arbeitenden auf und verursacht eine Geldfülle in der Realwirtschaft.

Die Auswirkung des ZFG auf die Verteilung des Vermögens

In der Wirtschaft werden Waren und Dienstleistungen ausgetauscht. Für ein nachhaltiges Funktionieren der Wirtschaft ist es essentiell, dass der Austausch in der Wirtschaft reibungslos, ohne Stockungen und gerecht erfolgt. Ein grundlegend ungerechter Austausch würde ein immer größeres Ungleichgewicht schaffen zwischen Menschen, die vom Austausch profitieren und Menschen, die davon benachteiligt werden. Wichtig ist also vor allem eine rasche und leistungsgerechte Verteilung der Waren und Dienstleistungen und letztlich auch des Vermögens, das die Gesellschaft und Menschheit durch ihre Arbeit schafft.

Wir brauchen also ein Geld, das eine gerechte Verteilung von Waren, Dienstleistungen und Vermögen mit sich bringt.

Wir haben gesehen, dass Zinsgeld einen Zwang zur laufenden Weiterverschuldung birgt, daher Guthaben und Schulden exponentiell anwachsen, dies eine automatische Arm-Reich-Spaltung mit sich bringt, die Wirtschaft gezwungen ist, immer weiter zu wachsen, um einen Kollaps hinauszuzögern und der Wechsel von Inflation und Deflation für die Hochfinanz ein hervorragendes Selbstbereicherungswerkzeug darstellt. Gehen wir im Einzelnen darauf ein, wie sich zinsfrei fließendes Geld analog zu diesen Problemen auswirkt.

Anstelle des Zwangs zur permanenten Weiterverschuldung

Wenn ein Kredit zurückbezahlt wird, sollte dies normalerweise heißen, dass der Markt dieses Geld aktuell nicht braucht. Beim Zinsgeld ist dies nicht der Fall. Ein Zinskredit entzieht dem Markt in der Form des Schuldzinses mehr Geld als er vorher zur Verfügung gestellt hat. Es entzieht dem Markt Geld, das er eigentlich noch braucht. Dadurch muss der Markt mehr Zinsgeld nachfordern, das mit der Kreditrückzahlung noch mehr Durst nach Geld erzeugt usw.

Ein Kredit zinsfrei fließenden Geldes entzieht dem Markt durch eine Kreditrückzahlung so viel Geld wie er vorher zur Verfügung gestellt hat. Der Markt braucht dieses Geld tatsächlich nicht mehr. Da eine Kreditrückzahlung keine zusätzliche Geldverknappung durch einen Schuldzins mit sich bringt, besteht kein Zwang, neue Kredite zu vergeben, nur um ein durch die Kreditrückzahlung entstandenes Geldloch zu stopfen.

Zinsfrei fließendes Geld erzeugt keinen Zwang zur Weiterverschuldung.

Anstelle des permanenten Wachstums von Guthaben und Schulden

Wenn eine Geldmenge, die dem Markt durch eine Kreditrückzahlung entzogen wurde, diesem nun nicht fehlt, ist es tatsächlich möglich, Schulden abzubauen. Geringere Schulden bedeuten auch geringere Guthaben. Wenn es keinen Bedarf gibt, dass die Wirtschaft weiter wächst, bzw. wenn der Bedarf so gedeckt ist, dass die Wirtschaft schrumpfen darf, werden zurückbezahlte Kredite nicht mehr im gleichen Maße durch die Neuvergabe von Krediten aufgefüllt. Die Banken können die Menge des ausgegebenen Geldes reduzieren. Das im Markt verbleibende Geld genügt, die Wirtschaft in vollem Gang zu halten und die Bedürfnisse aller zu erfüllen. Die Notwendigkeit, auch Guthaben abzubauen, wenn der technische Fortschritt Arbeit einspart und insgesamt weniger Arbeit geleistet werden muss, bringt es mit sich, dass die Arbeitszeiten allgemein verkürzt werden und die Menschen mehr Freizeit haben, während der Lebensstandard mindestens gleich bleibt.

Anstelle eines exponentiellen Wachstums von Vermögen und Schulden bringt das zinsfrei fließende Geld eine flexible Bedarfswirtschaft mit sich.

Die Menge des in Umlauf gegebenen Geldes kann sich flexibel an die tatsächlichen Bedürfnisse der Menschen anpassen.

Anstelle einer Arm-Reich-Spaltung

Die Arm-Reich-Spaltung entsteht dadurch, dass die Gesellschaft immer mehr in jene gespalten wird, die die Zinsen für die exponentiell zunehmende Verschuldung erarbeiten müssen, und jene, die diese Zinsen leistungslos kassieren und damit exponentiell wachsendes Vermögen aufbauen.

Zinsfrei fließendes Geld führt zu keinen dauerhaften Zinseinnahmen. Ein Unternehmen muss nur einen gegen null tendierenden Anteil seiner Gewinne an Kreditgeber oder Investoren auszahlen. Tendenziell 100% der Gewinne bleiben als Bezahlung für den Unternehmer und seine Mitarbeiter übrig.

Geld fließt nur noch zu denen, die dafür arbeiten, nicht mehr zu den Vermögenden. Anders als in der Zinswirtschaft, in der es sich immer weniger lohnt, hart zu arbeiten, und nur noch lohnt, zu den Vermögendsten zu gehören, lohnt sich Leistung in einer mit zinsfrei fließendem Geld arbeitenden Wirtschaft maximal. Es lohnt sich maximal, zu arbeiten und gute Leistung zu erbringen. Wer Geldeinnahmen haben will, muss dafür arbeiten.

Dies sorgt dafür, dass auch die Vermögendsten für ihr Geld arbeiten müssen. Sie lernen durch das zinsfrei fließende Geld, genauso wie alle anderen Menschen auch ihren Beitrag zur Gesellschaft zu leisten und werden auf diese Weise resozialisiert. Anstatt wie Götter über der Gesellschaft zu thronen, werden sie zu normalen Menschen, die wie alle anderen auch normale Arbeit leisten.

Anstelle einer wachsenden Arm-Reich-Spaltung lässt das zinsfrei fließende Geld 100% der Gewinne der Wirtschaft zu den Arbeitenden fließen und sorgt so automatisch für eine neutrale und leistungsgerechte Gleichversorgung.

Anstelle eines Wachstumszwangs

Wie schon erwähnt, kann sich der Markt an die tatsächlichen Bedürfnisse der Bürger anpassen. An die Stelle der Umverteilung des Vermögens tritt eine Gerechtverteilung des Vermögens auf der Grundlage des persönlichen Nutzens für die Gesellschaft. Wenn die Bedürfnisse der Menschen gedeckt sind, kann die Wirtschaft sogar schrumpfen. Da alles Geld zu den Arbeitenden fließt, werden deren Bedürfnisse immer erfüllt.

Anstelle eines Wachstumszwangs passt sich zinsfrei fließendes Geld stets an den Bedarf der Menschen an und lässt die Wirtschaft nach Bedarf wachsen oder schrumpfen.

Anstelle von Inflation und Deflation

In der Zinswirtschaft gibt es kein effizientes Instrument, das die Hortung von Geld verhindert. Viele Menschen betrachten es als vorteilhaft, Geld auf der hohen Kante zu Hause zu behalten, anstatt es zur Bank zu bringen. Dies umso mehr, je weniger Zinsen die Banken für Erspartes auszahlen. Eine zu große Hortung von Geld erzeugt Deflation. Eine zu große Ausgabemenge von Geld durch die Zentralbank erzeugt Inflation. Deflation ist für die Wirtschaft noch schlimmer als Inflation. Da die Zentralbank nie genau weiß, wie viel Geld gehortet wird, gibt sie stets etwas mehr Geld aus als sie für vermutlich notwendig hält. Auf diese Weise erzeugt sie absichtlich eine schleichende Inflation.

Beim zinsfrei fließenden Geld ist dies alles anders. Wer Geld zu Hause unters Kopfkissen oder in den Tresor packt oder mit Devisen spekuliert, unterliegt der Umlaufsicherungsgebühr. Da sich die Fälligkeit der Gebühr nach dem Datumsstempel auf dem Geldschein richtet, kann der Inhaber des Geldscheins der Gebühr nicht entgehen. Jeder, der den Schein in die Hand nimmt, wird sofort sehen, ob die fälligen Gebühren bezahlt wurden. Da niemand die Umlaufsicherungsgebühr bezahlen will, wird zinsfrei fließendes Geld nicht gehortet. Die Zentralbank kann davon ausgehen, dass 100% des ausgegebenen Geldes auch in Umlauf bleibt. Dies macht es der Zentralbank sehr leicht, anhand der Wirtschaftsdaten zu berechnen, wie sie die Menge des ausgegebenen Geldes regulieren muss, damit der Geldwert jederzeit stabil bleibt und weder Inflation noch Deflation auftreten. Wenn die Zentralbank ihre Arbeit gut macht, wird das Geld auch nach 100 Jahren noch denselben Wert haben wie zu Beginn.

Manche Menschen, die zum ersten Mal von zinsfrei fließendem Geld hören, denken, bei der Umlaufsicherungsgebühr handele es sich um eine Form von Inflation. Sie wollen keine Entwertung ihres Geldes und keine Inflation. Zinsfrei fließendes Geld wird nicht entwertet. Anders als Zinsgeld, das aus den oben genannten Gründen einer ständigen Inflation unterliegt, kann zinsfrei fließendes Geld seinen Wert auch nach 100 Jahren noch beibehalten. Bei der Umlaufsicherungsgebühr handelt es sich um eine Steuer. Der Betrag wird nur vom Besitzer des Geldscheins auf den Staat übertragen. Der Geldschein behält seinen vollen Wert. Da der

Staat für seine Ausgaben sowieso Steuern erheben muss, wird sein Bedarf an Steuern um die Einnahmen aus der Umlaufsicherung auf Geld bereits vermindert. Wir leisten durch die Zahlung einer Umlaufsicherungsgebühr also schon einen (kleinen) Teil unserer Steuern.
Zudem liegt es in unserer Hand, an unserem Investitions- und Sparverhalten, wie hoch diese Steuern ausfallen.

Dazu kommt die unfehlbare Gerechtigkeit dieser Steuer. Je mehr Geld ein Mensch in Händen hält, desto mehr Umlaufsicherungsgebühr bezahlt er. Je weniger Geld ein Mensch in Händen hält, desto weniger Umlaufsicherungsgebühr bezahlt er. So tragen die Stärksten automatisch die meisten Lasten und die Schwächsten automatisch die wenigsten.

Und eine Steuer von 6% im Jahr tut nur gerade so weh, wie sie tun muss, um das Geld in raschem Umlauf zu halten und die Wirtschaft und damit die Gesellschaft optimal mit Geld zu versorgen.

Anstelle von Inflation und Deflation schafft zinsfrei fließendes Geld einen stabilen Geldwert.

Ergänzung des ZFG durch eine Bodenpacht

Da Investoren in der Zinswirtschaft nicht nur aus Geld, sondern auch aus Grund und Boden einen Zins erwirtschaften, ist es erforderlich, die Umlaufsicherungsgebühr auf Geld durch eine Bodenpacht auf Grund und Boden zu ergänzen. Die Bodenpacht übt ebenfalls die Funktion einer Umlaufsicherung aus. Durch eine von den Gemeinden als Steuer erhobene Bodenpacht lohnt es sich nicht mehr, Land oder Immobilien zu Spekulationszwecken ungenutzt zu lassen. Land ungenutzt zu lassen, kostet dann eine Bodenpacht.

Dies führt dazu, dass Grund und Boden, der vom Eigentümer nicht selbst genutzt wird, auf jeden Fall entweder verpachtet oder verkauft wird. Das bedeutet, dass sich Grund und Boden verstärkt dem Markt anbietet und die Pacht- und Kaufpreise sinken. Dadurch wird die Nutzung von Grund und Boden für jeden, der sie für seine Arbeit benötigt, kostengünstig. Da die Liquidität von Grund und Boden als etwa halb so groß gilt wie die Liquidität von Geld, wird eine Bodenpacht von etwa 3% im Jahr den Effekt haben, dass Grund und Boden verfügbar und kostengünstig ist und seine Verpachtung nicht zu leistungslosen Einkommen führt.

Auf diese Weise hat das Geld, das versucht, der Umlaufsicherungsgebühr zu entkommen, nicht die Möglichkeit, sich in den Ankauf von Land zu flüchten und mit dem Land einen Zins zu erwirtschaften.

Wenn auch Grund und Boden nicht zu Zinseinnahmen führt, findet weder durch das Verleihen von Geld noch durch das Verpachten von Land oder Vermieten von Immobilien eine Umverteilung des Vermögens von den Arbeitenden zu den Vermögenden statt. Durch diese Maßnahme wird einerseits die reichliche Verfügbarkeit von Boden - und von bezahlbarem Wohnraum - gewährleistet und andererseits sichergestellt, dass wirklich alles von den Arbeitenden erwirtschaftete Geld auch zu den Arbeitenden fließt.

Das zinsfrei fließende Geld sorgt ergänzt durch eine Bodenpacht in halber Höhe der Umlaufsicherungsgebühr auf Geld für eine neutrale Gerechtverteilung des Vermögens, bei der tendenziell 100% des von der Wirtschaft erwirtschafteten Geldes zu den Arbeitenden fließt. Vermögen dient nur noch als Wertspeicher, den wir bei Bedarf aufbrauchen können.

Ergänzung des ZFG durch ein bedingungsloses Grundeinkommen

Bei den Verfechtern des zinsfrei fließenden Geldes gehen die Meinungen zu einem bedingungslosen Grundeinkommen auseinander. Strenggenommen ist ein solches nicht erforderlich, wenn das Geld so dynamisch und gerecht hin zu den Arbeitenden verteilt wird wie es beim zinsfrei fließenden Geld der Fall ist. Aber auch in einem System der Gerechtverteilung müssen wir uns um die Kinder und Jugendlichen in Ausbildung, um die Kranken, Behinderten und Alten kümmern.

Ein bedingungsloses Grundeinkommen für alle von der Geburt bis zum Tod brächte also viele Vorteile mit sich: Kindergeld, Arbeitslosengeld, Sozialhilfe und Renten könnten durch ein einheitliches System ersetzt werden, das bedingungslose Grundeinkommen. Dies hätte folgende Vorteile:

1) Familien mit Kindern wären nicht mehr finanziell benachteiligt. Kinder bedeuten keine Wohlstandseinbußen mehr.

2) Jeder kann zusätzlich zu seinem Grundeinkommen so viel Arbeit leisten wie er möchte, ohne dass ihm diese Einnahmen abgezogen würden, wie das heute bei den verschiedenen Formen des Arbeitslosengeldes der Fall ist.

3) Es gibt keine Rentengrenze mehr. Wir werden langfristig nur noch in Teilzeit arbeiten. In Teilzeit muss praktisch niemand Raubbau an seiner Gesundheit betreiben. Niemand ist von Burnout bedroht. Auch im hohen Alter noch 2 oder 4 Stunden am Tag zu arbeiten, kann die Lebensqualität steigern und die Vitalität hoch halten. Es gibt keine Gefahr, dass die Gesellschaft überaltert. Es gibt keine Gefahr für das Rentensystem, wenn

wir über das bedingungslose Grundeinkommen hinaus keines brauchen. So bleibt uns auch die Berufs- und Lebenserfahrung alter Menschen viel länger für die Wirtschaft erhalten.

Finanzierung des bedingungslosen Grundeinkommens
Der eleganteste und wirtschaftlich sinnvollste Weg der Finanzierung eines bedingungslosen Grundeinkommens besteht in einer Koppelung des Grundeinkommens an die Bodenpacht. Menschen, die viel Land besitzen, zahlen viel Bodenpacht, Menschen, die wenig Land besitzen, wenig. Der Topf, in den die gesamte Bodenpacht eingezahlt wird, wird durch die Anzahl der Bürger geteilt und pro Kopf ausgezahlt. Das System beinhaltet also eine Umverteilung von den wirtschaftlich Stärkeren zu den Schwächeren, genau gegenläufig zum Zinsgeldsystem. Dies wäre eine solide Finanzierung, die niemanden benachteiligt.

Die Auswirkung des ZFG auf den Umgang der Menschen miteinander

In der Wirtschaft gibt es Menschen und Unternehmen, die die gleichen Waren und Dienstleistungen anbieten. Wenn wir eine Gesellschaft und Menschheit wollen, die im Frieden miteinander lebt, ist es für diesen Bereich essentiell, dass das Geld und die Art der Geldzirkulation ein friedliches Miteinander und Kooperation von Menschen, Unternehmen, Nationen und Staaten zumindest ermöglicht und wenn möglich sogar fördert. Wir brauchen also ein Geld, das friedliches Miteinander und Kooperation fördert.

Zinsgeld setzt die Unternehmen in der Wirtschaft unter einen aggressiven Dauerstress, andere zu vernichten, um selbst überleben zu können. Auf der Ebene der Volkswirtschaften erzeugt dieser feindliche Wettbewerb einen Kampf um Exportüberschüsse gegenüber anderen Volkswirtschaften. Dies hat in der Geschichte immer wieder Kriege ausgelöst.

Beim zinsfrei fließenden Geld buhlen die Unternehmen nicht um das Geld der Anleger. Das Geld selbst steht unter dem Druck, eine Anlagemöglichkeit zu finden, um der Umlaufsicherungsgebühr zu entgehen. Auch wenn ein Unternehmen keinen Gewinn erwirtschaftet, werden die Anleger ihr Geld nicht abziehen, da sie auch bei der Bank keinen Zins bekommen. Der Investor hat keine Erpressungsmacht, sein Geld abzuziehen, um die Gewinne im Markt zu steigern. Zieht er sein Geld ab, kann ein kostendeckend wirtschaftendes Unternehmen sich anderweitig zinsfrei finanzieren. Für ein gut operierendes und gut geführtes Unternehmen, das kostendeckend wirtschaftet, ist der Rückzug eines Investors nichts Schlimmes. Es gibt bestimmt einen neuen, der froh ist investieren zu können. Es gibt keine feindliche Konkurrenz zu anderen Unternehmen, wenn kein Unternehmen einen dauerhaften Kapitalertrag erwirtschaftet und es für alle Unternehmen nur darum geht, so gut zu wirtschaften, dass die Arbeit der Beteiligten Unternehmer und Mitarbeiter bezahlt wird. Unternehmen stehen in einem sportlichen Wettbewerb, in dem es nicht erforderlich ist, Wettbewerber zu vernichten. Wenn Wettbewerber Erfolg haben dürfen, steht auch einer gelegentlichen Zusammenarbeit zwischen konkurrierenden Unternehmen nichts im Wege.

Auch die Volkswirtschaften stehen nicht in einem feindlichen Wettbewerb um das Geld der Investoren. Wenn die Weltwirtschaft mit zinsfrei fließendem Geld arbeitet, gibt es keine Investoren, die ihre Gewinne aus einer Volkswirtschaft abziehen und anderweitig investieren oder der Weltwirtschaft ganz entziehen, indem sie auf dem Devisenmarkt spekulieren. All dies lohnt sich bei einem zinsfrei fließenden Geld nicht. Wenn den Volkswirtschaften nicht ständig Geld entzogen wird, muss keine Nation Exportüberschüsse erwirtschaften, um die Arbeitsplätze im eigenen Land zu sichern. Dadurch ist keine Volkswirtschaft genötigt, aggressiv in ausländische Märkte einzudringen, um der eigenen Not entgegenzuwirken. Somit entspannt sich die Beziehung zwischen den Volkswirtschaften und Nationen. Ausgehend vom Geld kehrt globale Entspannung und globaler Friede ein.

Durch zinsfrei fließendes Geld entsteht also ein sportlicher, freundlicher Wettbewerb zwischen Unternehmen und Volkswirtschaften. Da Volkswirtschaften sich nicht mehr bedrohen, entsteht Frieden zwischen allen Völkern.

Die Auswirkung des ZFG auf das Ressourcenmanagement

Die Wirtschaft versorgt Gesellschaft und Menschheit mit dem, was sie materiell und an Dienstleistungen braucht. Die Arbeit schafft Werte. Als Menschheit leben wir auf einem Planeten, der uns mit den erforderlichen Ressourcen versorgt. Diese Ressourcen sind begrenzt, da der Planet selbst begrenzt ist. Um die durch die Arbeit geschaffenen Werte zu bewahren, ist es essentiell, dass die Wirtschaft nachhaltig funktioniert, so dass die Natur, in der wir leben, und ihre Ressourcen nachhaltig zu unserer Verfügung stehen. Die Wirtschaft muss einen natürlichen Kreislauf entwickeln, der schonend mit Ressourcen umgeht und nichts verschwendet.

Wir brauchen also ein Geld, das nachhaltiges Wirtschaften fördert und Verschwendung vermeidet.

Die Zinswirtschaft unterliegt Wachstumszwang und Knappheitsgebot. Der durch diese entgegengesetzt wirkenden Zwänge entstehende Druck führt dazu, dass die Produkte, die wir kaufen, immer kurzlebiger sein müssen. Dies bewirkt, dass immer mehr Produkte immer schneller weggeschmissen werden und somit die Ressourcen der Erde immer schneller verschwendet werden müssen.

Eine Wirtschaft, die mit zinsfrei fließendem Geld arbeitet, unterliegt weder einem Wachstumszwang noch einem Knappheitsgebot. Sie kann sich durch Wachsen oder Schrumpfen flexibel an den Bedarf anpassen. Sie kann bis zur Sättigung des Marktes operieren, da sie nicht unter dem Zwang steht, einen Kapitalertrag (Profit) zu erwirtschaften. Es gibt also kein Knappheitsgebot.

Geld zu Hause anzusparen, das nicht auf ein Sparkonto bei der Bank eingezahlt wird, unterliegt einer Umlaufsicherungsgebühr von sagen wir 6%. Einen Kredit bei der Bank zu nehmen, wird auch mit Gebühren verbunden sein. Schließlich muss die Bank die Arbeit ihrer Mitarbeiter bezahlen. Diese Gebühr wird aber deutlich niedriger sein als die Höhe der Umlaufsicherungsgebühr. Es ist also günstiger, einen Kredit zu nehmen und nach und nach abzubezahlen als zu Hause Geld anzusparen. Dadurch wird es kostengünstiger, hochwertige und langlebige Produkte zu kaufen und mit einem Kredit zu finanzieren, als billige und kurzlebige Ramschprodukte, die ich mir gerade noch so aus der eigenen Tasche leisten kann. Denn das jeweils für Produkte angesparte Geld unterliegt höheren Kosten als der Kredit und seine Abzahlung.

Dies sorgt dafür, dass sich die Wirtschaft darauf verlegt, möglichst hochwertige und langlebige Produkte herzustellen. Die Verlegung auf hochwertige und langlebige Produkte bringt eine Schonung der Ressourcen mit sich.

Da in der Wirtschaft sowieso nur die geleistete Arbeit bezahlt wird, spielt es keine Rolle mehr, ob diese Arbeit in der Fertigung oder in der Wartung und Instandhaltung geleistet wird. Durch die Verlegung auf die Fertigung hochwertiger und langlebiger Produkte arbeiten schließlich nur wenige in der Fertigung und viele in der Instandhaltung.

Die Dinge, die wir herstellen, haben einen maximal hohen Wert und werden über einen sehr langen Zeitraum tipptopp in Schuss gehalten. Alles, Gebäude, Maschinen, Fahrzeuge, Geräte, Werkzeuge, Anlagen usw.,

bleibt in einem hervorragend gepflegten und funktionalen Zustand. Die Wirtschaft hat kein Interesse mehr daran, dass Dinge schnell weggeschmissen und neu gekauft werden, weil der Verkauf nicht mit einem Zinsgewinn verbunden ist. Der Wirtschaft wird nur ihre Arbeit bezahlt.
Der verschwenderische Umgang mit Grund und Boden endet durch die Bodenpacht. Niemand wird Land behalten wollen, das er nicht nutzt. Die Preise für alles Land werden fallen und erschwinglich bleiben. Die Spekulation mit Land endet, weil die Spekulation teurer wird als die möglichen Gewinne.

Land, das wir nicht wirklich zum Wohnen, für Gewerbe oder die Landwirtschaft brauchen, wird letztlich wohl an die Gemeinde verkauft. So gehört letztlich immer mehr Land der Gemeinde. Das Land, das wir nutzen, werden wir effizient nutzen, um die Zahlung unnötiger Bodenpacht zu vermeiden. Wenn die Gemeinden weit mehr Land haben als wir Menschen benötigen, werden wir sehr viel Land an die Natur zurückgeben können. Wir werden genug Platz haben, um Wälder wiederaufzuforsten und neue Ökosysteme entstehen zu lassen. So erzeugt das zinsfrei fließende Geld nicht nur keine Verschwendung, sondern wirkt ihr sogar aktiv entgegen.

Zusätzlich ist es zum Schutz von Natur und Ressourcen sinnvoll, Rohstoffe und andere Ressourcen, die der Natur möglichst wenig oder möglichst nicht entzogen werden sollten, mit einer Ressourcensteuer zu belegen. Durch eine solche Steuer wird es für die Wirtschaft lohnender und kostengünstiger, Müll wiederzuverwerten als die Ressourcen der Natur zu verwenden. Durch die Steuer wird sehr viel Forschungs- und Entwicklungsarbeit in die Erarbeitung von Methoden zur Wiederverwertung von Müll gehen. Die Umsetzung des so gewonnenen Wissens schont die Ressourcen und baut unsere Müllberge ab.

Diese Steuer sollte ausschließlich dazu verwendet werden, den der Natur durch die Entnahme der Ressourcen zugefügten Schaden wiedergutzumachen. Im Wesentlichen wird es darum gehen, die Natur zu reinigen, Bäume zu pflanzen und Ökosysteme wiederherzustellen.

Zinsfrei fließendes Geld regt also automatisch nachhaltiges Wirtschaften unter Schonung der Ressourcen der Natur an. Dies sollte durch eine Ressourcensteuer ergänzt werden, die dafür verwendet werden kann, den der Natur zugefügten Schaden wiedergutzumachen. Die Ressourcensteuer macht es wirtschaftlich lohnender, geschlossene Kreisläufe zu schaffen und Müll wiederzuverwerten.

Die Auswirkung des ZFG auf die Machtverteilung

So wie wir ein verteilungsneutrales Geld brauchen, das Waren, Dienstleistungen und Vermögen gerecht verteilt, ist es essentiell, dass unser Geld machtneutral funktioniert. Da der Mensch das Geld geschaffen hat, brauchen wir ein Geld, das jedem Menschen dient. Es darf kein Geld sein, das den Menschen beherrscht. Es darf kein Geld sein, das Menschen immer abhängiger, machtloser und fremdbestimmter macht.

Wir brauchen also ein Geld, das jedem Menschen ein authentisches, selbstbestimmtes Leben ermöglicht.

Der sich in der Zinswirtschaft immer mehr verschärfende Geldmangel lähmt die Menschheit in einen Zustand der Fremdbestimmung durch die Inhaber der großen Geldvermögen, also die Hochfinanz, deren Kreditbedingungen sich Regierungen und Volkswirtschaften schon seit langem unterworfen haben. Zinsgeld erzeugt also eine Gesellschaft, in der die politische Macht der Gemeinden immer mehr auf immer zentralere und übernationale Stellen umverteilt wird, die nur noch von der Hochfinanz beeinflusst werden. Die Einflussmöglichkeiten der Einzelnen werden immer mehr umverteilt zu einer kleinen Gruppe von Geldgebern, die durch den systemimmanenten Zwang zur Weiterverschuldung automatisch immer reicher und mächtiger werden.

Der „Nachteil" des zinsfrei fließenden Geldes, nämlich dass wir eine Umlaufsicherungsgebühr zahlen müssen, wird zum Vorteil des Menschen. In der Zinswirtschaft ist es leichter, an eine Arbeitskraft zu kommen als an Geld. In einer Wirtschaft, die mit zinsfrei fließendem Geld arbeitet, ist es leichter, an Geld zu kommen als an die Arbeitskraft eines Menschen. Dadurch wird die Arbeitskraft, also der Mensch, in der Wirtschaft stärker als das Geld.

Die Macht, die Unternehmen haben, die ihre Arbeit anbieten, ist größer als die Macht, die Sparer und Investoren haben, die ihr Geld anbieten. Das Geld kann die Unternehmen nicht fremdbestimmen. Auch der Unternehmer kann seine Mitarbeiter nicht fremdbestimmen und muss sie gut behandeln und gut bezahlen. Da die Arbeitskräfte knapper sind als das Geld, können sich die Arbeitskräfte die Unternehmen aussuchen, die ihnen das meiste Geld und die beste Behandlung geben. So ist auch sichergestellt, dass der Unternehmer auch immer eher im Interesse seiner Arbeitskräfte handelt als im Interesse seiner Geldgeber.

Ohne die Erpressungsmacht, investiertes Geld abzuziehen und Unternehmen stillzulegen, sind Gemeinden nicht von Investoren manipulierbar.

Sie geben allein oder im Verbund mit anderen Gemeinden ihr eigenes zinsfrei fließendes Geld heraus, dass die lokale und regionale Wirtschaft erblühen lässt. Ohne Erpressungsmöglichkeit von oben verlagert sich auch die politische Macht wieder auf natürliche Weise zum Volk, zu den Gemeinden hin. Die Währungshoheit, und damit alle Macht, ist bei den Gemeinden. Durch das Zinsgeld wedelt der Schwanz (nämlich das Geld) mit dem Hund (dem Menschen). Das zinsfrei fließende Geld kehrt diese Machtverhältnisse um und stellt die Welt vom Kopf auf die Füße. Durch das zinsfreie fließende Geld wedelt der Hund (nämlich der Mensch) wieder mit dem Schwanz (dem Geld), so wie es sich gehört.

Das zinsfrei fließende Geld dezentralisiert die Macht auf der Erde hin zu den Gemeinden und zur maximalen Selbstbestimmung des einzelnen Menschen. Der Einzelne gewinnt die Macht über sein Leben zurück. Das zinsfrei fließende Geld ermöglicht dem Menschen ein selbstbestimmtes Leben im Einklang mit seiner inneren Natur und dem Leben.

Da es ohne Zinsgeld keine Hochfinanz mehr gibt und die öffentlichen Kassen keine Schuldzinsen mehr an die Hochfinanz zahlen müssen, können Steuereinnahmen nun auch tatsächlich für den Zweck verwendet werden, für den sie eingenommen wurden: Eine Steuer auf fossile Brennstoffe und z.B. auch auf Kernenergie können wir für die Unterstützung alternativer, umweltfreundlicher Energiequellen einsetzen. Beide Steuern werden den Effekt haben, dass fossile Brennstoffe und Kernkraft zu teuer werden. Außerdem werden umweltfreundliche Energietechnologien zinsfrei finanzierbar, so dass sich letztlich jeder Haushalt und jedes Unternehmen selbst 100% umweltfreundlich mit aller nötigen Energie versorgen werden. Öl, Kohle, Gas und Kernkraft werden spätestens im Zuge der globalen Einführung eines zinsfrei fließenden Geldes auf null gefahren werden, falls unsere weltweiten Bemühungen dies nicht vorher schaffen. Das Ende dieser Energieformen beendet dann auch die letzte Bastion der Vermögensumverteilung zur Hochfinanz.

Die Macht wird dezentralisiert. Menschen müssen langfristig vermutlich kaum mehr als 4 Stunden am Tag mehr arbeiten, das heißt nach einer Übergangszeit, in der noch viel Arbeit zu leisten ist, um die ganze Menschheit gut zu versorgen und die Natur überall auf dem Planeten wiederherzustellen. Jeder kann in wenigen Arbeitsstunden genug Geld für sein Leben verdienen. Dadurch, dass ein großer Teil des Tages für jeden zur Freizeit wird, erhält die Gesellschaft auch ein hohes Maß an Flexibilität und Kreativität im Umgang mit aufkommenden Problemen. Es gibt immer genug

Zeit, sich um Probleme zu kümmern und sich gemeinschaftliche Lösungen dafür auszudenken.

Auswirkung des ZFG auf Recht und Redlichkeit in der Gesellschaft

Das Geld darf nicht dazu benutzt werden, die Welt auf den Kopf zu stellen, indem das Geld einen höheren Wert hat als der Mensch und auf die Zwänge des Geldsystems mehr Rücksicht genommen werden muss als auf die Bedürfnisse der Menschen. Es darf vor allem nicht dazu benutzt werden, Lösungen für die vom Geld erzeugten Probleme der Menschheit zu verdrehen und zu vereiteln. Es darf nicht die Kriminalität in der Gesellschaft begünstigen. Wir brauchen ein Geld, das dem Menschen und der Menschlichkeit dient, gerecht ist, Lösungen ermöglicht und die Redlichkeit in der Gesellschaft fördert.

Durch die Erpressungsmacht des Geldes kann die Hochfinanz im ersten Schritt ihren Willen durchsetzen und allen anderen aufzwingen. Im nächsten Schritt kann sie dann alles Verdrehen, das Denken, die Werte, Lösungen und generell das, was gut und richtig ist, so dass die Redlichkeit verkommt. Der Verlust der Redlichkeit in der Gesellschaft gestattet den Regierungen, hart durchgreifen, um ihre Bürger zur Ordnung zu zwingen. So zerstört Zinsgeld letztlich die Freiheit in der Gesellschaft und die Demokratie.

Zinsfrei fließendes Geld hat keine Erpressungsmacht. Hinzu kommt, dass es beim zinsfrei fließenden Geld keine automatische Umverteilung des Vermögens gibt. Ohne automatische Umverteilung keine Hochfinanz. Solange das zinsfrei fließende Geld erhalten bleibt, hat auf der einen Seite niemand die Zinseinnahmen, um Politiker zu bestechen, und auf der anderen Seite gibt es keine Abhängigkeit der Regierungen vom Geld. Regierungen - von den Gemeinderegierungen bis zu den Staatsregierungen - können sich zinsfrei finanzieren. Es müssen keine Steuern zur Zahlung von Schuldzinsen eingezogen werden. Niemand hat die Macht, Regierungen zu erpressen. Politiker können ihrem Gewissen und dem Auftrag ihrer Wähler folgen.

Wenn kein System der Umverteilung durch eine Lösung bedroht wird, stehen alle Lösungen der Gesellschaft auch offen und können manifestiert werden, ohne Gefahr zu laufen, verdreht zu werden.

Ausgehend von jenen Gemeinden, denen es gelingt, ein zinsfrei fließendes Geld und eine Bodenpacht einzuführen, und dem dadurch in diesen Gemeinden verursachten Wohlstand, Frieden, Vertrauen, Entspannung,

Entschleunigung und Glück und dem sich durch diese positive Ansteckung immer weiter und schließlich global ausbreitenden zinsfrei fließenden Geld breitet sich wieder Redlichkeit in der Gesellschaft und in der Menschheit aus. Die Verdrehung des Rechts, die Unrecht zu Recht macht, endet. Niemand muss mehr mit unredlichen Mitteln versuchen, sich Gerechtigkeit zu verschaffen.

So fördert und bewahrt das zinsfrei fließende Geld die Redlichkeit in der Gesellschaft. Die Redlichkeit sorgt dafür, dass niemand zur Gesetzestreue gezwungen werden muss und Erscheinungen wie Prostitution, Kriminalität, Menschenhandel und organisiertes Verbrechen verschwinden allmählich, zumal es keine Armut mehr gibt. Die Redlichkeit bewahrt somit die Freiheit und macht eine echte Demokratie an der Basis möglich.

Wie schon in Kapitel 1 sind auch hier die Auswirkungen des zinsfrei fließenden Geldes auf unser inneres Menschsein in das nächste Kapitel verlagert, welches sich mit dem Zusammenhang zwischen Geld und Bewusstsein befasst.

Generelle Arbeitszeiten in einer Wirtschaft die mit ZFG arbeitet

Beim Übergang von unserem Zinsgeld zu einem zinsfrei fließenden Geld werden die Arbeitszeiten vermutlich im Laufe weniger Jahrzehnte nach der vollständigen Umstellung mindestens halbiert, so dass Anstellungen in Teilzeit schließlich die Regel werden. Zahlreiche der Komplexität und Ungerechtigkeit des Zinsgeldes geschuldete Zustände enden, weil insbesondere

-Die gesamten Strukturen in der Wirtschaft, Buchhaltung, Besteuerung etc. aufgrund der Neutralverteilung des Geldes einfach und geradlinig werden.

-Der Arbeitsaufwand im Vertrieb sinkt, wenn das Geld in keiner mächtigeren Position mehr steht als die angebotenen Waren und Dienstleistungen.

-Die Arbeit tendenziell auf alle Arbeitswilligen verteilt wird und die Arbeitslosigkeit verschwindet.

-Produkte generell hochwertig und langlebig gebaut werden und nur noch ein kleiner Teil der Produkte im Vergleich zu heute hergestellt werden muss.

-Energie nach einer Übergangsphase zum Schaffen der Strukturen (Solarzellen und all die viel effizienteren Technologien, deren Patente in Schubladen verschwunden sind oder die wir noch erfinden werden) allen

Haushalten und Unternehmen dezentral, umweltfreundlich und fast kostenlos zur Verfügung steht und wir kaum noch Geld dafür verdienen müssen.

-Aufgrund der Gerechtverteilung die Kriminalität stark zurückgeht.

-Aufgrund der Arbeitsentlastung, Entstressung, Entschleunigung und Entspannung der Arbeitswelt Menschen viel vitaler werden, weniger krank sind, weniger pflegebedürftig werden und insgesamt robuster bleiben.

-Die Rechte von Angestellten nicht mehr wie im heutigen Sinne extra geschützt werden müssen, da Arbeitskräfte knapper sind als das Geld. Entsprechend werden Verträge zum Schutz der Angestellten vor Entlassung überflüssig. Unternehmen müssen nicht mehr gezwungen werden, Angestellte gut zu behandeln oder zu behalten, wenn sie sie eigentlich lieber entlassen wollen. Auch sehr alte Menschen, die gerne noch etwas Arbeit leisten wollen, werden problemlos Arbeit finden, wenn es kein Problem für die Unternehmen ist, sie auch wieder zu entlassen. Aber da Arbeitskräfte tendenziell immer knapp sein werden, werden auch die Dienste alter Menschen gesucht und erwünscht sein. Es gibt ein natürliches Bestreben der Unternehmen, optimal die Arbeitskräfte zu nutzen und sich zu bewahren, die über die nötigen Qualifikationen verfügen und sich ihnen anbieten.

-Es aufgrund des bedingungslosen Grundeinkommens kein Rentenalter im heutigen Sinne mehr gibt, und Menschen bis ins hohe Alter noch die Menge an Arbeit leisten können und werden leisten wollen, die ihnen gut tut, die sie gesund erhält und ihnen Freude macht.

In der Summe wird die Arbeit also auf die maximierte Anzahl an Schultern verteilt, die zum Arbeiten zur Verfügung stehen, während überflüssige Arbeiten im Vergleich zum Zinsgeld wegfallen und der technische Fortschritt ungebremst in eine Verkürzung der Arbeitszeiten umgesetzt werden kann.

Bei den Ausführungen in diesem Kapitel ist deutlich zu erkennen, dass zinsfrei fließendes Geld die Missstände und Ungerechtigkeiten der Zinsautomatismen vollständig auflöst. Die Lösung heißt Umlaufsicherungen. Im Grunde stellen die Umlaufsicherung auf Geld, die Bodenpacht auf Land und die Ressourcensteuer alles drei Umlaufsicherungen dar.

Die Umlaufsicherung auf Geld pumpt Geld zu den Arbeitenden und Arbeitswilligen und versorgt sie reichlich mit Geld.

Die Bodenpacht bewirkt, dass jeder nur das Land nutzt, das er wirklich braucht. Dadurch wird es für jeden leicht, zu dem Land zu kommen, das er für seine Aktivitäten braucht. Somit sichert die Bodenpacht den „Umlauf", soll heißen die kostengünstige Verfügbarkeit von Grund und Boden für die, die ihn brauchen - und setzt alles nicht wirklich privat benötigte Land frei für die Gemeinschaft und die Natur. Hauptnutznießer außer der Gemeinschaft ist vor allem die Natur.

Die Ressourcensteuer bewirkt, dass jede Ressource, die der Natur entnommen wird, so lange wie wirtschaftlich möglich, machbar und sinnvoll immer wieder genutzt wird, um der Gebühr für die Nutzung neuer Ressourcen zu entgehen. Somit sorgt auch die Ressourcensteuer für einen maximal langen Umlauf der Ressourcen, bevor sie entsorgt werden müssen. In gewissem Sinne gibt es keinen Müll mehr, weil alles am Ende als Rohstoff dienen kann und in Zirkulation bleibt, bzw. weil sich der technische Fortschritt dahingehend entwickeln wird, dass nur noch wiederverwertbare Rohstoffe eingesetzt werden. Die Umlaufsicherungen auf Geld, Boden und Ressourcen sind jenes Herz, jener Motor, der den Arbeitenden alles, was sie für ihr Leben brauchen, nachhaltig und reichlich im Einklang mit der Natur zupumpt. Das zinsfrei fließende Geld hat also jenes Herz, jenen Motor, der dem Zinsgeld fehlt.

Wenn sich das zinsfrei fließende Geld auf die ganze Menschheit verbreitet, wird es einen in der Geschichte nie dagewesenen globalen Reichtum auslösen. Da das zinsfrei fließende Geld wie schon dargestellt auch das endgültige Ende der fossilen Brennstoffe und Kernkraftwerke mit sich bringt, da Bodenpacht und Ressourcensteuer einen starken Schutz der Umwelt mit sich bringen und große Landflächen für eine Rückgabe an die Natur freisetzen, wird der große Nachholbedarf bei den Milliarden von Menschen, die heute noch in bitterer Armut leben, keine Katastrophe für die Umwelt mit sich bringen. Eher erwacht die gesamte Menschheit voll zum Leben, wird ihrer Verantwortung für die Erde gerecht und erschafft sich selbst ein veritables goldenes Zeitalter.

Grundlegender Zusammenhang zwischen Bewusstsein und Materie

Nachdem wir uns angeschaut haben, wie wir den Albtraum des Zinsgeldsystems geldtechnisch auflösen, stellen wir an dieser Stelle einige Überlegungen an, warum und inwiefern unser kollektives Bewusstsein das Zinsgeldsystem in unsere Wirklichkeit gezogen hat. So können wir die Entsprechungen zwischen unserem kollektiven Bewusstsein und unserem Geldsystem sehen. Dieses Buch will insgesamt nicht nur die technische Lösung verstehbar machen, sondern auch die Erkenntnis vermitteln, dass unser Geldsystem eine direkte Projektion unseres kollektiven Bewusstseins ist. Erst wenn sich das Bewusstsein wandelt, werden wir die technische Lösung kollektiv so annehmen, dass wir sie nicht verhindern. Schauen wir uns den grundlegenden Zusammenhang zwischen unserem kollektiven Schuld projizierenden Denken, das wir in Band 1 als zentrale Problematik unseres Ego-Bewusstseins herausgearbeitet haben, und dem Zinsgeldsystem also an, bevor wir in Kapitel 3 verschiedene Bereiche und Aspekte des Zusammenhangs zwischen Geld und Bewusstsein eingehender ausloten.

Wenn wir unsere Schuldgefühle unbewusst, instinkthaft und reflexhaft auf andere projizieren, um selber als die Guten dazustehen, ohne Schuld und im Recht, werfen wir den Schatten, der sich auf uns gelegt hat, auch auf andere, so dass der Schatten in uns und in anderen stärker wird. Wenn wir unser Vorgehen nicht nur rechtfertigen, sondern sogar zu einem geheiligten Konzept machen, sperren wir uns so in das Gefängnis unseres Egos ein und streben auch noch danach, andere mit in dieses Gefängnis hineinzuziehen und ihr Denken zu beherrschen. Wir müssen erkennen, dass wir den Schatten nicht loswerden können, indem wir ihn auch auf andere werfen. Auch wenn wir in dem Kampf, anderen Schuld zuzuweisen und selbst Recht zu behalten, siegreich bleiben, werden wir den Schatten in uns nicht los, sondern machen ihn nur stärker und werfen ihn auch über andere. Aber wenn wir andere dazu bewegen können, dass sie ihre vermeintliche Schuld an uns abtragen, hat unser Ego kein Interesse, unsere Schuldprojektion wieder zurückzunehmen, auch wenn wir dadurch selbst unter einem Schatten bleiben.

Wenn wir Fehler gemacht haben, auch wenn wir sie als Reaktion auf die Fehler von anderen gemacht haben, können wir versuchen, uns durch Wiedergutmachung und Versöhnung von dieser Schuld und von unseren Schuldgefühlen zu befreien. Wenn wir unter unerklärlichen Schuldgefühlen leiden, können wir versuchen, sie bei uns zu behalten und durch Selbstvergebung und Vergebung aufzulösen. In jedem Fall ist es wichtig, uns unserer Schuldgefühle bewusst zu werden, sie bei uns zu behalten und sie durch Wiedergutmachung, Versöhnung, Selbstvergebung und/oder Vergebung aufzulösen. Durch die Auflösung von Schuldgefühlen lösen wir den Schatten auf, den die Schuld auf uns wirft und bringen so Licht in uns selbst, so dass wir uns selbst als die kindliche Unschuld und Liebe erkennen können, die wir in Wahrheit sind. Wir versetzen uns so auch in die Lage, nicht mehr mitzuspielen, wenn andere ihre Schuldgefühle auf uns projizieren.

Durch Vergebung lösen wir den Schatten, der sich auf uns gelegt hat, auf und gelangen zur Selbsterkenntnis. So befreien wir uns selbst, holen uns unsere Macht zurück und geben andere frei, denen wir dadurch die Tür öffnen, sich ebenfalls zu befreien. Analog laufen dieselben Prozesse auch in unserer Außenwelt, in unserem Geldsystem ab.

In einer arbeitsteiligen Gesellschaft wird jeder Mensch in den verschiedenen Bereichen seines Lebens von der Arbeit anderer Menschen versorgt. Eine solche Arbeitsteilung kann nur funktionieren, wenn jeder Einzelne in der Pflicht steht, einen entsprechenden Arbeitsbeitrag für die Gemeinschaft zu leisten. Das heißt, in einer arbeitsteiligen Gesellschaft kann jeder seine Versorgung einfordern und steht im Gegenzug der Forderung gegenüber, dass er selbst einen Beitrag für die Versorgung anderer leistet. Gibt man diesen gegenseitigen Forderungen ein definiertes Maß und schreibt sie auf Papier (oder als Zahlen in ein Konto), so nennen sich diese Forderungen Geld.

Manchmal wird eine Forderung auch als Schuld bezeichnet, weil jeder der Gesellschaft einen Beitrag dafür schuldet, von dieser versorgt zu werden. Daran ist erst einmal nichts falsch. Geld kann vom Grundgedanken her eine sehr praktische und auch gerechte Sache sein, weil es einen ansonsten extrem mühseligen und zeitaufwendigen Tauschhandel dramatisch beschleunigt.

Der Austausch von Geld und Leistungen ist also ein Austausch von Forderungen. Wenn wir Geld geben, fordern wir dafür eine vereinbarte Leistung ein. Wenn wir Geld nehmen, müssen wir dafür eine vereinbarte geforderte Leistung erbringen. Eine Forderung (wenn man so will eine Bringschuld), die man an uns stellen kann, quittieren wir also durch die Weitergabe von Geld. In gewissem Sinne halte ich also die Schuld eines anderen in meinen Händen, die ich einfordern kann, eine Schuld, die greift, sobald ein entsprechender Vertrag zustande kommt. Die Welt ist im Gleichgewicht, solange die Forderungen, die auf diese Weise den Besitzer wechseln, in einem angemessenen Gleichgewicht sind. Wenn ich die Einforderungsmöglichkeit einer solchen Schuld einem anderen verleihe (also Geld verleihe), kann ich das Gleichgewicht von Geben und Nehmen wahren, wenn ich mir zusätzlich zur Rückerstattung der Schuld die eventuell durch das Ausleihen entstehenden Kosten erstatten lasse.

Wenn ich aber zusätzlich zur Rückerstattung der Schuld und der angemessenen Verleihkosten einen Zins dafür fordere, der meine bloßen Kosten weit übersteigt, bürde ich eine größere Schuld auf als ich überlasse.

Genau dieser Vorgang zerstört das Gleichgewicht in der Gemeinschaft und in der ganzen Welt.

Normalerweise muss jeder für die Forderung, die er stellen kann, eine Leistung erbringen. Durch einen Zins, der zu einem Zinseszins führen kann, kann ich meine eigene Pflicht, einen Beitrag zu leisten und eine Forderung zu erfüllen, einem anderen aufbürden. Das heißt, ich erlege meine Schuldigkeit, einen Beitrag zu leisten, einem anderen auf, so dass dieser andere meine Schuld begleichen muss.

Das Zinsgeld macht damit genau das gleiche wie die Schuldprojektion. Ich bürde meine Schuld (meine Pflicht, einen Beitrag zur Gesellschaft zu leisten) anderen auf. Diese anderen müssen dadurch meine Arbeit mitleisten. Durch den Zinseszins wächst dieses Aufbürden von Schuld immer weiter an, so dass die einen nur noch fordern (Schuld aufbürden) können und die anderen nur noch Forderungen erfüllen (Schuld abtragen) müssen. Durch dieses gestörte Gleichgewicht liegt am Ende das ganze Geld (d.h. alle Möglichkeiten zu fordern) bei den Vermögendsten und alle Schuld (alle Pflicht, Forderungen zu erfüllen) bei den Menschen mit vergleichsweise wenig oder keinem Vermögen.

Wenn wir als Gesellschaft ein Geldsystem einrichten, müssen wir darauf achten, dass der Kreditgeber später sein Geld zurückbekommt und zusätzlich nur die ihm durch das Verleihen anfallenden Kosten erstattet bekommt, mehr nicht.

Wenn wir Geld gegen Zinsen verleihen und dadurch unangemessen viel Geld zurückfordern können, bürden wir unsere Schuld, also unsere Pflicht, der Gesellschaft Leistungen zu erbringen, dem Kreditnehmer auf. Wir müssen uns der eigenen Schuld, also unserer Pflicht, der Gesellschaft angemessene Leistungen zu erbringen, bewusst werden, diese annehmen und auf unangemessene Forderungen verzichten, um die Welt wieder in ein Gleichgewicht von Nehmen und Geben bringen zu können.

In uns brauchen wir das Bewusstsein, dass wir dem Leben, Gott gegenüber in einer Schuld stehen für das Leben, das uns gegeben ist. Kein Mensch hat das Recht, sich gegenüber anderen Menschen an die Stelle Gottes zu setzen und eine grundsätzliche Schuld einzufordern. Unsere Schuldigkeit gegenüber Gott können wir abtragen, indem wir unsere Pflichten erfüllen und auch denen, die sich selbst nicht versorgen können, den Armen und Unterprivilegierten, selbstlos dienen.

Wenn wir darüber hinaus Schuld auf uns laden, müssen wir diese wiedergutmachen, um uns versöhnen zu können. Wenn wir darüber hinaus unter unbegründeten Schuldgefühlen leiden, müssen wir diese bei uns behalten, um sie durch Selbstvergebung auflösen zu können.

Wenn wir unsere – egal ob berechtigten oder unberechtigten – Schuldgefühle aber auf andere projizieren, findet in unserem Bewusstsein eine Abspaltung statt, die wir nach außen übertragen, weil wir durch unsere Projektion fordern, dass andere unsere Schuldgefühle abtragen müssen. Wenn unsere Projektion nicht endet, endet auch die anderen auferlegte Pflicht nicht, Schuld an uns abzutragen. Durch unsere Schuldprojektion stellen wir uns dauerhaft über andere, urteilen über andere, schaffen ein oben und unten, setzen uns an die Stelle Gottes und fordern, dass andere eine grundsätzliche Schuld an uns abtragen müssen. Wenn andere unsere Schuldprojektion mitspielen und Schuld an uns abtragen, hat unser Ego kein Interesse, das Spiel zu beenden.

Genau analog müssen wir beim Geld (das ja eine Forderung darstellt) berücksichtigen, dass eine Schuld für das Zurverfügungstellen von Geld nur gegenüber der Gemeinschaft besteht, die das Geldsystem als öffentliche Einrichtung zur Verfügung stellt. Im Anschluss an das Verleihen des Geldes von der Gemeinschaft an die einzelnen Menschen kann es der Gemeinschaft egal sein, wer wem Geld weiterverleiht, wenn die mit dem von der Gemeinschaft ausgegebenen Geld verbundene Schuld (der Kostenaufwand der Gemeinschaft) mit dem jeweiligen Geld (Geldschein oder Girobetrag) mitwandert. Wenn die Zinsschuld mit dem Geld mitwandert, kann niemand, der Geld in Händen hält, seiner Schuldigkeit gegenüber der Gemeinschaft, die das Geld bereitgestellt hat, entgehen, auch die Banken nicht. Kein Mensch und keine Privatbank hat das Recht, sich an die Stelle der Gemeinschaft zu stellen und wie ein Geldschöpfer aufzutreten, der die Schuld für das Verleihen von Geld einfordert, das ursprünglich die Gemeinschaft bereitgestellt hat.

Diese gerechte Ordnung, dass die Zinsschuld für den Geldverleih ausschließlich der Gemeinschaft gilt, die das Geld an die Einzelnen verleiht, wird zerstört, wenn die Schuld beim Weiterverleihen von Kreditgeber zu Kreditnehmer vom Geld entkoppelt und auf den Kreditnehmer übertragen wird.

Denn dadurch kann der Kreditgeber seine eigene Schuld gegenüber der Gemeinschaft auf den Kreditnehmer abwälzen. Er kann den Platz der Gemeinschaft usurpieren. Er beansprucht eine Zahlung des Kreditnehmers für sich, die dieser eigentlich nur der Gemeinschaft schuldet. Dadurch bürdet der Kreditgeber seine Schuldigkeit gegenüber der Gemeinschaft dem Kreditnehmer auf lenkt die Schuldigkeit des Kreditnehmers gegenüber der Gemeinschaft zusätzlich in seine eigenen Taschen um.

Durch die Abschaffung der Zinsschuld gegenüber der Gemeinschaft und die Schaffung einer Zinsschuld gegenüber einem privaten Kreditgeber, der das von der Gemeinschaft bereitgestellte Geld weiterverleiht, setzt dieser sich also selbst an die Stelle der Gemeinschaft, gegenüber der die Schuld eigentlich rechtmäßig abgetragen werden müsste. Wenn wir uns als Gesellschaft diese Usurpation des Platzes der Gemeinschaft durch private Kreditgeber (also durch Banken) einfach gefallen lassen, hat das Ego dieser privaten Kreditgeber auch kein Interesse mehr daran, auf die Schuld zu verzichten, die wir ständig an sie abtragen. Sie haben kein Interesse mehr an einem gerechten System, bei dem der Gemeinschaft der Platz zurückgegeben wird, der ihr gebührt.

Das ist dasselbe wie sich an die Stelle Gottes zu setzen und sich über alle anderen Menschen zu stellen. Wenn diese anderen sich das gefallen lassen, hat das Ego der Schuld projizierenden kein Interesse, einen Verzicht auf das Privileg zu leisten, das ihnen eigentlich gar nicht zusteht, das die anderen ihnen aber überlassen haben.

In gewissem Sinne ist das Problem in den Religionen, dass es Priester gibt, die sich selbst zwischen den Einzelnen und Gott zwischenschalten. Dadurch übernehmen sie die Deutungshoheit, setzen sich an die Stelle Gottes und üben Macht über die Einzelnen aus. Dasselbe passiert beim Geld. Im Grunde darf sich niemand in die direkte Verbindung zwischen dem Einzelnen und der Gemeinschaft zwischenschalten. Der Zins für die Zurverfügungstellung von Geld sollte immer direkt vom Individuum, das das Geld in Händen hält, an die Gemeinschaftsinstitution fließen. Eine Geschäftsbank, die sich zwischenschaltet und selbst keinen Zins für das Geld in ihren Händen an die Gemeinschaft zahlt, einen solchen aber von ihren Kreditnehmern erhebt, setzt sich an die Stelle der Gemeinschaft und übt damit Macht über alle anderen Einzelnen aus.

So wie wir uns als Menschheit nur retten können, wenn jeder Einzelne sich von Schuldgefühlen befreit, über die er steuerbar ist, und seine persönliche direkte Verbindung zu Gott wiederaufnimmt und persönlich Verantwortung für eine bessere Welt übernimmt, genauso können wir die Welt um uns herum nur ins Gleichgewicht von Nehmen und Geben rücken, wenn jeder Einzelne seine Zinsen für das ihm zur Nutzung zur Verfügung gestellte Geld direkt an eine Gemeinschaftsinstitution zahlt und keine Geschäftsbank zwischengeschaltet ist, die selbst keine Zinsen für das

Geld in ihren Händen an die Gemeinschaft zahlt, aber solche von jedem erheben kann, der sich ihr Geld leiht.

Die Welt kann nur in Ordnung sein, wenn die Zinspflicht beim Geldinhaber liegt, nicht beim Kreditnehmer. Der jeweilige Inhaber des Geldes kann das geliehene Geld entweder ausgeben oder weiterverleihen, so dass auch hier die Zinsschuld mit dem Geld mitwandert, so dass auch der jeweils nächste Inhaber des Geldes selbst in der Pflicht gegenüber der Gemeinschaft steht. Auf diese Weise kann niemand seine Pflicht, der Gesellschaft eine Leistung zu erbringen, einem Kreditnehmer aufbürden, da die Pflicht immer beim Geldinhaber bleibt. Der Kreditnehmer muss nur den geliehenen Betrag plus die Kosten des Kreditgebers zurückerstatten und den mit dem Geld, das er in Händen behält, verbundenen Schuldzins gegenüber der Gemeinschaft bezahlen. Somit können wir niemandem unsere Schuld (unsere Pflicht zum Erbringen eines Beitrags für die Gesellschaft) einem anderen aufbürden und andere können uns keine solche Schuld aufbürden und damit unsere Schuldigkeit gegenüber der Gemeinschaft zu sich selbst umlenken.

Durch Vergebung lösen wir den Schatten, der sich auf uns gelegt hat, auf und gelangen zur Selbsterkenntnis, so dass sowohl wir als auch unsere Mitmenschen frei sind.

Durch ein mit einem Wanderzins behaftetes Geld stehen alle auf gleiche Weise in der Pflicht, für die Gesellschaft zu arbeiten, um an das benötigte Geld zu kommen. Kein Geldverleiher kann den Arbeitenden den Lohn für ihre Arbeit wegnehmen. Es legt sich kein Schatten zwischen die Menschen, es findet keine Spaltung in arm und reich statt.

Während Zinsgeld zu einer ausufernden Bereicherung der Reichsten auf Kosten der Arbeitenden führt, steuert ein mit einem Wanderzins behaftetes Geld in die Richtung eines Ausgleichs, egal wie ungleich vermögend die Gesellschaft zum Zeitpunkt der Einführung eines solchen Geldes ist. Solange es keine völlige Entmachtung des Volkes gibt, bleibt diese Lösungsmöglichkeit stets bestehen. Sie wartet gewissermaßen ständig darauf, dass wir durch ihre Umsetzung aus dem Albtraum erwachen, in den wir uns durch das Zinsgeldsystem fortlaufend versetzen.

Durch den von der Gemeinschaft eingerichteten Wanderzins gerät das Geld in raschen Fluss. Es wird von privater Seite, also auch von den privaten Banken, zinsfrei - nur mit den tatsächlichen Kosten der Bank behaftet - weiterverliehen, um der Zahlung des Wanderzinses an die Gemeinschaft zu entgehen. Somit ist ein mit einem Wanderzins an die Gemeinschaft zu zahlendes Geld ein in der Wirtschaft zinsfrei fließendes Geld. Der Wanderzins an die Gemeinschaft ändert die Richtung, in die das Geld fließt: Zinsgeld (also Geld ohne Wanderzins an die Gemeinschaft) fließt grundsätzlich von den Arbeitenden zu den Vermögenden. Zinsfrei fließendes Geld fließt grundsätzlich von den Vermögenden zu den Arbeitenden.

Der Zins macht aus Geld Kapital, das mit dem Zins wächst. Der an die Gemeinschaft zahlbare Wanderzins macht aus Geld zinsfrei fließendes Geld, das eine Reserve und Rücklage ist, die schmilzt, wenn wir selber keine Arbeit leisten. Vermögen ermöglicht nur vorübergehend, bis es aufgebraucht ist, uns vor Arbeit zu drücken. Es ermöglicht uns nicht, anderen über einen Zins den Lohn für ihre Arbeit wegzunehmen. Offensichtlich ist Zinsgeld ungerecht und zinsfrei fließendes Geld gerecht.

Es dürfte dabei klar sein, dass ein solches gerechtes Geld erst eingeführt werden kann, wenn das kollektive Verlangen, Schuld zuweisen und Zinsen fordern zu können, ausreichend transformiert und abgemildert ist. Ansonsten wird das kollektive Ego alle Einführungen eines zinsfrei fließenden Geldes durchkreuzen und scheitern lassen. Dann können die, die gerne Schuld zuweisen möchten, behaupten, das zinsfrei fließende Geld würde ja in der Praxis nicht funktionieren. Erst ein ausreichend transformiertes kollektives Bewusstsein wird die erfolgreiche Einführung eines zinsfrei fließendes Geldes möglich machen.

Man darf also nicht den Fehler machen zu glauben, Silvio Gesells Theorien seinen illusorisch, weil ihre Umsetzung bisher nicht funktioniert hat. Vielmehr ist das Scheitern bei der Umsetzung ein untrüglicher Indikator für zu viel Egoismus im kollektiven Bewusstsein. Außerdem stimmt es nicht, dass sie bisher nicht funktioniert haben. Sie haben bereits in der Antike, im Mittelalter (v.a. in Form der Brakteaten), und auch einmal in unserer Zeit, von 1932-33 in Wörgl, Tirol, sehr gut funktioniert. Es waren am Ende jeweils nur Egointeressen, die diese sehr gut funktionierenden Systeme kollabieren ließen.

Zusammenfassend:

Die Gesetzmäßigkeiten in unserem Bewusstsein:

– Für das uns geschenkte Leben haben wir eine Schuldigkeit gegenüber Gott.

– Diese Schuldigkeit tragen wir ab, indem wir unsere Pflichten erfüllen und uns auch um die Armen und Unterprivilegierten kümmern.

– Wenn wir eine echte Schuld auf uns laden, müssen wir diese wenn möglich wiedergutmachen, um uns versöhnen zu können.

– Wenn wir an unbegründeten Schuldgefühlen leiden, sind diese nur durch Selbstvergebung zu lösen.
– Durch Schuldprojektion setzen wir uns selbst an die Stelle Gottes, bürden anderen unsere Schuldgefühle auf und zwingen sie, diese an uns abzutragen.
– Wenn diese Schuldprojektion nicht endet, setzen wir uns damit an die Stelle Gottes, so dass andere dauerhaft eine grundsätzliche Schuld an uns abtragen müssen. Wenn andere die Schuldzuweisung annehmen und die Schuld an uns abtragen, hat unser Ego kein Interesse, unsere Schuldprojektion zurückzunehmen.
Genau analog die Gesetzmäßigkeiten im Geld:
– Für das von der Gemeinschaft zur Verfügung gestellte Geld schulden wir der Gemeinschaft einen Schuldzins.
– Diesen Schuldzins bezahlen wir für das Geld, das wir in unserem Besitz haben, nicht für irgendwelche Kredite.
– Wenn wir einen Kredit von anderen Menschen oder privaten Organisationen nehmen, müssen wir diesen sowie die real für den Kreditgeber angefallenen Kosten zurückzahlen. Mit der Rückzahlung endet diese Schuld. Die Schuld gegenüber der Gemeinschaft endet nicht, da sie immer mit dem Geld mitwandert und aktiv wird, sobald wir Geld in Händen halten oder auf dem Girokonto haben.
– Ein privater Kreditgeber (z.B. eine Bank) steht selbst für das Geld in seinen Händen in einer Schuld gegenüber der Gemeinschaft und muss den Schuldzins dafür zahlen, wenn er den Kredit nicht vergibt. Dadurch steht er unter Kostendruck, sein Geld auch zu verleihen und es entsteht ein echter Wettbewerb zwischen den Kreditgebern. Kein Kreditgeber kann für die Kreditvergabe mehr Geld einfordern als ihm tatsächlich an Kosten anfallen. Wie alle anderen auch, bekommt er nur seine Arbeit bezahlt.
– Durch Abschaffung des Schuldzinses gegenüber der Gemeinschaft setzen Kreditgeber sich selbst an die Stelle der Gemeinschaft, bürden ihre eigene Pflicht zur Zahlung des Schuldzinses an die Gemeinschaft dem Kreditnehmer auf und kassieren diesen Schuldzins für sich. Dadurch zwingen die Kreditgeber die Kreditnehmer, ihre eigentlich der Gemeinschaft geltende Schuldigkeit an die Kreditgeber abzutragen, und sorgen so dafür, dass außer ihnen selbst auch niemand sonst seiner Schuldigkeit gegenüber der Gemeinschaft nachkommt, da sie diese in ihre Tasche umlenken.
– Wenn diese Art der Geldzirkulation nicht endet, setzen sich die Kreditgeber damit dauerhaft an die Stelle der Gemeinschaft, so dass die große

Gemeinschaft der Kreditnehmer dauerhaft eine grundsätzliche Schuld an die Kreditgeber abtragen muss. Damit usurpieren die größten Kreditgeber den Platz der Gemeinschaft, die das Geld herausgibt, nehmen den Platz ein, der nur der Gemeinschaft gebührt, stellen sich damit über die Gemeinschaft und damit über alle Menschen, so dass sie am Ende die öffentlichen Kassen, die Wirtschaft und die Gesellschaft beherrschen können.

Wenn also der mit dem Geld mitwandernde Schuldzins an die Gemeinschaft, die das Geld herausgibt, abgeschafft wird, usurpieren private Kreditgeber den Platz der Gemeinschaft. Dann gilt für solche Kreditgeber: „Gebt mir die Kontrolle über das Geldsystem und es ist egal, wer die Gesetze macht." Sie haben dann eine Macht wie ein Gott. Eine Macht, die eine Gesellschaft, die frei sein möchte, ihnen niemals geben dürfte. Eine Macht, die sie sich wieder zurückholen muss, um frei sein zu können.

Zur Präzision: Es geht nicht nur darum, dass eine öffentliche Zentralbank das Geld herausgibt. Das ist zu wenig. Es geht darum, dass alles öffentlich herausgegebene Geld direkt selbst mit einem Schuldzins belastet ist, damit die Zinsen an die Gemeinschaft fließen, nicht an die privaten Kreditgeber.

Innen und außen zusammengenommen:
Es geht um die Rücknahme der Schuldprojektion. Es geht darum, die Schuldigkeit, die jeder Mensch gegenüber Gott und der Gemeinschaft hat, selbst zu begleichen und nicht anderen aufzubürden. Damit geht es natürlich auch darum, dass wir uns keine Schuld mehr von anderen aufbürden lassen.

Dies bezieht sich auch auf das Geld. Die Schuld für die Nutzung des Geldes muss an die Gemeinschaft fließen, die das Geld herausgibt, nicht an private Kreditgeber. Diese haben natürlich kein Interesse, den der Gemeinschaft zustehenden Schuldzins, den sie für sich kassieren, wieder rechtmäßig der Gemeinschaft zu überlassen. Auf dieses Ego dürfen wir aber keine Rücksicht nehmen. Wenn wir uns als Gesellschaft befreien und frei bleiben wollen, müssen wir uns um der Gerechtigkeit, des Friedens und der Freiheit willen am Ende als Gemeinschaft durchsetzen, und dafür sorgen, dass der Schuldzins auch an die Gemeinschaft gezahlt wird.

Aufgrund unserer kollektiven Schuld projizierenden Konzepte und des Zinsgeldsystems haben wir Hierarchien gebildet und uns daran gewöhnt, dass das gesellschaftliche Leben nur über Hierarchien erfolgreich ablaufen kann. Regierung muss immer von oben nach unten sein.

Unten überlässt oben die Macht und kann sich gegen eine ungerechte Machtausübung kaum wehren. Dieses generelle Denken von oben nach unten muss einem Denken von unten nach oben weichen.

Um zu einer echten Demokratie zu kommen, brauchen wir eine Rückbesinnung auf die natürliche, gerechte Ordnung. Wir brauchen Gemeinden, die den Status des Souveräns (des Volkes) innehaben. Das heißt, die Gemeinde hat immer das letzte Wort in Bezug auf ALLE Gesetze, die in dieser Gemeinde gelten.

Das heißt, alle zentraleren Volksvertretungen haben lediglich eine koordinierende und Gesetze vorschlagende Funktion. Es gibt keine Mehrheiten außerhalb einer Gemeinde, die die Macht hätten, der Gemeinde ein Gesetz aufzuzwingen, das sie nicht will. Das ist die natürliche demokratische Ordnung.

Das erforderliche Umschalten des Denkens von oben nach unten zu einem Denken von unten nach oben ist weder einfach noch ohne Gefahren. Wenn wir zentrale Machtinstitutionen, wie z.B. nationale Regierungen zu schnell entmachten, um die Gemeinden stärker und souverän zu machen, kann die Hochfinanz eine solche Schwäche nationaler Regierungen nutzen, um Chaos zu stiften und die vom Volk gewünschte Ordnung z.B. durch Kriegsrecht mit Gewalt von oben aufzuzwingen. Dann hätten wir statt echter Demokratie dann eine Diktatur.

Der Prozess, die Macht an das Volk, an die Basis, also auf die Gemeinden zu verlagern, ist also abhängig von einem kollektiven Bewusstseinswandel. Dieser Wandel gibt auf natürlichem Wege vor, wann das Umschalten auf ein Denken von unten nach oben so weit stattgefunden hat, dass die Basis die Macht ohne die Gefahr der Bildung einer Diktatur übernehmen kann. Es ist wie bei der Umwandlung einer Raupe in einen Schmetterling. Sie muss auf natürlichem Wege zu ihrer eigenen Zeit in ihrem eigenen Rhythmus stattfinden.

Wenn sich das kollektive Bewusstsein ausreichend gewandelt hat, wird das alte System einem Kollaps entgegensteuern. Und dieser anlaufende Kollaps wird dann das Zeichen sein, dass ein natürlicher Wandel ohne eine zu große Gefahr der Entstehung einer Diktatur stattfinden kann. Das heißt, es wird eine Krise kommen. Und um diese Krise zu bewältigen, brauchen wir dann die Einführung zinsfrei fließender Geldsysteme. Dies wird der natürliche Übergang sein, den wir uns im 5. Kapitel noch mal anschauen werden.

Namen & Titel für die drei Umlaufsicherungen

Aufgrund der komplexen, positiven Auswirkungen, die die Umlaufsicherungen auf die Welt und für den Menschen haben, stehen ihnen eine Reihe von Namen zu, die sie wie Titel und Auszeichnungen schmücken.
Sie haben sich zum Beispiel folgenden Namen verdient:

- Geldfülleschaffungsgebühr
- Wohlstandsschaffungsgebühr
- Gerechtverteilungssicherungsgebühr
- Arbeitsplatzschaffungsgebühr
- Wirtschaftsentspannungs- und -entschleunigungsgebühr
- Monopol- und Kartellauflösungsgebühr
- Machtusurpations-Verhinderungsgebühr
- Gebühr zur maximalen Förderung des Mittelstands
- Gebühr zur Auflösung gesellschaftlicher Hierarchien
- Gebühr zur Verhinderung der Projektion von Schuld
- Gebühr zur Sicherung der Übernahme von Verantwortung durch jeden
- Gebühr zur Resozialisierung der Reichsten
- Rentensicherungsgebühr
- Gebühr zum maximalen Schutz der Familie
- Gebühr zur maximalen Ausbildungsförderung
- Gebühr zur Förderung der Integration von Außenseitern und Randgruppen
- Gebühr zur Förderung der Entfaltung des Potentials jedes Einzelnen
- Gebühr zur Auflösung der Sucht nach Geld und Vermögen
- Gebühr zur Entschleunigung und Beseitigung von Stress und Hektik
- Gebühr zur Sicherung des Geistesfriedens jedes Einzelnen
- Gebühr zur Sicherung des sozialen Friedens
- Mitmenschlichkeits-Erweckungsgebühr
- Gebühr zur Beendigung aller Wirtschaftskriege und Kriege
- Gebühr zur Förderung des Wiederaufbaus von Kriegszerstörungen
- Menschenrechtsschutzgebühr
- Weltfriedenssicherungsgebühr
- Regionalwirtschaftsförderungsgebühr
- Heimatverbundenheitsförderungsgebühr
- Globale Migrationsverhinderungsgebühr
- Gebühr zur Förderung der Rückkehr von Flüchtlingen in ihre Heimat
- Gebühr zur Schaffung von Achtsamkeit gegenüber Mensch und Natur
- Naturschutzgebühr

– Gebühr zur Förderung der Wiederaufforstung von Brachland und Wüsten
– Gebühr zur Förderung der Reinigung der Weltmeere
– Gebühr zum Abbau der Müllberge
– Gebühr zur Förderung wiederverwertbarer Materialien in der Wirtschaft
– Gebühr für den nachhaltigen & endgültigen Ersatz von Erdöl, Kohle, Gas und Kernkraft durch umweltfreundliche Energien
– Gebühr zur Förderung der Selbstversorgung jedes Haushalts mit Energie
– Demokratieschaffungsgebühr
– Gebühr zur Schaffung tatsächlicher Presse- und Meinungsfreiheit (frei von bezahlter Meinungsmache)
– Gebühr zur Sicherung der Transparenz aller wichtigen öffentlichen Angelegenheiten
– Gebühr zur Beendigung aller Verschwörungen auf Kosten der Allgemeinheit
– Gebühr zur maximalen Befähigung jedes Einzelnen
– Gerechtigkeitsschaffungsgebühr
– Redlichkeitsförderungsgebühr
– Integritätsschutzgebühr
– Gebühr zum höchstmöglichen Schutz der Menschenwürde
– Gebühr zur Förderung aller humanitären Projekte
– Gebühr zur Förderung der Entfaltung menschlicher Werte
– Gebühr zur Rettung und Bewahrung der Erde für kommende Generationen

Und es ließen sich aufgrund der komplexen positiven Auswirkung dieser drei Gebühren weitere passende und verdiente Titel und Auszeichnungen für diese Gebühren finden. Es handelt sich nur um drei Gebühren, nicht um Dutzende.

Diese drei Gebühren beschützen, sichern und fördern alles, was wert ist, beschützt, gesichert und gefördert zu werden. Und gleichzeitig kann sich jeder diese Gebühren leisten. Sie sind so bemessen, dass sie niemanden überfordern.

Leider sichern diese Gebühren eines nicht: Zunehmende Profite und ein automatisches Anwachsen von immer mehr Vermögen. Das ist der eine Verzicht, den wir als Menschheit leisten müssen, um all die unlösbar scheinenden brennenden Probleme zu lösen und mit tausendfachen

Segnungen belohnt zu werden. Warum es so schwer ist, diesen einen Verzicht zu leisten, und wie wir es am Ende dennoch auf einem machbaren Weg schaffen können, ist Gegenstand der nächsten Kapitel.

In vielen Lesern werden zudem diverse Zweifel aufkommen, ob die geldtechnische Lösung der gravierenden Menschheitsprobleme wirklich so einfach sein kann. Auch das wird Gegenstand des nächsten Kapitels.

Kapitel 3 – Zusammenhang zwischen Geld und Bewusstsein

Von den neun Automatismen des Geldes haben wir uns in den Kapiteln 1 und 2 jeweils die ersten sechs und ihre Wirkung auf die Welt angeschaut. Die ersten sechs Automatismen haben natürlich auch eine Rückwirkung auf unser Bewusstsein, die wir uns im Folgenden näher ansehen.

Rückwirkung der ersten sechs Automatismen auf unser Bewusstsein

Im 1. Band dieser Reihe werden die neun Ego-Teufelskreise im menschlichen Bewusstsein untersucht. In Kapitel 5 wurde dort erwähnt, dass die Teufelskreise vom Zinsgeld weiter angestachelt werden. Schauen wir uns diese Anstachelung im Folgenden näher an, und zwar zunächst in Bezug auf die ersten sechs Automatismen, bevor wir uns danach die Automatismen 7, 8 und 9 ansehen.

1. Geldverknappung und Mangelgefühle: Zinsgeld erzeugt in der Realwirtschaft durch Gewinnabschöpfung und die ausbleibende Reinvestierung der Zinsgewinne Geldmangel. Der zunehmende Geldmangel überträgt sich als Mangelgefühle und daraus resultierenden Geiz und Materialismus auf unser Bewusstsein. Unser Geiz und Materialismus verstärken den Mangel kollektiv weiter, weil eine Atmosphäre entsteht, in der niemand freimütig und selbstlos geben will. Der Automatismus der Geldverknappung verstärkt also den Teufelskreis des Mangels in unserem Bewusstsein und lädt die Gesellschaft mit Geiz und Materialismus auf.

2. Vermögensumverteilung und Unzufriedenheit: Zinsgeld darf den Markt nicht sättigen. Sättigung ist eine Katastrophe. Das Zinsgeld braucht die Unzufriedenheit, um weiteres Wachstum produzieren zu können, um sich selbst zu erhalten. Egal, welches Wirtschaftswachstum erzielt wird, wir dürfen damit nicht zufrieden sein. Immer wird von der Hochfinanz über die Politik Unzufriedenheit artikuliert, dass die Wirtschaft noch mehr wachsen muss, ad infinitum. Mit dieser Unzufriedenheit wird die Gesellschaft aufgeladen: Was wir erreichen, ist nie genug. Investoren demonstrieren Unzufriedenheit, um Kreditnehmer so unter Druck zu setzen, dass sie Höchstleistung bringen. Wer für die Höchstleistungen, die er erbringt, nie echte Wertschätzung erfährt und immer nur weiteren Forderungen nach Wachstum gegenübersteht, kann kaum Zufriedenheit und Genügsamkeit entwickeln. Das prägt unser Bewusstsein auf Unzufriedenheit. Unser Ego verarbeitet unsere Unzufriedenheit zu Wünschen, Erwartungen, Forderungen und Gier. Der Automatismus der Vermögensumverteilung verstärkt also den Teufelskreis der Unzufriedenheit in unserem Bewusstsein.

3. Vernichtungswettbewerb und Benachteiligungsgefühle: Zinsgeld braucht den Vernichtungswettbewerb, bei dem immer wieder jemand auf der Strecke bleibt, um die nötige Knappheit zu erzeugen. Die mathematische Unmöglichkeit, dass alle Unternehmen dauerhaft einen Zinsgewinn erwirtschaften, führt dazu, dass sich Wettbewerber gegenseitig eliminieren müssen, um überhaupt überleben zu können. Dieser Umstand führt leicht dazu, dass sich die Wettbewerber benachteiligt fühlen und in der logischen Folge aggressiv gegeneinander vorgehen, ohne dass die Hochfinanz als Profiteur wahrgenommen wird. So kann die unsichtbare Hochfinanz Wettbewerber gegeneinander ausspielen, am Ende übernehmen und anschließend einen Pseudowettbewerb zwischen ihren eigenen Unternehmen vortäuschen. Die Benachteiligung aller, die nicht zur Hochfinanz gehören, wird kollektiv zu Konkurrenzdenken, Streit und Feindseligkeit gegenüber anderen verarbeitet. Der Automatismus des Vernichtungswettbewerbs verstärkt also den Teufelskreis der Benachteiligung in unserem Bewusstsein, lehrt Menschen, aggressiv gegen ihre Benachteiligung anzukämpfen und lädt das kollektive Bewusstsein so mit Feindseligkeit auf.

4. Verschwendung und Minderwertigkeitsgefühle: Das Zinsgeld braucht die Verschwendung, um sowohl Wachstum als auch Warenknappheit produzieren zu können. Der Wachstumszwang bewirkt eine zunehmende Unzufriedenheit und wird von ihr angetrieben und die Kurzlebigkeit von Produkten nährt unsere Mangelgefühle. Wir sind auf diesen Teufelskreis aus Unzufriedenheit und Mangel und die resultierende Vermüllung und Umweltzerstörung konditioniert. Durch die Vermüllung werden nicht nur die Ressourcen der Erde, sondern auch unsere Arbeit und Mühen verschwendet. Unsere Arbeit und unser Einsatz werden trotz allem Einsatz und Stress nicht geschätzt. Die unter so viel Stress hergestellten Dinge haben keinen bleibenden Wert für uns, so dass wir die Natur und ihre Ressourcen gering schätzen. - Der Umstand, dass immer weniger Geld für die Arbeitenden übrigbleibt, während immer mehr Geld zur Hochfinanz fließt, macht global zwei antihumane Lösungen für die Hochfinanz attraktiv: Bevölkerungsreduktionsmaßnahmen und eine den Menschen beherrschende Computerisierung und Roboterisierung unserer Welt, so dass wir folgende Hierarchie haben: 1. Das Zinsgeld, 2. Die Technik, 3. Den Menschen, also verdreht und umgekehrt der natürlichen Ordnung. Die Technik dient in erster Linie dem Zinsgeld anstatt dem Menschen. Der Mensch muss dem Geld und der Technik dienen, die weniger Geld kostet als die menschliche Arbeit. Der einzelne Mensch macht die Erfahrung, dass das System ihn lieber wegrationalisiert, um Profite zu steigern, als ihn zu würdigen und zu bezahlen. Die Investoren wollen Gewinne maximieren und nicht mit den Arbeitenden teilen. Damit verschwendet das System auch immer mehr von den Talenten, die Menschen beizutragen hätten – was unsere Minderwertigkeitsgefühle weiter anstachelt. Da immer weniger Geld für die Arbeitenden übrig bleibt und immer mehr Arbeiten von Maschinen und Robotern verrichtet werden können, wird ein immer größerer Teil der Menschheit aus Sicht der Hochfinanz zu „unnützen Essern". Heute sind über 50% unserer Ausgaben direkte oder indirekte Zinslasten, die abfließen, ohne dass wir etwas davon haben. Dadurch ist die Konsumkraft der Arbeitenden schwach. Die meisten Menschen müssen einfach nur schauen, wie sie über die Runden kommen. Da die Hochfinanz selbst kaum Steuern zahlt, muss das wachsende Heer der Arbeitslosen von den Arbeitenden finanziert werden, deren Konsumkraft steigen würde, wenn sie die Arbeitslosen nicht finanzieren müssten. Da die Hochfinanz die Arbeitslosen und Armen dieser Welt auch nicht finanzieren möchte, kommen ihr diverse Erscheinungen der Bevölkerungsreduktion durchaus gelegen: Naturkatastrophen, die sich häufen, Hungersnöte, die sich häufen, tödliche Krankheiten, die sich häufen, Epidemien, die sich häufen, Kriege, die sich häufen usw. Die Umverteilung von unten nach oben kennt keine natürliche Grenze außer dem Kollaps der Arbeitenden oder dem Kollaps der Natur. Durch Bevölkerungsreduktion einerseits und zunehmende Roboterisierung andererseits kann die Hochfinanz die Umverteilung allerdings immer noch weiter vorantreiben. Letztlich steuert die Umverteilung auf eine entmenschlichte, entvölkerte und roboterisierte Welt zu. Die ganze Entwicklung sendet das Signal aus, dass wir als Menschen (immer mehr Menschen) nicht nur wertlos und überflüssig, sondern regelrecht hinderlich für das Funktionieren des Geldsystems sind. Natürlich konditioniert das System uns somit auf Minderwertigkeitsgefühle und sein Automatismus der Verschwendung konditioniert und auf die Wertlosigkeit der Dinge, die Wertlosigkeit unseres Beitrags und auf Leistungsdenken, Geltungsdrang und Geringschätzung anderer, damit wir noch mithalten können und nicht zu den Überflüssigen und Hinderlichen gehören.

5. Machtkonzentration und Machtlosigkeitsgefühle: Die Hochfinanz nutzt die vom Zinsgeld erzeugte zunehmende Konzern- und Kartellbildung und damit verbundene Machtkonzentration, um die Umverteilung gegen jedes Maß der Menschlichkeit weiterzutreiben und die Wirtschaft trotz Verarmung der Arbeitenden in Gang zu halten. Die immer zentraler werdenden Entscheidungsstellen in Wirtschaft, Gesellschaft und Politik, auf die wir – wenn wir ehrlich sind – keinerlei Einfluss haben, stacheln unser Machtlosigkeitsgefühl offensichtlich noch weiter an. Das konditioniert uns auf Machtlosigkeit und deren Verarbeitung zu genereller resignierter Nachgiebigkeit oder ein Streben nach Macht und Einfluss im System, die wir aber nur erlangen können, wenn wir dem Umverteilungssystem dienen und die allgemeine Machtlosigkeit mit bewahren.
6. Verdrehung und Zwangsgefühle: Mit der vom Zinsgeld erzeugten Verdrehung schließlich zerrüttet die Hochfinanz jegliche Integrität, die wir bräuchten, um ein alternatives, funktionierendes, gerechtes System einzuführen. Der Automatismus der Verdrehung, der keine Gerechtigkeit und kaum eine vernünftige Lösung zum Zug kommen lässt, überträgt sich als Zwangsgefühle auf unser Bewusstsein. Viele Menschen verarbeiten das Gefühl, zu einer ungerechten Ordnung gezwungen zu werden, zu Unverbindlichkeit, Lügen, Betrügen und einem rücksichtslosen Verhalten, mit dem Menschen versuchen, das ihnen weggenommene Recht zu erzwingen. So zerstört das Zinsgeld die Integrität, die Menschlichkeit und die Menschheit.

Somit gehen wir über zur innersten Ebene unseres Menschseins.

Innere, menschliche Ebene

Während es auf der materiellen Ebene um die Gewinnung unserer Ressourcen fürs Leben und auf der organisatorischen Ebene um die Verwaltung und Verarbeitung unserer Ressourcen geht, ist es die Aufgabe der inneren, menschlichen Ebene, unsere Energie in Bewusstsein und Menschlichkeit umzuwandeln.

Es geht um die Bereiche innerstes Sinngefühl, innerstes Seinsgefühl und innerstes Bewusstsein.

Innerstes Sinngefühl

Wie wirkt sich Zinsgeld auf unser innerstes Sinngefühl, auf unser Erleben von Freude und Glück im Leben aus?

Traumatisierung – Siebter Automatismus des Zinsgeldes

Die ersten sechs Ebenen unseres Strebens werden - wie gerade gezeigt - zunehmend frustriert. Wir streben nach einer guten Versorgung und erleben Geldverknappung. Wir streben nach einer guten Bezahlung für unsere Arbeit und erleben insgesamt eine schlechtere Bezahlung von Arbeit und eine zunehmende Gefahr, arbeitslos zu werden. Wir rüsten uns, um mithalten zu können und erleben eine Entwicklung, die die Gefahr, überflüssig zu werden, immer größer werden lässt. Wir streben nach materiellen Werten und erleben eine zunehmende Verschwendung, Wegrationalisierung und Umweltzerstörung. Wir bemühen uns um Einfluss auf die Geschehnisse in der Welt und erleben immer mehr Machtlosigkeit gegenüber dem System und der Hochfinanz an seinen Schalthebeln. Wir streben nach Gerechtigkeit und uns schwirrt der Kopf über die massiven Ungerechtigkeiten, Ungereimtheiten und Lügen, mit denen uns ein System überschwemmt, das uns angeblich Demokratie und Gerechtigkeit bieten soll.

Auf allen bisher dargestellten Ebenen wird unser Streben frustriert und die Bedürfnisse (von immer mehr Menschen) nach einer gerechten, intakten und gesunden Gesellschaft, nach Mitsprache und Wertschätzung, Erfolg, guter Bezahlung und Versorgung werden missachtet und verletzt.

Dabei wird unser innerstes Sinngefühl, unser Bedürfnis, im Leben Sinn zu erfahren und Glück und Freude zu erleben, ganz offensichtlich immer und immer wieder verletzt und schließlich regelrecht traumatisiert. Es ist wirklich kein Wunder, dass immer mehr Menschen unter Depressionen leiden. Auch der Umstand, dass immer mehr Geld über die Zinsflüsse zu den Vermögendsten fließt und immer weniger Geld für die Bezahlung der Arbeitenden übrig bleibt, bedeutet zwei unterschiedliche Formen von Traumatisierung für jene Menschen, die auf die Bezahlung ihrer Arbeit angewiesen sind: Die Arbeitenden leben mit ihrer Arbeit im Dauerstress und die Arbeitslosen fühlen sich unnütz und wertlos, beides Extreme mit Traumatisierungspotenzial – während eine ausgewogene Mitte, die allen Menschen Arbeit verschafft, beide Formen der Traumatisierung beheben würde, was das Zinsgeldsystem nicht zulässt, weil zu wenig Geld für die Bezahlung von Arbeit da ist.

Die „Wohltaten“ des Zinsgeldes sind heute global mit erschreckender Deutlichkeit zu sehen:

Statistiken zum Beispiel der Vereinten Nationen und der Weltbank sind allgemein zugänglich und drücken das immense Elend, das auf unserem Planeten herrscht, in Zahlen aus. 2012 musste eine Milliarde Menschen von weniger als $1 am Tag und 3 Milliarden Menschen von weniger als $2,50 am Tag leben. Die Umweltzerstörung hat ein Ausmaß erreicht, das inzwischen offensichtlich das Überleben der Menschheit bedroht.

Die Automatismen des Zinsgeldes werden diese Situation noch weiter verschlimmern, wenn wir nicht aufwachen und dem zu Millionen bewusste kollektive Anstrengungen entgegensetzen. Wir von der Basis müssen das tun, weil die Politik im Würgegriff derer ist, die ihre Gewinne weiter optimieren wollen und zur Lösung der Probleme Wirtschaftswachstum fordern. Die Forderung nach mehr Wirtschaftswachstum stellt eines der drei Kriterien dar, an denen wir Politiker und Parteien erkennen können, die offensichtlich den Interessen der Hochfinanz nach dem Mund reden. Die Hochfinanz braucht Wirtschaftswachstum, damit die Umverteilung von unten nach oben nicht zu schnell zur Verarmung der arbeitenden Bevölkerung führt. Je länger diese Verarmung hinausgezögert werden kann, desto reicher werden sie derweil.

Das zweite Kriterium, an dem wir Politiker und Parteien erkennen können, die den Interessen der Hochfinanz dienen, ist die Forderung nach stärker zentralisierten Lösungen. Wenn Politiker sagen: „Das Problem können wir national nicht lösen, das muss von der EU bestimmt und durchgesetzt werden“ ist dies ein deutliches Zeichen, dass die Hochfinanz dahintersteckt. Das dritte Kriterium besteht in der Radikalität der politischen Gesinnung. Alle radikalen politischen Strömungen spalten die Gesellschaft, bringen Gruppierungen von Menschen gegeneinander auf, so dass die Hochfinanz alle Seiten eines Konflikts finanzieren und diese radikalen Strömungen leicht in ihrem Sinne steuern kann. Darum sind z.B. gerade linksradikale Strömungen auch ein so effizientes Werkzeug für die Hochfinanz. Gerade mit den linken Parteien lässt sich zudem Aktionismus betreiben, mit dem sich so tun lässt, als würde etwas gegen die Verarmung der Arbeitenden getan.

Kennen Sie eine Partei, auf die keines dieser drei Kriterien zutrifft?

Auch abgesehen von diesen drei Kriterien sind Parteien ungeeignet, einen Wandel herbeizuführen. Zum einen sind Parteien aus zwei Gründen generell leicht von der Hochfinanz zu unterwandern:

1) Jede Partei braucht Geld für ihre Finanzierung. So kann die Hochfinanz über geeignete und als solche unerkannte Mittelsmänner als Helfer und Sympathisant auftreten und solange Mitsprache gegen Spendengelder erwirken, bis sie von allen unerkannt das Ruder in die gewünschte Richtung herumreißen kann.

2) Jede Parteiführung braucht Unterstützung von der Basis, um sich intern als Parteiführung durchzusetzen. Je nach Selbstdefinition der Partei brauchen die Figuren an der Spitze die passende Befürwortung oder richtig in das Selbstverständnis der Partei passende Ablehnung durch die Massenmedien, um die Unterstützung der Basis zu bekommen. Letztlich behandeln die Massenmedien nur Personen so passend, die der Hochfinanz genehm sind.

Zum anderen besteht die Nichteignung von politischen Parteien für einen positiven Wandel in dem einfachen Umstand, dass Parteien von ihrer Natur aus Meinungsfronten mit anderen bilden. Ein letztlich erfolgreicher Wandel darf die Gesellschaft aber nicht spalten und muss sie einen. Das können Parteien nicht.

Parteien leben davon, dass sie mit ihren Ansichten „Recht haben" und entsprechende Schuldzuweisungen artikulieren. Ein erfolgreicher Wandel lebt von der Schönheit, der Strahl- und Überzeugungskraft echter Lösungen, die alle – die ganze Gesellschaft – zu Gewinnern machen (und die Hochfinanz resozialisieren, so dass auch sie wie jeder andere Mensch auch, einen Arbeitsbeitrag für die Gesellschaft leistet). Das ist der einzige gangbare Weg für einen nachhaltig positiven Wandel.

Gehen wir also weg vom Parteiendenken. Parteien sind keine Werkzeuge der Demokratie, sondern leider eher Werkzeuge zu deren Verhinderung. Wenigstens sollten wir andere Menschen nicht nach deren Parteienzugehörigkeit bewerten. Auch Anhänger radikaler Parteien sind von Verletzungen angetrieben, die Mitgefühl brauchen, um geheilt werden zu können.

Aufgrund der hohen Verschuldung der öffentlichen Kassen auch reicher Länder sind diese mit der Forderung, die Zustände in der Welt zu bessern, überfordert. Die Steuerzahler werden sowieso schon immer schwerer durch die steigenden Zinslasten für die ansteigenden Staatsschulden belastet. Solange wir unser Geldsystem nicht ändern können, sind es allein die selbstlosen Bemühungen hilfsbereiter Menschen und Organisationen, die den Automatismen des Zinsgeldes in der Welt gegensteuern.

Solange die Hochfinanz das Zinsgeldsystem aufrechterhalten und die Gesellschaft mit Hilfe seiner Automatismen kontrollieren kann, ist die zunehmende Traumatisierung des Menschen nur mit bewussten Anstrengungen für eine menschlichere Welt und einem bewussten spirituellen Erwachen aufzuhalten. Nur eine erwachte, menschliche Gesellschaft kann ein gerechtes System einführen, das Probleme löst und Wunden heilt.

Solange wir ein gerechtes System nicht einführen können, sollte unser Fokus darauf liegen, Menschlichkeit zu verbreiten, Heilung zu bewirken und an hilfreichen Projekten für die Versorgung Notleidender, Schutz und Wiederherstellung der Umwelt, die Schaffung umweltfreundlicher Energiequellen und anderen Projekten zum Wohl der Menschheit mitzuarbeiten.

Das Zinsgeld treibt eine Traumatisierung voran, den siebten Automatismus des Zinsgeldes. Diese Traumatisierung von Mensch, Tier und Umwelt treibt offensichtlich unsere Sinnlosigkeitsgefühle weiter an, die wir zu Resignation und Zynismus verarbeiten.

Innerstes Seinsgefühl

Im achten Schritt betrachten wir die Auswirkung des Zinsgeldes auf unser innerstes Seinsgefühl, unser Gefühl der Sicherheit und Geborgenheit in der Welt. Wie wirkt es sich darauf aus?

Angststeuerung – Achter Automatismus des Zinsgeldes

Das Zinsgeldsystem ist offensichtlich dysfunktional und erzeugt eine für den Einzelnen bedrohliche Welt, in der wir leicht verarmen, arbeitslos werden, rücksichtslos aussortiert und ungerecht behandelt werden können. Der größte Teil der Menschheit ist arm und auch in reichen Ländern verarmen die Menschen aufgrund der auch hier stattfindenden automatischen Umverteilung.

90% der Bevölkerung werden automatisch zu Systemverlierern. Das ist mathematisch so vorprogrammiert. Entsprechend ist das grundlegende Lebensgefühl im Zinsgeldsystem das der Bedrohung. Das Zinsgeld erzeugt bedrohliche Automatismen.

Diese Bedrohlichkeit der Welt ist unterschwellig immer und für jeden präsent und wirkt wie eine Angststeuerung, nichts Falsches zu machen, was die Situation noch verschlechtern könnte.

Die Schlange hypnotisiert das Kaninchen, dass es nichts Falsches machen soll, was es in Gefahr bringen könnte. Sie suggeriert ihm, dass es sicher ist, wenn es nichts tut. Und genau das ist dann der Tod des Kaninchens.

Die Angststeuerung, die vom Zinsgeldsystem ausgeht, wirkt genauso. Wir spüren nur ungefähr, dass etwas nicht stimmt. Wir spüren nur ungefähr, dass wir uns (als Menschheit) in großer Gefahr befinden. Aber wir erkennen nicht, worin diese Gefahr (ursächlich) besteht und wie wir der Gefahr entkommen können. In unserer Angststarre im Angesicht der Instabilität des Zinsgeldsystems, lassen wir das System - und seine Marionetten in der Politik - in seinen Bemühungen „um Stabilität und um Lösungen“ gewähren.

Nur: Das Zinsgeld kann keine echte Lösung herbeiführen. Es kann uns nur alles wegnehmen, unser Vermögen, unser Geld, unsere Arbeit, unsere Freiheit und unsere Rechte. Das ist die Richtung, in der es automatisch steuert. Etwas Anderes kann es nicht.

Das Zinsgeldsystem ist eine Maschine – bestehend aus neun ineinandergreifenden mathematischen Automatismen – die nur tun kann, wozu sie gebaut ist, solange die Maschine in Gang gehalten wird. Etwas Anderes kann sie natürlich nicht. Jeder Mensch, der erwartet / wünscht / hofft / betet etc., dass diese Maschine etwas Anderes macht, als was in ihr programmiert ist, ist wahnsinnig.

Wenn wir kollektiv aufwachen, können wir erkennen, was das System macht und es durch ein funktionierendes System ergänzen, das es dann von allein harmonisch ablösen kann, so wie der Schmetterling die Raupe einfach ablöst. Die Instabilität des Zinsgeldsystems geht nicht auf Fehler von Politikern oder anderen Verantwortlichen zurück. Es ist nicht durch mangelnde Leistungsfähigkeit oder Qualifizierungen bedingt. Es ist nicht durch Geldverschwendung und falsches Wirtschaften bestimmt. Solche Aspekte beschleunigen die Systemkrisen nur, sie verursachen sie nicht. Das Zinsgeldsystem kann nur Systemkrisen hervorbringen, weil es dazu programmiert ist.

Entsprechend sieht die Statistik der Systemkrisen zwischen 1970 und 2010 aus. Der Bericht des Club of Rome „Money and Sustainability: The Missing Link“ zitiert vom IWF veröffentlichte Zahlen: „Nach Auskunft des IWF gab es zwischen 1970 und 2010 145 Bankkrisen, 208 Geld-Crashs und 72 Staatsschuldenkrisen. Dies summiert sich auf 425 Systemkrisen. Durchschnittlich durchlebten mehr als 10 Länder pro Jahr eine schwere Krise. Diese Krisen haben mehr als Dreiviertel der 180 IWF-Mitgliedsstaaten getroffen, von denen viele mehrere Krisen durchlitten haben.“

Etwas weiter unten stellt der Bericht die Frage, warum nichts unternommen wird, um durch Beheben der Ursachen solchen Systemkrisen vorzubeugen:

„Wenn ein Wagen, ein Flugzeug oder eine Organisation eine derartige Leistungsbilanz aufwiesen, gäbe es nicht einen weltweiten Aufschrei, um die Konstrukteure zurück ans Zeichenbrett zu schicken? Darüber hinaus ist die Zahl der Opfer eines defekten Autos, Flugzeugs oder Unternehmens gering im Vergleich zur Anzahl der Opfer einer systemischen Finanz- oder Geldkrise, die sich in die Millionen rechnet, manchmal in die hunderte Millionen. Dennoch haben die verantwortlichen Organisationen im Falle des Geldsystems (wie die Banken, Zentralbanken oder der IWF) die Zusammenbrüche nicht nur nicht vorausgesehen oder effektiv bewältigt, sie haben auch niemals eine Alternative zum systemischen Status Quo in Erwägung gezogen. Ihre Lösung besteht ausnahmslos darin, so schnell wie möglich zum ‚Normalsystem' zurückzukehren, ohne signifikante Änderungen an der Systemstruktur vorzunehmen. Während offiziell erklärt wurde, dass Änderungen an der „internationalen Finanzarchitektur erforderlich sein könnten, um diese Risiken zu verringern", wurde keine dieser „architektonischen" Änderungen je in der realen Welt vorgenommen. Dies gewährleistet, dass weitere Krisen in Zukunft auftreten werden."

Es ist kein Wunder, dass nichts gegen die Systemkrisen unternommen wird, um sie in Zukunft zu vermeiden. Sie sind ein natürlicher Bestandteil der Umverteilung des globalen Vermögens von unten nach oben. Würde niemand in die Krise gehen und alle ihr Vermögen und ihre Arbeitsplätze behalten können, gäbe es keine oder nur eine stark verlangsamte Umverteilung von unten nach oben. Und würden wir kollektiv aus der Angststeuerung erwachen, die die automatisch produzierten und in der Zukunft stets auf uns wartenden Krisen in uns bewirkt, könnten wir kollektiv ein funktionierendes System einführen und es gäbe gar keine Umverteilung zu den Vermögendsten mehr.

Durch Wirtschaftskrisen und Währungszusammenbrüche wird viel Leid geschaffen und die Gesellschaft traumatisiert. Unsere unterschwellige Angst vor drohenden Krisen hypnotisiert uns, so dass wir in unserer Beziehung zur destruktiven Dysfunktionalität unseres Geldsystems kollektiv erstarren und stillhalten, anstatt sie zu erkennen und ein funktionierendes System einzuführen. Ein Einzelner kann natürlich nur wenig machen. Aber wenn wir als Gesellschaft aufwachen, wer sollte uns stoppen, wenn uns die Lösung klar wird? Ein großes Hindernis für das Erwachen hin zu einem Verhalten, das Verantwortung für einen positiven Wandel übernimmt, besteht natürlich in den Massenmedien. Die Massenmedien sind schon seit über hundert Jahren Eigentum der Hochfinanz. Sie sind Spezialisten darin, eine riesige Vielfalt von Meinungen wiederzugeben, die im Kern alle das System bewahren. Letztlich müssen die Massenmedien gar nicht so viel mehr tun als den Fokus auf die Missstände zu richten, die das Zinsgeldsystem sowieso automatisch erzeugt: Auf das Wachstum der Arbeitslosigkeit, die sinkenden Löhne, die schmelzenden Altersrücklagen, Deflation, Inflation, die Zerstörung der Umwelt, die Kriminalität und Gewalt in der Welt und anderes mehr. Dabei ist die Berichterstattung natürlich so, dass die eine Ursache all dieser Probleme verschleiert und ein Tabu bleibt. Vielmehr dient die Berichterstattung dazu, den Automatismus der Angststeuerung durch das Zinsgeld noch weiter zu verstärken, so dass wir wie gelähmt, starr, gleichgültig, durch Überforderung ausgeklinkt, vom Wesentlichen abgelenkt oder hypnotisiert sind.

Das Zinsgeld erzeugt die Angststeuerung, den achten Automatismus des Zinsgeldes, die unsere Ängste offensichtlich weiter anstachelt, während sich das System dieser Ängste bedient.

Innerstes Bewusstsein

Schließlich betrachten wir die Auswirkung auf unser innerstes Bewusstsein.

Deutungshoheit – Neunter und letzter Automatismus des Zinsgeldes

Die summierten Weltschulden liegen bei über 300 Billionen US-Dollar. Dem stehen Forderungen, also Guthaben in derselben Höhe in den Händen jener Menschen gegenüber, die diese Kredite vergeben haben. Der größte Teil dieser Forderungen liegt in Händen der Hochfinanz. Die Hochfinanz hat der ganzen Menschheit Schulden aufgebürdet. Diese plagt sich ab, die damit verbunden Zinslasten zu erarbeiten und an die Hochfinanz abzutreten. Auf der materiellen Ebene schenkt dies der Hochfinanz einen laufenden, rasend schnellen Vermögenszuwachs für ihren bereits bestehenden unermesslich Reichtum. Aber dies ist gar nicht der größte Nutzen, den die Hochfinanz aus der Überschuldung der Menschheit zieht. Den größten Nutzen zieht sie aus den mit der Überschuldung der Menschheit einhergehenden Schuldgefühlen. Die Menschheit fühlt sich schuldig für ihre Verschuldung. Zudem fühlt sie sich schuldig für die Armut in der Welt und schuldig für die Umweltzerstörung, die Kriege und anderen gravierenden Missstände.

Wer je zwischenmenschliche Beziehungen beobachtet hat, bei denen sich eine Seite äußerst schuldig fühlt, hat sicher auch beobachtet, wie sehr das Ego und die Macht derer aufgebaut werden, denen gegenüber diese Schuld empfunden wird. Dasselbe gilt für die Beziehung zwischen

Hochfinanz und Menschheit. Die Hochfinanz ernährt sich regelrecht von den Schuldgefühlen der Menschheit, weil diese unterbewusst dazu führen, dass die Menschheit sich ihr fast willenlos überlässt, um ihre Schuld abzutragen. Diese unterbewusste Bereitschaft, alles zu tun, um die Schuld abzutragen, führt auch dazu, dass sie extreme Bedingungen erfüllt, um ein Entgegenkommen bei der Schuldenhandhabung zu erwirken. Das kollektive Bewusstsein ist aufgrund der ständig ansteigenden Verschuldung so mit Schuldgefühlen aufgeladen, dass die Menschen im Angesicht der von den Massenmedien gezeichneten Realität nicht mehr auf die eigene Wahrnehmung und eigenen Schlussfolgerungen vertrauen, wenn diese zu sehr von den medialen Vorgaben abweichen und sie isolieren würden. Letztlich stimmt sie allen Deutungen der Wirklichkeit durch die Massenmedien der Hochfinanz unbewusst zu, um noch dazuzugehören. Die im Zinsgeld enthaltene Schuldzuweisung vom Kreditgeber gegenüber dem Kreditnehmer bewirkt also eine Deutungshoheit der Massenmedien der Hochfinanz über unsere Wirklichkeit.

Die Deutungshoheit gibt der Hochfinanz ein Werkzeug an die Hand, mit der sie ihre Macht über die Menschheit absolut machen kann, wenn sie die Deutungshoheit so manövrieren kann, dass die Menschheit der völligen Beraubung ihrer Freiheit freiwillig zustimmt.

Der Hochfinanz ist es also gelungen, die Menschheit in eine Falle aus Schulden und Schuld zu locken. Der Speck in der Schuld-Falle besteht in der Möglichkeit, selbst so viel Vermögen zu haben, dass wir die Schuld anderen zuweisen und selbst daran verdienen können. Wenn wir viel Geld in unsere Hände bekommen, löst dies bei den meisten Menschen mindestens ein gutes Gefühl, wenn nicht sogar einen regelrechten Thrill und Begeisterung aus. Viele Menschen im Westen kennen das Gefühl, wenn sie beim Monopoly-Spielen gewinnen. Dies gilt vor allem für leistungslose Einnahmen, für Geld, für das wir nicht arbeiten müssen, also für Zinsen, Profite, Renditen, Mieten und andere Formen von Kapitalerträgen. Durch diesen immer wieder gesetzten Reiz, dass Geld und vor allem leistungsloses Geld (für das wir nicht arbeiten mussten) etwas Positives ist, sind wir grundlegend konditioniert zu denken, dass Zinsgeld = Leben und Glück ist. Wie könnte etwas, das uns so positiv stimmt und uns so viele Möglichkeiten an die Hand gibt, negativ sein?

Diese positive Sensation geht so tief, dass die meisten Menschen - auch die meisten Systemverlierer - unser Geldsystem vehement verteidigen, ohne sich jemals tiefer gehende Gedanken darüber zu machen, oder jemals bereit zu sein, tieferen und kritischeren Gedanken anderer zu folgen – vor allem keine Gedanken darüber, ob es vielleicht einen direkten, ursächlichen Zusammenhang zwischen leistungslosen Einnahmen, also Zinseinnahmen, auf der einen Seite und der immer schlechteren Bezahlung von Arbeit und den grenzenlosen Notständen und Problemen in unserer Welt auf der anderen Seite gibt.

In dieser Fokussierung auf das positive Erleben von Zinseinnahmen und auf das Ausblenden der von den Zinslasten erzeugten Not sind wir emotional/charakterlich nicht gewillt, unser Geldsystem grundlegend in Frage zu stellen.

Diese Identifizierung mit der positiven Seite des Zinsgeldes kommt aus der vom Konzept der Schuld erzeugten Spaltung: Wenn wir uns von den grundlegenden Schuldgefühlen in unserem Leben nicht befreien, fokussiert sich unser Bewusstsein darauf, die unterbewusst empfundene Schuld entweder abzutragen oder wenn möglich anderen zuweisen zu können. Dies spaltet die Menschheit in der materiellen Welt in Menschen, die Schuld zuweisen können, und in Menschen, die ihrer Schuld nicht entgehen können, also in Zinsverdiener und Zinszahler. Solange wir aufgrund unterbewusster Schuldgefühle mit dem Schuld-Konzept identifiziert sind, bleibt die Möglichkeit der Schuldzuweisung an andere von höchstem Wert, den anzustreben sich lohnt.

Dieser (eigentlich ja völlig illusionäre) Wert bewirkt, dass wir eine Lösung, die den Rahmen des Systems verlässt, spontan ablehnen. Die Identifizierung mit dem Schuld-Konzept bewirkt, dass ein grundlegender Systemwandel, in dem es keine Schuld mehr gibt, tabu für uns ist.

Wie praktisch für die Hochfinanz, wenn das Heer der Systemverlierer Maßnahmen zur Verbesserung ihrer Situation will, aber nicht zu einer grundlegenden, echten Lösung bereit ist, die wirklich helfen würde. Und, da sie eine solche Lösung nicht will, schon gar keine Verantwortung dafür übernehmen würde.

Wenn wir als Gesellschaft so schuldverhaftet und schuldgläubig sind, uns um unsere Schuld projizierenden Ansichten zu streiten, seien diese ideologischer, politischer, religiöser oder sonstiger Natur, fällt es nicht weiter auf, dass die profitierende Hochfinanz keine Lösung der aus Schuldgefühlen erwachsenden Probleme will. Schuld-Probleme bedeuten, dass die Gesellschaften dieser Erde über ihr Bedürfnis der Schuldzuweisung steuerbar sind. Schuld-Probleme bedeuten, dass „Lösungen" nur stattfinden, wie die Hochfinanz sie will. Schuld-Probleme bedeuten Macht.

Wirkliche Lösungen würden bedeuten, dass die Menschen und Gesellschaften dieser Erde durch den Verzicht auf Schuldzuweisung und die Übernahme von Verantwortung unabhängig und nicht auf die Gnade der Hochfinanz angewiesen sind. Wirkliche Lösungen würden bedeuten, dass die Hochfinanz sowohl ihr rapides Vermögenswachstum als auch die damit verbunden Macht verliert. Denn wenn wir Lösungen umsetzen, für die wir das Schuld-Geld der Hochfinanz nicht mehr brauchen, enden ihre Zinseinnahmen und damit ihre Macht. Das Vermögen, das sie dann noch hat, übt keine Macht mehr aus. Ohne die Zinsen keine Macht.

Ein Preis, den wir für unsere Schuldgläubigkeit zahlen, besteht darin, dass wir durch unser Festhalten an der Identifizierung mit der verlockenden Seite des Zinsgeldes unsere Selbstheilungs- und Selbstbefreiungsfähigkeiten opfern, auch auf einer mentalen Ebene, denn wir opfern unsere Fähigkeit, Themen logisch zu durchdringen und zu Ende zu denken, wenn wir immer wieder an den Mauern unserer Schuld projizierenden Konzepte anhalten und dort nicht weiterdenken. Schuldprojektion fragmentiert so unser logisches Denken. Wenn ein logischer Gedankengang zu einer Schlussfolgerung führt, die die Schuld projizierende Überzeugung als falsch beleuchtet, wird unser logisches Denken leicht außer Kraft gesetzt. Häufig setzt eine mehr oder weniger heftige emotionale Reaktion ein: Der Betroffene sucht fieberhaft nach Argumenten, um die logische Erkenntnis, die ihm dämmert, wieder außer Kraft zu setzen. Wenn nötig, werden irrationale, den Kontext verlassende Argumente vorgetragen und das Thema so schnell wie möglich beendet. Solches Verhalten ist mir immer wieder begegnet. Es ist dann immer zu beobachten, dass ein „Es kann nicht sein, was nicht sein darf" das Denken übernimmt und jeder Dialog endet.

Um uns aus dem Gefängnis unserer Schuld projizierenden Konzepte zu befreien, brauchen wir die Bereitschaft, unseren Geist zu öffnen, die Demut, uns Fehler und Fehldenken einzugestehen, den Mut zur (Selbst-) Erkenntnis, die Tapferkeit, zu dem zu stehen, was wir als richtig erkannt haben und zur Not mit unserer Meinung allein dazustehen, und die Bereitschaft zur Selbstvergebung, dass wir einer irrigen Überzeugung angehangen haben. Ohne diese Dinge ist es sowieso schwer, uns im Leben zu entwickeln, oder uns von irgendetwas zu befreien, das uns am Wickel hat.

Durch unsere Identifizierung mit dem Zinsgeldsystem übernehmen wir seine Wirklichkeitsdeutung. Das eine und einzige Fundament des Zinsgeldes ist das Konzept der „Schuld", der wir nur durch Vermögen entkommen können.

Somit geben wir dem Konzept der „Schuld“ die Deutungshoheit über unsere Wirklichkeit. Und das gibt den Menschen an der Spitze dieses Schuldsystems, der Hochfinanz, die Deutungshoheit über unsere Wirklichkeit und alle Erscheinungen darin. Alle tanzen um den Götzen, den Teufel namens „Schuld“. Alle glauben an diesen Götzen, beten diesen Teufel an und lauschen den Hohepriestern dieser Schuld-Sekte, der Hochfinanz und ihren Massenmedien.

Die Identifizierung mit der positiven Seite des Zinsgeldes und die Abspaltung der in viel größerem Maße negativen Seite des Zinsgeldes wird dadurch verursacht, dass unser Geldsystem letztlich nur ein unbewusster Spiegel unseres kollektiven Bewusstseins ist. Ein Schuld projizierendes Bewusstsein verschafft sich „Recht“ dadurch, dass es sich den Forderungen der Schuld projizierenden Konzepte anpasst. Das Schuld projizierende Verhalten erlöst uns von der „Schuld“, den Schuld projizierenden Konzepten nicht zu entsprechen, so dass wir die „Schuld“ all jenen zuweisen können, die den Schuld projizierenden Konzepten nicht entsprechen. Wir sind darauf fokussiert, es auf die Seite der „Schuldlosen“ zu schaffen und dort zu bleiben. Leider verstärkt Schuldzuweisung an andere unsere eigenen unterbewussten Schuldgefühle, so dass Schuldige und Schuldzuweisende gleichermaßen in Schuldgefühlen gefangen sind. Wer es aber auf die Seite der Schuldzuweisenden geschafft hat, möchte nicht glauben, dass es keine Schuld gibt. Er hat ja etwas errungen, was er nun ohne Gegenleistung aufgeben soll. Wer auf der Seite der Schuldigen gefangen ist und nichts sehnlicher wünscht als es auf die Seite der Schuldzuweisenden zu schaffen, ist auch nicht gewillt, seine verlockenden Ambitionen aufzugeben, die dadurch geschaffen werden, dass er die unterbewusst empfundene Schuld für real hält. Dadurch bleibt die einzige Lösung, es irgendwie auf die Seite der Schuldzuweisenden zu schaffen.

Schulden entsprechen der Schuld und Vermögen entspricht der Möglichkeit der Schuldzuweisung. Solange wird mit unseren unterbewussten Schuldgefühlen identifiziert bleiben, sind wir süchtig nach der Möglichkeit der Schuldzuweisung, um uns so von der Schuld zu befreien. Durch Schuldzuweisung können wir recht behalten. So bleiben wir süchtig nach Geld und Vermögen und das System, das uns versklavt, bleibt durch unsere illusorische, materialisierte Sucht nach „Schuldlosigkeit“ durch verzinstes Vermögen bestehen.

Die scheinbaren Möglichkeiten und Verheißungen, die vom Zinsgeld ausgehen, bringen eine Deutungshoheit durch die Schuld-Sekte namens

Zinsgeldsystem und die Hohepriester an ihrer Spitze, die Hochfinanz, mit sich, dass das Zinsgeldsystem gut ist und wie ein Schatz behütet, bewahrt und verteidigt werden muss, den 9. Automatismus des Zinsgeldes. Dies ist global so, weil es dieser Schuld-Sekte gelungen ist, alle anderen Glaubenssysteme zu infiltrieren und zu überlagern, deren Zugehörigkeit über Schuldgefühle funktioniert. So findet sich der Ego-Teufelskreis der Schuld, die wir zu Rechtfertigungen, Vorwürfen und Wut verarbeiten, im Außen im Automatismus der Deutungshoheit wieder. Wir fügen uns kollektiv der Deutung jener, die die meiste Macht haben, anderen Schuld zuzuweisen und selbst Recht zu behalten, um keine Schuld auf uns zu laden. Wir lassen uns also von unseren Schuldgefühlen beherrschen. Diese werden von den vielen Missständen in der Welt weiter angestachelt, so dass wir sie ad infinitum zu Rechtfertigungen, Schuldzuweisungen und Wut verarbeiten und in unserem Bewusstsein in Schuldgefühlen und als Menschheit in einer Schuld-Sekte gefangen bleiben.

Natürlich sind die verschiedenen zinsfreien Wirtschaftssysteme, die mittlerweile entwickelt wurden, wichtig für uns, um dem Albtraum des Zinsgeldsystems am Ende als Menschheit entkommen zu können. Die obigen Ausführungen vermitteln jedoch bereits, dass die Möglichkeit, dem Albtraum des Zinsgeldsystems zu entkommen, in erster Linie unser spirituelles Wachstum erfordert. Wir sind an das Zinsgeld verhaftet, weil wir unterbewusst mit unseren Schuldgefühlen identifiziert sind und sie für real halten. Dadurch sind wir in Bezug auf das Geld in den Konzepten der Schuld gefangen. Die Konzepte der Schuld müssen primär spirituell, durch Selbstvergebung und Vergebung gegenüber anderen, gelöst werden, damit wir unseren Schuldgefühlen entkommen können. Es sind also unser spirituelles Wachstum, unsere Selbsterkenntnis und das schon von Jesus betonte Entwickeln kindlicher Unschuld, die eine Tür öffnen werden, uns schließlich aus dem Albtraum des Zinsgeldsystems zu befreien.

Wirkung der Neun auf unseren Geist

Insgesamt konditioniert Zinsgeld unser Bewusstsein und stimuliert unser Ego. Das kollektive Ego – das Vorherrschen des Wunsches, primär dem eigenen Wohl zu dienen – macht Menschen gegeneinander ausspielbar und verhindert die Einführung gerechter, dem Allgemeinwohl dienender Lösungen.

Wenn wir uns die Automatismen des Zinsgeldes anschauen, können wir nur feststellen, dass Zinsgeld wie ein schleichendes, lebensgefährliches, tödliches Gift auf die Menschheit wirkt. Durch unsere Fokussierung auf die verlockende Seite des Zinsgeldes schmeckt dieses Gift aber wie eine Delikatesse, nach der wir süchtig sind. Und durch unser süchtiges Verlangen nach dieser Delikatesse übertragen sich die oben besprochenen, in das Zinsgeld einprogrammierten Automatismen in Form von Mangelgefühlen, Unzufriedenheit, Benachteiligungsgefühlen, Minderwertigkeitsgefühlen, Machtlosigkeitsgefühlen, Zwangsgefühlen, Sinnlosigkeitsgefühlen, Ängsten und Schuldgefühlen und deren Projektion (in Form von Wut) auf unser Bewusstsein. Diese Gefühle sind auf der Ebene unseres Bewusstseins der Preis, den wir dafür zahlen, dass wir an unserer Identifikation mit der positiven Seite des Zinsgeldes und unseren selbstgewählten Abhängigkeiten und Anhaftungen festhalten.

Der Versuch, die zahllosen Probleme dieser Welt zu lösen, ohne den Zins zu neutralisieren, ist wie der Versuch, trocken zu werden, ohne mit dem Alkohol aufzuhören. Wie soll das gehen? Viele Menschen nehmen den Umstand, dass die Versuche, zinsfrei fließendes Geld einzuführen, in der neueren Geschichte alle gescheitert sind, gerne als Beweis, dass zinsfrei fließendes Geld in der Praxis nicht funktioniert. – Hier wird deutlich gezeigt, dass es das menschliche Ego ist, das das zinsfrei fließende Geld bisher scheitern ließ. Und unser Bewusstsein kann sich wandeln. Gescheiterte Versuche als Beweis für das Nichtfunktionieren dieses Geldes zu nehmen, ist so, als nähmen wir drei gescheiterte Versuche, trocken zu werden, als Beweis, dass ein Leben ohne Alkoholsucht nicht möglich ist. Ist das ein Beweis?

Rein geldtechnisch gesehen dürfte jedenfalls klar sein, dass zinsfrei fließendes Geld auch Automatismen 7 - 9 auflöst, die unser innerstes Menschsein vergiften. Schauen wir uns das kurz an.

Auswirkung des ZFG auf unser innerstes Menschsein

Wir brauchen ein Geld, das uns als gesamte Gesellschaft ein Leben in Glück, Vertrauen, Sicherheit, Frieden und Harmonie ermöglicht.

Zinsfrei fließendes Geld schafft eine Geldfülle und Gerechtverteilung des Geldes. Es macht die ganze Gesellschaft so wohlhabend, dass sich niemand gegen die Gefahr einer Verarmung absichern muss. Es fördert eine wohlwollende Kooperation unter den Menschen. Es regt zur Bewahrung der Umwelt und Schonung der Ressourcen an. Es beseitigt auf Dauer nahezu alle Arbeitslosigkeit und wird langfristig zu durchschnittlichen Arbeitszeiten von 3 oder 4 Stunden am Tag führen, bei einem Wohlstand, der mit dem technischen Fortschritt ansteigt. Es entschleunigt und entspannt unsere überstresste Gesellschaft. Es ermöglicht dem Einzelnen ein selbstbestimmtes und authentisches Leben und fördert die Redlichkeit in der Gesellschaft. Somit wirkt es – allein durch die Bedingungen der Kreditvergabe und Geldzirkulation – heilend auf die alten Traumatisierungen ein und stellt dem Einzelnen alle Zutaten für ein glückliches und erfülltes Leben zur Verfügung und schafft in der Gesellschaft Vertrauen und Harmonie.

Mathematisch-technische Unterschiede der Geldsysteme

Sowohl in Kapitel 1 als auch in Kapitel 2 als auch in den bisherigen Ausführungen dieses Kapitels haben wir gesehen, dass sich allein die Bedingungen der Geldzirkulation dominant sowohl auf die materielle (Schaffung und Verteilung von Wohlstand) als auch auf die organisatorische (wer die Werte bestimmt, die Macht hat und die Gesetze lenkt) als auch auf die innerstmenschliche Ebene (Glück, Vertrauen, Liebe, Vergebung, Selbsterkenntnis und Selbstentfaltung im Leben) unserer Realität auswirkt.

Im Grunde genommen ist es nicht erstaunlich, dass die Auswirkungen der beiden Systeme so diametral konträr sind.

Der wirtschaftliche Ansatz des Zinsgeldes ist: Ich setze mein Geld ein, um dadurch leistungslos möglichst immer mehr Geld zu generieren. Es geht um den maximalen Profit für das eingesetzte Geld. Dieser Ansatz ist von vorneherein egozentrisch. Der Gewinn des Investors steht im Vordergrund und alles andere ist sekundär, wird diesem Gewinn untergeordnet. Kein Wunder, dass dieser egoistische Ansatz auch eine Welt schafft, die von der Hässlichkeit und Destruktivität des Egos geprägt ist.

Der wirtschaftliche Ansatz des zinsfrei fließenden Geldes ist: Wie kann ich leistungsgerecht und neutral die gesamte Wirtschaft, die gesamte Gesellschaft mit Geld durchtränken und dafür sorgen, dass sich niemand durch Kumulation oder Hortung dieses Geldes Vorteile verschaffen kann? Was beim Zinsgeld im Vordergrund steht, nämlich der Profit des Investors, wird hier durch die Umlaufsicherungen gezielt verhindert: Kein Profit auf Geld oder Land auf Kosten der Kreditnehmer oder Mieter/Pächter und kein Profit auf Kosten der Natur. Kein Wunder, dass ein Ansatz, der die gesamte Wirtschaft leistungsgerecht und neutral mit Geld durchtränken will, auch eine Welt zum Wohle aller schafft.

Kein Wunder also, dass sich die beiden Ansätze so konträr zueinander auswirken. Und kein Wunder, dass sie nicht gleichzeitig in der Welt bestehen können, wenn unser kollektives Bewusstsein wie von alleine das eine oder andere System hervorbringt, je nachdem, ob wir als Gesellschaft primär egoistisch oder primär gemeinschaftsorientiert fühlen und denken.

Wenn sie nicht gleichzeitig bestehen können: Welches System ist nun das dominantere von beiden? Was passiert, wenn wir beide Formen des Geldes gleichberechtigt nebeneinander zirkulieren? Welches System wird seinen innewohnenden Bauplan durchsetzen, oder entsteht eine Art Mischbauplan, bei dem sich beide Systeme teilweise durchsetzen?

Werden sich die destruktiven Automatismen des Zinsgeldes durchsetzen? Oder werden sich die konstruktiven Auswirkungen des zinsfrei fließenden Geldes durchsetzen?

Bevor wir uns dieses Szenarium anschauen ein kurzer Kommentar zu einem Einwand, den ich häufiger gegen das zinsfrei fließende Geld vernommen habe: Es wäre doch bedenklich (fanatisch, unreif usw.), die beiden Geldsysteme so schwarzweiß zu malen, als wäre das eine nur schlecht und das andere nur gut. In unserer relativen Welt sei doch alles eher grau in grau und nicht schwarz und weiß. Wie kann es in einer relativen Welt sein, dass ein System nur schlecht und ein anderes System nur gut funktionieren soll?

Dazu führe ich gerne das Bild eines Motors an, der richtig gebaut wurde und rund läuft. Ein solcher Motor dreht sich schneller, wenn mehr Gas gegeben wird, und langsamer, wenn Gas weggenommen wird. Ein solcher Motor erbringt die Leistung, die von ihm gebraucht wird. Das zinsfrei fließende Geld ist so strukturiert wie ein Motor, der richtig gebaut wurde. Es kann die Wirtschaft wachsen lassen, wenn Wachstum wirklich gebraucht wird, und es kann die Wirtschaft schrumpfen lassen, ohne dass Menschen Wohlstandseinbußen erleiden. Das ist eine rein mathematisch-technische Frage, keine ideologische Frage von Schwarzweiß, Gut und Böse. Das zinsfrei fließende Geld kann der Menschheit gut dienen, weil es im mathematisch-technischen Sinne richtig gebaut wurde.

Wenn man hingegen einen Motor nimmt, dessen Drehzahl sich kontinuierlich erhöhen muss, damit er überhaupt in Gang bleibt, und der absäuft, wenn die Drehzahl zurückgefahren wird oder zu lange auf derselben Stufe bleibt, so ist ein solcher Motor schlichtweg falsch gebaut. Und unser Zinsgeldsystem ist gebaut wie ein sehr schlechter Motor. Ein Motor, dessen Drehzahl immer weiter hochgefahren werden muss, damit er nicht absäuft, wird über kurz oder lang zwangsläufig entweder absaufen oder explodieren. Bei einer Zinsgeldwährung, deren Geldvolumen immer weiter ausgedehnt werden muss und deren Wirtschaft immer weiterwachsen muss, damit sie nicht kollabiert, kann es im Vergleich zum Motor jedoch 80 Jahre dauern, bis sie absäuft (an Deflation kollabiert) oder explodiert (durch Hyperinflation entwertet wird) (oder den Planeten tötet, dessen Bewohner mit solchem Geld wirtschaften, müsste man leider noch ergänzen). Die Allmählichkeit der automatisch auftretenden Verschlimmerung wirkt einschläfernd, lähmend und hypnotisierend auf unseren Geist (8. Automatismus des Zinsgeldes). Es ist auch hier eine technisch-mathematische Frage, wenn man es als schlecht bezeichnen muss, keine ideologische Frage aus einem Schwarzweiß-Denken heraus. Zinsgeld kann der Menschheit nicht dienen, weil es mathematisch-technisch gesehen Automatismen erzeugt, die ein gesunder Menschenverstand jenseits aller Ideologie nur als zerstörerisch und dysfunktional bezeichnen kann.

Auch in unserer relativen Welt von grau in grau ist es also möglich, ein Geldsystem technisch gesehen entweder falsch oder richtig zu bauen.

Schauen wir uns nun an, welches Geldsystem sich als das dominantere herausstellt, wenn wir Zinsgeld und zinsfrei fließendes Geld gleichzeitig und gleichberechtigt zirkulieren. Gehen wir von der Euro-Währung aus: Sagen wir, in einem Euro-Land wird zusätzlich zum Euro eine nationale landesweite Währung mit Umlaufsicherung (also ein zinsfrei fließendes Geld) zirkuliert. Jeder in diesem Land kann alle seine Zahlungen entweder in Euro oder in der lokalen, regionalen oder nationalen zinsfreien Währung tätigen. Wichtig für die folgenden Darstellungen ist, dass es keine Bindung der zinsfreien Währung an den Euro, sondern einen freien Wechselkurs gibt, damit die zinsfreie Währung nicht zusammen mit dem Zinsgeld in die Krise geht.

Schauen wir uns zwei Positionen an: Einmal die Position des Konsumenten und dann die Position eines Kreditnehmers.

Wenn wir als Konsumenten Geld, das einer Steuer unterliegt (zinsfreies Geld), und Geld, das keiner Steuer unterliegt (Zinsgeld/Euro), in der Tasche haben und für alles, was wir zu bezahlen haben, die freie Wahl haben, welches Geld wir dafür verwenden, bezahlen wir vernünftigerweise die Dinge, die wir uns kaufen, mit dem Geld, das einer Steuer unterliegt – denn dadurch entgehen wir der Steuer. Die Euros können wir in der Tasche halten, denn für die sind keine Steuern fällig. Bei den Konsumenten bewirkt die gleichzeitige und gleichberechtigte Zirkulation von Zinsgeld und zinsfreiem Geld also, dass wir das zinsfreie Geld ausgeben und dieses also in stetem Fluss bleibt.

Wenn wir als Kreditnehmer einen Kredit aufnehmen möchten, schauen wir, wo wir unser Geld günstiger bekommen. Das zinsfreie Geld ist zwar mit einer Steuer behaftet, aber wir müssen keine Zinsen (nur einen geringeren Satz an Kreditführungsgebühren für die Arbeitskosten der Bank) dafür bezahlen, können es also viel billiger aufnehmen. Der Geldsteuer können wir anschließend sofort entgehen, indem wir das Geld investieren / ausgeben. Auch in der Position eines Kreditnehmers bewirkt das parallele Zirkulieren also, dass das zinsfreie Geld in Umlauf kommt (als Kredit genommen wird) und das Zinsgeld nicht.

Letztlich wird das zinsfrei fließende Geld also sehr schnell zirkulieren und das Zinsgeld fast gar nicht. Menschen nutzen Zinsgeld gerne als Wertspeicher und horten es, aber zum Ausgeben oder um einen Kredit aufzunehmen, bevorzugen sie vernünftigerweise das zinsfrei fließende Geld.

Das zinsfrei fließende Geld wird in der gesamten Wirtschaft und Gesellschaft zirkulieren und das Zinsgeld nur als Wertspeicher verwendet werden. Es kommt kaum noch in Umlauf, wenn (fast) nur Kredite von zinsfreiem Geld aufgenommen werden.

Schauen wir uns an, was passiert, wenn wir es schaffen, vor der großen Zinsgeldkrise ein zinsfrei fließendes Geld (inklusive Einführung einer Bodenpacht) als gleichberechtigte Währung einzuführen.

Um ausreichend in Umlauf zu kommen, muss das Zinsgeld in den Wettbewerb mit dem zinsfrei fließenden Geld treten und also seinen Zinssatz gegenüber heute noch weiter senken, um wieder als Kredit genommen zu werden. Dies wird die Sparzinsen für das Zinsgeld weiter unter null absenken. Das führt einerseits zu einer noch größeren Hortung des Zinsgeldes, weil die Sparer ihre Sparkonten auflösen. Wer will für sein Geld auf dem Sparkonto auch noch zahlen? Hinzu kommt, dass billige Kredite, sowohl die des Zinsgeldes auch die des zinsfrei fließenden Geldes, dazu führen, dass diese umfangreich aufgenommen werden, um die teureren Kredite aus der Vergangenheit abzulösen. Die durch billigere Kreditzinsen vergebenen Zinsgeldkredite kommen nicht mehr in Umlauf, sondern dienen fast nur noch dem Schuldenabbau. Wirtschaft und Privathaushalte werden ihre Schuldzinslasten dramatisch absenken.

Der Null- oder Negativsparzins verjagt also die Zinsgeldsparer und das zinsfrei fließende Geld löst das Zinsgeld auf den Sparkonten fast ganz ab. Es gibt kaum noch Zinsgeldsparkonten. Die Banken werden ihre Geschäfte schlichtweg auf das zinsfrei fließende Geld umstellen.

Alles in allem ist das Zinsgeld einfach nicht konkurrenzfähig.

Eine Zinsgebühr, die die Banken für die Kredite des zinsfrei fließenden Geldes nehmen, wird aufgrund des Drucks, unter dem die Banken stehen, selbst der Umlaufsicherung zu entgehen, nur die Funktion einer Kreditverwaltungsgebühr haben, die die Kosten der Bank abdeckt, mehr nicht. Einen Kapitalertrag auf Kosten der Bankkunden wird der Wettbewerb zwischen den Banken nicht zulassen.

Was passiert in einer solchen Situation mit den billionenfach gehorteten und den aberbillionenfach auf dem Devisenmarkt vagabundierenden Euros, die kaum noch gebraucht werden?

Es kann für das Zinsgeld nur Deflation oder Inflation geben.

Die erste Auswirkung durch noch mehr Hortung ist normalerweise Deflation. Die Preise in Euro sinken aber nicht, weil die Anbieter nicht auf den Euro angewiesen sind und nicht um jeden Preis an ihn kommen müssen. Im Gegenteil: Die Unternehmen und anderen Kreditnehmer des zinsfrei fließenden Geldes müssen hierfür keinen Zins abführen. Das gesamte erwirtschaftete Geld fließt zu den Arbeitenden, deren Bezahlung maximal sein wird. Sie werden nicht für weniger Geld arbeiten als sie im Markt bekommen können. Die Preise werden trotz verstärkter Eurohortung nicht verfallen. So kommen die Euros auch nicht mehr durch sinkende Preise verstärkt in Umlauf.

Bei einer flächendeckenden Ausbreitung des ZFG kommt die Zirkulationsgeschwindigkeit des Zinsgeldes fast zum Stehen. Wenn es keine Alternative zum Zinsgeld gäbe, wäre das eine katastrophale Entwicklung mit brutalen Auswirkungen. Wenn jedoch zinsfrei fließendes Geld die wirtschaftlichen Vorgänge regelt, gibt es keine negativen Auswirkungen auf die Versorgungslage.

Im Grunde genommen könnte die Wirtschaft jahrzehntelang, sogar jahrhundertelang mit dieser Situation leben und erblühen. Das Zinsgeld darf als Wertspeicher existieren, erzeugt die neun Automatismen des Zinsgeldes nicht mehr und beutet daher vor allem Mensch und Natur nicht mehr aus. Es spricht absolut nichts gegen die Existenz eines Zinsgeldes, wenn es parallel gleichwertiges ZFG gibt.

Wenn die gehorteten Riesenvermögen in dieser Situation in die Realwirtschaft geworfen werden und das Zinsgeld dadurch wertlos wird, hat dies keine negative Auswirkung auf die Wirtschaft.

Das Zinsgeld wird auf natürlichem Weg mitten in einer wie nie zuvor florierenden Wirtschaft durch das zinsfrei fließende Geld ersetzt. Spätestens hier wird dann allen deutlich werden, dass

– das Zinsgeld eine Mogelpackung ist.
– das Zinsgeld auf harmonischem, schmerzlosem Weg ersetzt werden kann, sobald die Menschen so weit sind, diesen Weg beschreiten zu können.
– die Frage der Einführung eines zinsfrei fließenden Geldes allein vom Mut, von der Entschlossenheit, Aufklärung und dem Bewusstsein der Gemeindemitglieder abhängt (wenn höhere Ebenen es nicht einführen wollen). Wenn die Gemeinden vom Verständnis der Zusammenhänge und menschlichen Reife her an den erforderlichen Punkt kommen, wird nichts den Siegeszug der Menschheit mehr aufhalten können. Für die hoch verschuldete Menschheit wirkt die erfolgreiche Einführung eines zinsfrei fließenden Geldes wie eine Art Generalamnestie. Während dieser Amnestie, die wir uns als Menschheit selbst gewähren können, wird die Hochfinanz, die die Menschheit heute so in Angst, Schrecken und Machtlosigkeit versetzt, so klein und mickrig wirken wie der Zauberer von Oz, sobald man diesen von ganz nahe sieht.

Wenn das zinsfrei, fließende Geld nicht vor einer ausgewachsenen Deflation (Wirtschaftskrise) oder Hyperinflation eingeführt wird, kann es zu Notständen und Versorgungslücken kommen.

Es wäre allen Gemeinden zu raten, die Pläne und vielleicht auch schon gedrucktes Geld oder ein zinsfreies Krypto-Gemeindewährungssystem für eine zügige Einführung eines zinsfrei fließenden Geldes bereit zu halten, falls sich eine nicht zu stoppende Deflation oder eine Hyperinflation des Euros (oder anderen Zinsgeldes) anbahnt. Auch eine Einführung während oder unmittelbar nach dem Kollaps, wird die Lage relativ rasch normalisieren, die Versorgung stabilisieren und letztlich einen gerechten Wohlstand herbeiführen.

Bei gleichberechtigter paralleler Zirkulation setzt sich also das zinsfrei fließende Geld durch. Auch wenn es das Zinsgeld noch gibt, erzeugt das ZFG eine Geldfülle, so dass der Mangel und die Knappheit an Zinsgeld in der Realwirtschaft nicht mehr auffällt. Es darf billionenfach als Wertspeicher gehortet werden, ohne dass sich dies negativ auswirkt.

Zusammen mit einer Bodenpacht auf Grund und Boden erzeugt ZFG eine Gerechtverteilung, weil der Sparzins, der die automatische Umverteilung hin zu den größten Sparvermögen bewirkt, verschwindet. Zusammen mit dem Sparzins verschwinden auch die anderen Zinsformen: Kapitalerträge, Profite, Renditen, Mietzinsen etc., so dass die Umverteilung zu den Reichsten nachlässt und in dem Maße endet, indem das zinsfrei fließende Geld die Wirtschaft regelt.

Wenn sich die Gemeinden ihre Steuern mit dem zinsfrei fließenden Gemeindegeld bezahlen lassen, dann wird dieses Geld dadurch mit dem Zinsgeld gleichberechtigt. Und das genügt wie gesehen, um die in Kapitel 2 aufgezeigten, konstruktiven Dynamiken des ZFG entfalten zu können.

Es ist also eindeutig, dass sich das zinsfrei fließende Geld dominant durchsetzt, wenn beide Geldformen gleichberechtigt parallel zirkuliert werden und dass sich die negativen Automatismen des Zinsgeldes in Wohlgefallen auflösen, ohne Zusammenbruch, ohne Revolution, ohne Chaos und ohne Umbrüche voller Leid.

Zinsfrei fließendes Geld und Zinsgeld sind wie Licht und Dunkelheit: Sie können nicht gleichzeitig im selben Raum existieren. Wenn wir in einem dunklen Raum ein Licht einschalten, verschwindet die Dunkelheit. Wenn wir zusätzlich zu unserem aktuellen Zinsgeld ein zinsfrei fließendes Geld zirkulieren, mit dem wir alles bezahlen dürfen, verschwinden Not und Elend allmählich und nachhaltig. - Wenn sich das zinsfrei fließende Geld in der Vergangenheit nicht nachhaltig durchsetzen konnte, dann weil die Stürme der Dunkelheit jedes Lichtlein, das angezündet wurde, rasch wieder ausgeblasen haben. Auch wurde (außer in Wörgl 1932, wo das ZFG am Ende mit Gewalt unterdrückt wurde) in den letzten Jahrhunderten nie zugelassen, dass ZFG wirklich gleichberechtigt zirkuliert wird. Keine der heute existierenden Regionalwährungen wird gleichberechtigt mit dem Zinsgeld und gleichzeitig mit freiem Wechselkurs zirkuliert.

Das zinsfrei fließende Geld braucht nur gleichberechtigt und mit freiem Wechselkurs zirkuliert werden, dann bewirkt es von alleine das Ende der Automatismen des Zinsgeldes – und es gibt einen sanften, harmonischen Übergang ohne Versorgungslücken oder Härten für die Bevölkerung.

In der Praxis wird das wahrscheinliche Übergangsszenarium eine Einführung des zinsfrei fließenden Geldes und der Bodenpacht nicht in einem ganzen Land, sondern eher in einigen Gemeinden während einer großen Wirtschaftskrise sein. Der dann trotz Zinsgeldkrise nach und nach einsetzende wirtschaftliche Erfolg und das Ende der Zinsgeldautomatismen wird eine unwiderstehliche Wirkung auf andere Gemeinden haben, so dass sich das zinsfrei fließende relativ rasch national, international und global ausbreiten wird. Es wird nach erfolgreicher Einführung in einigen Gemeinden eher eine Frage von Monaten oder wenigen Jahren sein als von Jahrzehnten bis das zinsfrei fließende Geld die ganze Weltwirtschaft regelt.

Denn was bedeutet das Ende von Zinsgeldautomatismen wie z.B. dem Wachstumszwang und Vernichtungswettbewerb: Die Gesellschaft wird sich entspannen und entschleunigen. Die Zufriedenheit und Lebensfreude werden überall spürbar, unübersehbar und sehr, sehr ansteckend sein. Eine relativ rasche globale Ausbreitung wird nicht aufzuhalten sein.

Das Problem ist natürlich, dass unsere Politik und Wirtschaft stark im Griff des Zinsgeldes und der Hochfinanz sind. Solange diese eine gleichberechtigte Zirkulation nicht wünschen, wird es nicht leicht sein, ein zinsfrei fließendes Geld als gleichberechtigtes Zahlungsmittel einzuführen.

Aber klar ist, dass es keines Kampfes gegen das bestehende System bedarf, um dessen negative Auswirkungen aufzuheben. Es braucht keinen Antikapitalismus, Antifaschismus oder Anti-irgendwas. Es genügt, zusätzlich zu unserer bestehenden Währung (z.B. Euro) eine zinsfrei fließende Währung einzuführen und zu einem allgemein anerkannten Zahlungsmittel zu machen.

Wenn die Hochfinanz und die anderen, weniger Vermögenden das nicht wollen, ist das verständlich. Das muss uns aber nicht davon abhalten, das Thema Geldwährung in die öffentliche Diskussion zu bringen, auch wenn sich die Massenmedien an dieser Diskussion nicht beteiligen wollen. Was Wahrheit ist, wird Wahrheit bleiben. Eine öffentliche Diskussion wird auf jeden Fall nutzen. Menschen brauchen einen Kontext, in dem sie all die Fragen stellen und besprechen dürfen, die sie haben, bis sie wirklich verstanden haben, worum es geht. Seit 2008 hat sich in dieser Hinsicht auch schon viel getan. Da bereits immer mehr Menschen die Auswirkungen der Geldzirkulation verstehen, wird irgendwann eine kritische Masse erreicht, so dass das Thema durch keinen Trick und keine Maßnahme mehr aus der öffentlichen Diskussion zu entfernen ist.

Wenn die öffentliche Diskussion und das Verstehen der Öffentlichkeit da sind, wird auch der Wille zur Einführung entstehen und es wird sich ein Weg finden.

Die Frage, ob das Thema in die öffentliche Diskussion kommt, hängt dabei natürlich in hohem Maße von der psychischen Bereitschaft ab, die emotionale Bindung an das bestehende System zu lösen und die Deutungshoheit des Zinsgeldsystems aufzulösen.

Tatsächlich ist es wohl die Auswirkung auf unser innerstes Menschsein, die durch das System bewirkte automatische Traumatisierung, Angststeuerung und Deutungshoheit, die das System am meisten in Gang hält. Diese Wirkung ist die Hauptursache, warum wir das zinsfrei fließende Geld in unserer Welt noch nicht sehen, vor allem unsere Verhaftung an die Schuld-Konzepte.

Für die Traumatisierung brauchen wir Heilung, für die Angststeuerung brauchen wir es, zu Mut und Selbstvertrauen zu erwachen und für die Deutungshoheit brauchen wir Vergebung, Selbstvergebung und die Selbsterkenntnis, wer wir sind, und dass wir für unser Glück verantwortlich und für das Erblühen der Gesellschaft, in der wir leben, mitverantwortlich sind.

Solange wir nicht erwachen, bleiben wir eher auf der zynischen Ebene, bemitleiden uns selbst, begeben uns in Gleichgültigkeit gegenüber dem Leid in der Welt, haben mit allem, was wir denken, Recht und wissen bei allen Dingen, wer Schuld an dem ganzen Elend ist.

Viele glauben nicht an Gott, weil sie meinen, dass sie Gott sonst für das ganze Elend auf der Erde verantwortlich machen müssten. Oder sie glauben, dass Gott ein Sadist ist, der sich am Leid der Menschen ergötzt. Nichts könnte der Wahrheit ferner liegen. Gott ist Liebe. Aber warum lässt er uns anscheinend ungerührt in all dem Leid und in unserer negativen Selbstzentriertheit alleine?

Dieser Zustand negativer Selbstzentriertheit auf der innerstmenschlichen Ebene (aus Zynismus, Gleichgültigkeit, Rechthaberei und endlosen Schuldzuweisungen), den das Zinsgeldsystem so stark fördert, ist die eine Hauptursache, warum es immer noch – trotz all seiner gravierendsten Mängel – fortbesteht. Wie sollten wir in einem Zustand solch negativer Selbstzentriertheit Verantwortung übernehmen für die Einführung eines funktionalen, konstruktiven Systems, das unsere Probleme löst, anstatt sie zu verschlimmern? Wie sollten wir in einem solchen Zustand die nötige Kooperation entwickeln, um in der Gemeinschaft an den erforderlichen Lösungen zu arbeiten? Wie könnten wir in einem solchen Zustand das nötige Maß an Solidarität und Einheit in der Gesellschaft entwickeln, um den Machenschaften der Hochfinanz die Stirn zu bieten und die nötigen Lösungen auch gegen deren Willen einfach umzusetzen?

Diese negative Selbstzentriertheit haben wir uns selbst geschaffen. Sie wurde nicht von Gott geschaffen. Jedem Menschen, der ein wenig über Therapie weiß, ist klar, dass man niemanden gegen seinen Willen und ohne seine Kooperation aus einer solchen negativen Selbstzentriertheit herausholen kann. Und diese Haltung nimmt Gott gegenüber unserer negativen Selbstzentriertheit auch ein. Er/sie wartet darauf, dass wir eine Bereitschaft und einen Willen zeigen, diese Negativität von uns aus zu verlassen.

Unser innerstes Bewusstsein ist letztlich alles. Hier müssen wir aufwachen und Verantwortung übernehmen. Und auf dieser Ebene findet sich auch eine konstruktive, Energie freisetzende und inspirierende Antwort auf die Frage, warum Gott all das vom Menschen geschaffene Leid mit ansieht, ohne es durch Intervention zu unterbinden. Welcher tiefere Sinn liegt also dahinter? Können wir selbst einen tieferen Sinn in diesem Leid finden, der uns inspiriert, an der Heilung unserer Selbst und der Welt mitzuarbeiten?

Warum Gott das ganze Elend zulässt

Wie gesehen, stacheln die neun Automatismen des Zinsgeldes die neun Ego-Teufelskreise im menschlichen Bewusstsein weiter an. Wir werden zu dem, woran wir ständig denken. Die Negativität des Zinsgeldes überträgt sich auf unser Bewusstsein, wenn wir ständig daran denken, wie wir zu genug Geld oder zu mehr Geld kommen können. Die Ego-Teufelskreise, die unser Ego und unser Gefühl der Isoliertheit und des Einzelkämpfertums verstärken, schaffen Gräben und Antipathien in der Gesellschaft. Menschen und Gruppierungen lassen sich leicht gegeneinander aufwiegeln und ausspielen. Diese Spaltung in der Gesellschaft ermöglicht der unsichtbaren Hochfinanz, ihr Spiel weiterzutreiben. Als Gesellschaft betreiben wir Grabenkämpfe anstatt uns zum Wohl des Ganzen zusammenzuschließen und durch Kooperation die gesellschaftlichen Probleme zu lösen.

Die Hochfinanz nutzt diese Spaltbarkeit der Gesellschaft zur Bewahrung des Systems. Alles was sie für ihr Spiel braucht, ist die Bewahrung des Zinsgeldsystems und den Zwist in der Gesellschaft.

Die Automatismen des Zinsgeldes sind in ihrer Summe sowie in der Summe ihrer Wirkung auf unser Bewusstsein und unser Menschsein nichts weniger als eine veritable Hölle auf Erden. Wer kann so viel konzentrierte Dunkelheit ertragen? Und als Menschheit ertragen wir das nun schon sehr lange. Da Gott diese Hölle zugelassen hat, die wir uns als Menschheit selbst geschaffen haben, muss es einen positiven, konstruktiven, göttlichen Grund dafür geben, dass er sie zugelassen hat. In Anbetracht unserer Wahlfreiheit, wie wir innerlich mit den Problemen umgehen, die unser Leben auf der Erde vor uns auftürmt, ist dieser göttliche Grund eigentlich auch nicht so schwer erkennbar – wenn wir ehrlich zu uns selbst sind:

Wegen der Massivität der Egoanstachelung durch das Zinsgeld nimmt das Bemühen um das Entwickeln von Selbstheilkräften wie Verzicht, Dankbarkeit, Wertschätzung, Integrität, Begeisterung, Geduld, Liebe, Mitgefühl, Vergebung und so weiter kein Ende. Es nimmt praktisch genauso kein Ende, wie ein Gewicht, dass wir im Fitnessstudio hochheben und anschließend wieder herunterlassen. Das Gewicht ist dann immer noch genauso da. Und trotzdem heben wir es immer wieder hoch. Denn wir wissen, dass wir am Ende stärker dadurch werden. Und diese Kraft ist es, deretwegen wir die ganzen Mühen willig auf uns nehmen. Genauso scheint das Übel in der Welt nicht weniger zu werden, wenn wir uns immer wieder darauf fokussieren, bewusst Verzicht, Dankbarkeit, Integrität, Begeisterung, Geduld, Liebe, Mitgefühl und Vergebung in diese Welt und in unsere Mitmenschen zu investieren. Die Welt mag sich nicht ändern, viele unserer Mitmenschen mögen ungerührt bleiben, aber unsere Fähigkeit, diese Eigenschaften in das Leben einzubringen, wird immer stärker. Das ist das Fitnessstudio und der große Wert, den wir daraus ziehen können, in einer Zeit zu leben, die so schwierig ist wie die unsere.

Das Zinsgeldsystem macht aus unserer Erde ein Fitnessstudio für die menschliche Seele, in dem es für uns letztlich alleine darum geht, in den Eigenschaften unserer Selbstheilkräfte immer stärker zu werden, damit die Menschlichkeit nicht untergeht. Das ist der eigentliche Zwecke, warum Gott all dieses Elend zulässt: Damit wir aufhören, mit dem Finger auf andere zu zeigen und unsere Verantwortung für unser Leben auf der Erde ganz annehmen. Damit wir immer stärker darin werden, liebevolle, vergebende, fürsorgliche und andere gute Eigenschaften zu entwickeln, die die Gesellschaft zum Erblühen bringen können (weil uns die Zustände auf der Erde keine andere Wahl lassen).

Sollte es der Hochfinanz einmal nicht mehr gelingen, Menschen und Gruppierungen gegeneinander aufzuwiegeln und auszuspielen, dann und erst und nur dann, werden in ausreichendem Maße die benötigten positiven Lösungen möglich. Was jeder Einzelne und wir als Gesellschaft in erster Linie dafür brauchen, ist die Bereitschaft zu vergeben, Vergangenes ruhen zu lassen und zu vergessen und uns zur Lösung der Probleme zusammenzuschließen. Aus höherer Sicht besteht die einzige Aufgabe der Hochfinanz darin, als Gradmesser für unsere gesellschaftliche Transformation zu dienen. Wenn unsere Transformation uns so weit gebracht hat, dass uns das Allgemeinwohl in der Summe wichtiger ist als unser persönlicher Vorteil und wir nicht mehr gegeneinander ausgespielt werden können, werden wir alle benötigen Lösungen manifestieren und es kann niemanden geben, der uns daran hindern könnte. Die Hochfinanz wird einfach wegfallen wie die Haut der Raupe, die sich in einen Schmetterling wandelt.

Wichtig ist zu akzeptieren, dass wir nicht darauf warten dürfen, dass genug andere Menschen Verantwortung für das Wohl und Glück der

Menschheit übernehmen. Wenn wir darauf warten, wird die Menschheit vorher untergehen und wir vertun die riesige Chance. Wenn wir erkennen, dass Resignation, Zynismus, Gleichgültigkeit, Hartherzigkeit, Rechthaberei, Schuldzuweisungen, Unredlichkeit etc. zwar verständliche Reaktionen auf die Negativität des Geldsystems sind, aber ein für unser innerstes Menschsein unakzeptables, tödliches Gift darstellen, wissen wir, dass wir alles, was wir sind und haben in die Waagschale müssen, dieses Gift nicht mehr zu uns zu nehmen.

Unsere Zeit ist eine große Prüfung für unser Menschsein. Und das Nichtbestehen dieser Prüfung ist keine Alternative, keine Option. Wann immer wir dies erkennen, können wir (wenn es nicht gerade kurz vor dem Tod ist) die Konsequenz ziehen, einfach den Schalter um 180° umlegen und danach streben, ein Segen für unsere Mitmenschen und die Welt zu sein.

Vermutlich werden wir kollektiv am Zinsgeldsystem festhalten, bis dieses seinen Zweck als Fitnessstudio erfüllt hat. Erst dann werden wir das Fitnessstudio verlassen. Und je besser wir trainieren, je stärker unsere Menschlichkeit wird, desto früher werden wir das Fitnessstudio verlassen dürfen.

Unterschied zwischen Funktionstauglichkeit und -untauglichkeit

Die Wirkung des zinsfrei fließenden Geldes sowohl auf die Außenwelt als auch auf unser Bewusstsein ist also tatsächlich diametral der Wirkung des Zinsgeldes entgegengesetzt.

Zinsgeld isoliert uns, erzeugt einen Kampf von Mensch gegen Mensch und gibt den finanziell viel Stärkeren die Möglichkeit, die finanziell viel Schwächeren auszunutzen und für ihre Zwecke zu konditionieren.

Zinsfrei fließendes Geld versorgt jeden Einzelnen so reichlich, dass der Erwerb leistungsloser Einnahmen auf Kosten anderer nicht nur nicht möglich, sondern auch gar nicht erforderlich ist, es verbindet uns, rückt den Mensch in den Mittelpunkt anstatt das Geld, sorgt dafür, dass die Stärkeren die Schwächeren unterstützen, gestattet uns, unsere wahre Natur zu entfalten und lässt die Gemeinschaft erblühen.

Wenn ich Menschen erkläre, dass es bereits Beispiele in der Menschheitsgeschichtet gibt, dass zinsfrei fließendes Geld hervorragend funktioniert, werde ich immer wieder mit zwei Entgegnungen konfrontiert:

-Weil es damals funktionierte, heißt das noch lange nicht, dass es heute auch funktionieren würde. Unsere Welt heute ist doch viel komplexer.

-Wenn dieses Geld so überragend besser funktioniert als unser Zinsgeld, warum sehen wir es dann heute nirgendwo in der Welt? Warum gibt es dieses Geld heute nicht? Die Geschichte hat doch längst bewiesen, dass es nicht funktioniert.

Zu Punkt eins: Es ist das Zinsgeld, das die Welt so kompliziert macht, nicht die uns zur Verfügung stehende Technik oder andere Dinge. Es sind vor allem die Automatismen der Verdrehung, Angststeuerung und Deutungshoheit, die unsere Welt so kompliziert und verrückt machen. Wir streben Lösungen an, die vom Zinsgeldsystem immer wieder konterkariert werden. Wir akzeptieren, dass das Zinsgeld selbst tabu ist und nicht angerührt werden darf, und suchen die Ursachen für die Probleme überall, nur nicht da, wo sie sind, im Kern des Geldsystems, bei den Konditionen für die Vergabe von Krediten. Der größte Teil der Komplexität unserer Welt besteht daraus, dass wir die Ursachen für unsere Probleme da suchen, wo sie nicht sind, weil die tatsächliche Ursache tabu ist.

Zu Punkt zwei: Und genauso verhindern vor allem diese letzten Automatismen bisher die erfolgreiche und sich erfolgreich immer weiter ausdehnende Zirkulation von zinsfrei fließendem Geld. Wenn die von der Hochfinanz abhängige Politik nicht bereit ist, unser Zinsgeld durch eine Währung zinsfrei fließenden Geldes zu ergänzen, indem sie gestattet, dass auch unsere Steuern mit diesem bezahlt werden dürfen, sind wir an das Zinsgeld gebunden, um unsere Steuern zahlen zu können, und gibt es keine gleichberechtigte zinsfrei fließende Währung. Die Einführung einer zinsfrei fließenden Komplementärwährung muss also von der Basis – von den Gemeinden – kommen. Und hier herrschen schlichtweg noch keine ausreichende Einigkeit und kein ausreichendes Verstehen, um eine solche Währung zu zirkulieren. Einzelne Gemeinden, die dies versuchen, würden in der heutigen Situation und bei der heutigen Rechtslage sofort isoliert und gestoppt werden. Es müssen eine ganze Reihe von Gemeinden werden, die es zusammen versuchen. Das zinsfrei fließende Geld funktioniert natürlich nicht im Sinne des Erwirtschaftens eines Profits. Und solange unser kollektives Bewusstsein daran hängt und danach strebt, uns Profite, Kapitalerträge, Renditen, Mieten usw. zu erwirtschaften, verhindert dies noch das Funktionieren eines zinsfrei fließenden Geldes.

Was wir brauchen ist ein ausreichendes Verstehen der Zusammenhänge UND eine ausreichende, zum Verzicht bereite menschliche Reife. Das Verstehen wird erschwert, weil die Massenmedien sich weigern, eine solche Diskussion aufkommen zu lassen (oder höchstens bereit wären, das zinsfrei fließende Geld schlecht zu machen). Die breite öffentliche Diskussion muss von der Basis kommen, auch wenn sich die Massenmedien nicht daran beteiligen. Und die ausreichende menschliche Reife müssen wir uns als Gesellschaft entgegen der Auswirkungen der Automatismen des Geldsystems immer noch weiter entwickeln. Die Erfahrung, durch den Verzicht auf das Zinsgeld viel, viel mehr zu gewinnen als die Größe des Verzichts, müssen wir erst noch machen.

Da unsere kollektive menschliche Reife im Kern des Problems steht, ist es sicher hilfreich, uns immer wieder daran zu erinnern, dass die schlimmen Zustände in der Welt von einer Maschine angetrieben werden, die nichts anderes kann als genau das zu erzeugen.

Die Welt ist in dem Maße, in dem wir uns an das Zinsgeldsystem binden, wahnsinnig. Wir sind in dem Maße wahnsinnig, in dem wir uns an dieses System binden und daran festhalten.

Wir haben aber die Wahl, unser Bewusstsein von diesem Wahnsinn zu befreien. Im nächsten Schritt können wir uns auf unsere Menschlichkeit konzentrieren, wenn wir verstehen, dass da kein Gott am Werk ist, der uns quälen will oder uns dämonischen Kräften überlassen und vergessen hat, und akzeptieren, dass wir den Schrecken und dem Elend in der Welt unsere bewussten Anstrengungen um Menschlichkeit und Mitmenschlichkeit entgegensetzen können und dass dies genau das ist, was das Leben von uns will und von uns braucht, damit wir an den Punkt kommen, an dem sich das Schicksal der Menschheit wandelt – hin letztlich zu einem goldenen Zeitalter.

Die Antwort auf die Frage, was wir denn konkret tun können, lautet also: Das zinsfrei fließende Geld in die öffentliche Diskussion bringen und die schlimmen Zustände in der Welt nutzen, um uns an der Entwicklung von Lösungen zu beteiligen und mehr Menschlichkeit, mehr Mitgefühl mit den Leiden anderer zu entwickeln und Notleidenden zu dienen.

Der besonders kostbare Wert eines Lebens in dunkler Zeit

Sagen wir einfach, die Menschheit hat vor langen Zeitaltern in einer Weise miteinander und mit der Natur gelebt, die wir heute als harmonisches Paradies bezeichnen würden. Dann sind aus irgendeinem Grunde die egoistischen Impulse und Tendenzen im Bewusstsein der einzelnen Menschen stärker geworden. Irgendwann kommt der Punkt an dem einzelne Menschen den Wunsch entwickeln, sich auf Kosten ihrer Mitmenschen zu bereichern.

Im ersten Buch dieser Reihe (Neunfache Selbstheilung) wurde dargestellt, wie zunehmendes Ego in den neun Funktionsbereichen des menschlichen Bewusstseins, neun Probleme erzeugt, die unser Ego selbst dann benutzt, um sie teufelskreisartig zu verstärken und zu bewahren.

Wenn diese Teufelskreise in unserem Bewusstsein stärker werden und damit das verursachende Ego selbst stärker wird, tritt bei den stärksten Egos schließlich der Wunsch auf, sich auf Kosten anderer zu bereichern, Macht über sie auszuüben und ihnen die eigenen Gesetze und Regeln aufzuzwingen. Das ist in der Art des menschlichen Egos so angelegt. Wenn wir als Menschen diese Ego-Teufelskreise erschaffen, sie nähren und verstärken, dann bestimmen diese Teufelskreise die Realität, in der wir leben. Sie „sind“ dann die Realität, in der wir leben.

In dieser von uns Menschen selbst so geschaffenen Realität ist es dann ein normaler Vorgang, dass etwas in die materielle Realität hineingezogen wird, das seinerseits genau diese Teufelskreise erzeugt. Dieses Etwas spiegelt dann im Außen das Ego in unserem Bewusstsein mit seinen verschiedenen Facetten wider.

Wir wollen unser eigenes Ego nicht sehen und nicht wahrhaben. Daher tritt wie ein Naturgesetz etwas in die Welt, das unser Ego so spiegelt, dass wir es nicht „Nicht sehen“ können.

Die Höchste Intelligenz und Höchste Weisheit, deren Kinder wird sind und die in unserem Leben wirkt, weiß, dass unser Ego eine Krankheit ist. Sie weiß, dass wir von dieser Krankheit nur geheilt werden können, wenn wir sie als eine solche sehen und erkennen können. Wir können unser Ego aber nicht als eine Krankheit sehen, wenn wir es gar nicht sehen wollen. Und also können wir dann auch nicht davon geheilt werden.

Was soll die Höchste Intelligenz und Höchste Weisheit nun machen? Soll sie uns in unserer Krankheit lassen und unserem Leid ewig tatenlos zuschauen? Sicher nicht. Sie wird unaufhörlich daraufhin wirken, dass wir unsere Krankheit sehen und den Wunsch entwickeln können, uns davon zu heilen.

Wenn wir unsere Krankheit nicht sehen können, muss sie stärker werden, bis wir irgendwann so sehr darunter leiden, dass wir sie sehen können. Und wenn unsere Krankheit – kollektiv als Menschheit – stark genug geworden ist, um sie als solche erkennen zu können, haben wir dann auch kollektiv die Chance, uns davon zu heilen – während der Zustand der Welt aufgrund unserer Egos dramatisch ist, so dramatisch wie der Zustand unserer Welt heute.

Die Hochfinanz und das Geldsystem, aus dem sie hervorgegangen ist, spiegeln unser aller Erkrankung wider. Sie sind aufgetreten, damit sie wie ein Vergrößerungsglas mehrfach vergrößert spiegeln, was wir in uns nicht sehen wollen. Je mehr wir es nicht sehen wollen, desto größer wird die Vergrößerung. Es geht nicht darum, dass wir das Ego in diesen Menschen sehen und ihm unser Verständnis entgegenbringen und unseren Segen geben, sondern in der Welt zu manifestieren, was wir alle zur Heilung und Befreiung von diesen Egoismen benötigen, so dass die Macht der Hochfinanz am Ende implodiert und wir alle geheilt sind.

Die Hochfinanz leidet unter derselben Krankheit wie wir, nur viel schlimmer, weil sie jenseits ihres Seelenleids scheinbar davon profitiert. Daher kann der Wandel nicht von oben nach unten erfolgen, und auch nicht von der Politik ausgehen, die vom Geld der Hochfinanz abhängig ist. Der Wandel kann nur von der Basis ausgehen – von unserer Heilung und unserem Erwachen. Wenn wir – ausreichend viele Menschen – heil werden und erst in unserem eigenen Geist und dann auch in der Welt eine Realität erschaffen, die für alle heilsam ist, heilen wir den Rest der Menschheit mit, auch die Hochfinanz.

Egal was in der Welt passiert, wenn es uns innerlich ins Ungleichgewicht bringt, ist es unsere Aufgabe, unser inneres Gleichgewicht wiederherzustellen, unsere Selbstheilkräfte zu aktivieren und stärker werden zu lassen. Die Antwort auf alle Probleme in der Welt kann nur sein, in der Liebe, Geduld, Vergebung und den anderen Selbstheilkräften stärker zu werden, und noch stärker, und noch stärker – bis sich die Welt eines Tages wandelt. Wann sie sich wandelt, entscheiden nicht wir, sondern die Höchste Intelligenz, Höchste Weisheit, die unserer materiellen Welt innewohnt. Wir können nur verstehen, dass der Zustand der Welt den Zweck hat, die Muskeln unserer Menschlichkeit zu trainieren und stärker werden zu lassen. Wir können uns diesem göttlichen Zweck hingeben, ihn annehmen und ihm dienen.

Die Realität da draußen ist ein direkter Spiegel unseres Bewusstseins: Wenn wir kollektiv überwiegend unserem eigenen Wohl und damit unserem eigenen Ego dienen wollen, erschaffen wir unterbewusst auch ein System, das dieser Einstellung genau entspricht, das Zinsgeldsystem. Erst wenn die Waage kippt und wir kollektiv überwiegend dem Wohl der Gemeinschaft dienen wollen, können wir auch ein Geldsystem einführen, das dieser Einstellung entspricht. Wenn sich das zinsfrei fließende Geld „zu früh" durchsetzen würde, würden zu viele Menschen versuchen, es zu ihrem Vorteil zu nutzen, würden nach Wegen suchen, ihre Profitgier zu befriedigen und das System damit wieder kippen. Sie würden darauf drängen, die Kosten der Umlaufsicherungen für die Investoren und Unternehmen wieder einzusparen (wie es zum Beispiel beim WIR in der Schweiz geschehen ist). Ohne Umlaufsicherungsgebühren würde dann automatisch wieder Zinsgeld entstehen. Das zinsfrei fließende Geld wird letztlich getragen von der Einstellung, überwiegend dem Wohl der Gemeinschaft dienen zu wollen und spiegelt dieses Bewusstsein wider. Es kann nur als Widerspiegelung dieses Bewusstseins in die Welt kommen und in der Welt bestehen. Daher wird der Moment, in dem das zinsfrei fließende Geld die Wirtschaft mehr trägt als das Zinsgeld, auch den Übergang markieren, den Punkt, an dem die Menschheit mehrheitlich ihr Ego an die 2. Stelle und das Gemeinwohl an die 1. Stelle stellt. Noch sind wir wohl nicht so weit.

Was Hoffnung macht ist Folgendes: Die Bereitschaft, dem Wohl der Gemeinschaft zu dienen, wächst in der Krise in vielen Menschen an. Wenn es dann einzelne Gemeinden schaffen, ZFG einzuführen, wird auch die Bereitschaft in anderen Gemeinschaften nahe an der kritischen Masse sein, so dass der Funke dann leicht überspringt. Es muss also wirklich nicht die ganze Menschheit gleichzeitig die Lösung umsetzen, sondern einige Gemeinden werden reichen, dass sich die Lösung dann auf die ganze Menschheit ausbreitet.

Ein System zinsfrei fließenden Geldes wird sich also erst dann erfolgreich in der Welt ausbreiten, wenn das Fitnessstudio Erde seinen Zweck erfüllt hat, und wenn dieser Punkt da ist, wird es relativ leicht gehen. Wenn wir kollektiv in ausreichendem Maße erwachen und ein gerechtes Geldsystem einführen können, wird dieses uns mit einer in der Geschichte nie dagewesenen Beschleunigung in ein goldenes Zeitalter katapultieren. Wir werden die Probleme der Menschheit und unseres Planeten binnen weniger Jahrzehnte vollständig lösen können. Warum vollständig? - Kennen Sie das, wenn Sie etwas im Leben mit aller Macht versuchen und es wird immer schlimmer, statt besser? Und Sie sind so überzeugt von ihrer Vorgehensweise, dass Sie es trotzdem immer weiter versuchen? Irgendwann erkennen Sie, dass Sie umdenken müssen, versuchen es anders und plötzlich geht es ganz leicht. - Mit dem Zinsgeld hat die ganze Menschheit Jahrhunderte lang versucht, sich Geld zu beschaffen, Sicherheiten aufzubauen und Probleme zu lösen. Die von der Menschheit in das System investierte Energie hat global aber nur den im Zinsgeld programmierten Mechanismus vorangetrieben und nur produziert, was zu produzieren dieser Mechanismus gebaut ist, also das Gegenteil dessen, was wir angestrebt haben: Geldmangel, Armut und Elend, eine gigantische Arm-Reich-Spaltung, Unruhen, Revolutionen und Kriege, eine extrem gefährliche Umweltzerstörung, eine Aushöhlung demokratischer Mitsprache usw. - Wenn wir als Menschheit nur ein klein wenig wie in Kapitel 2 oben gezeigt umdenken, wird plötzlich alles ganz leicht gehen. Aufgrund der Natur der Sache ist der Anfang am schwersten und einige Gemeinden werden wahrscheinlich ausreichen, um die vom zinsfrei fließenden Geld bewirkte Selbstbefreiung der Menschheit unaufhaltsam zu machen. - Das Zinsgeldsystem ist der eine Hauptgrund, warum das Leben auf der Erde extrem anstrengend ist: Die Menschheit investiert ihre Energie in materialistisches Denken. Dieses Denken treibt das Zinsgeldsystem an. Und das Zinsgeldsystem macht unser aller Leben kollektiv automatisch immer schwieriger und anstrengender. Es verhält sich wie Handschellen, die sich mit jeder Bemühung, sich zu befreien, immer fester zuziehen. Und wer Teil der Menschheit ist, hängt mit drin: Mitgegangen, mitgefangen, mitgehangen.

Wenn die Lösung der Probleme durch das zinsfrei fließende Geld einmal in Fluss gebracht wird, werden wir die Muskeln der Menschlichkeit nicht mehr so trainieren können wie heute. Das ist der Segen unserer heutigen Zeit, der mitten in der Dunkelheit auch ein besonderes Geschenk ist, dass wir uns starke Muskeln der Menschlichkeit antrainieren können. Wir sind mit der Dunkelheit, in der die Menschheit gefangen ist, in Frieden, wenn wir diesen Wert für uns erkennen können.

Ausgehend vom materiellen Wohlstand und der gerechten Verteilung kehrt global auch ein großer menschlicher, wissenschaftlicher, künstlerischer usw. Reichtum ein. Die in der dunklen Zeit entwickelte große Menschlichkeit können wir in den Zeiten materieller Fülle dann mühelos nutzen, um aus der Erde einen Himmel zu kreieren, der schöner ist als selbst der schönste Himmel Gottes. Es liegt an uns, es ist unsere Wahl: Ego oder Leben.

Kapitel 4: Geldloses Arbeitsbeitragssystem

Einleitende Betrachtungen

Es gibt viele Menschen, die Geld an sich für die Wurzel allen Übels halten. Sie glauben, dass es immer jemanden geben wird, der das gerade bestehende Geldsystem kontrolliert, und dass dieser jemand dieses Geldsystem auf jeden Fall zu seinen Gunsten und auf Kosten der großen Mehrheit nutzen wird. Sie glauben, dass es immer Reiche und Superreiche geben wird, die ihren Reichtum auf Kosten des Rests ausnutzen werden.

Diese Haltung zeigt eine große Resignation, die aus den jahrhundertelangen Erfahrungen mit unserem Geldsystem heraus verständlich ist. Wer bereit ist, diese Resignation abzulegen und die Kapitel 1 und 2 dieses Buches mit nüchternem Verstand durchliest, kann erkennen, dass Geld an sich nicht böse und nicht die Wurzel allen Übels ist. Geld bringt in einer arbeitsteiligen Gesellschaft große Arbeitszeiteinsparungen mit sich, wenn wir die Dinge, die wir herstellen, nicht umständlich gegen alles tauschen müssen, was wir brauchen. Ein Geldsystem arbeitet wie ein Motor, der das Geld gemäß dem im Motor angelegten Verteilmechanismus in die Wirtschaft und Gesellschaft pumpt.

In Kapitel 1 haben wir gesehen, dass Zinsgeld dabei wie ein sehr schlecht gebauter Motor agiert, dessen Fehlkonstruktion zahlreiche (insgesamt neun) automatische Fehlentwicklungen nach sich zieht, einschließlich von Auswirkungen auf den menschlichen Geist, die eine eigentlich dringend notwendige Systemkorrektur extrem schwierig machen.

In Kapitel 2 haben wir gesehen, dass ein zinsfrei fließendes Geld wie ein gut konstruierter Motor arbeitet, der immer genau so rund läuft, wie die Gesellschaft es gerade braucht, auch dann, wenn die Wirtschaft nach ausreichender Marktsättigung schrumpft. Dabei bietet zinsfrei fließendes Geld nicht die Möglichkeit, ohne Arbeit immer mehr Geld zu verdienen. Gerade deswegen bietet es den zusätzlichen Vorteil, dass es nicht gierig und süchtig macht, uns nicht konditioniert und die Möglichkeiten der Heilung bietet, die Menschheit und Planet nach Jahrhunderten des Zinsgeldsystems dringend brauchen.

In Kapitel 4 schauen wir uns nun an, ob und wie ein Arbeitsbeitragssystem auch ohne Geld und ohne Tauschhandel lediglich durch einen Pflichtarbeitsbeitrag der Gemeindemitglieder funktionieren kann, während alles, was hergestellt wird, wie in einer Familie geteilt wird.

Arbeitszeit ist die einzige echte Währung

Wozu sich noch Gedanken über ein geldloses Arbeitsbeitragssystem, eine Welt ohne Geld machen, wenn das zinsfrei fließende Geld die Probleme der Menschheit vollständig lösen kann?

Der Hauptgrund für das Schreiben dieses Kapitels besteht darin, die Möglichkeiten eines solchen Systems zu durchleuchten und damit einen Grundstein für das fünfte und letzte Kapitel zu legen, in dem wir besprechen, welches praktische Vorgehen am besten geeignet ist, jenen globalen Reichtum anzusteuern, der den Leser möglicherweise inspiriert. Die Kapitel 4 und 5 sind aus dem Wunsch entstanden, zu jener Einheit, zu jenem kooperativen Streben beizutragen, das wir brauchen, um die Probleme der Welt lösen zu können. Die, die wirklich das Beste für die Menschheit anstreben, sollten es schaffen können, sich auf einen gemeinsamen Nenner zu einigen. Dieser gemeinsame Nenner wird im letzten Kapitel herausgearbeitet. Ungeachtet des Geldsystems, ob nun Zinsgeld oder ein zinsfrei fließendes Geld, ist die eigentliche Währung doch immer die Arbeitszeit des Menschen. Geld ist eigentlich nur ein Speichermedium für diese Arbeitszeit, eine Art „Arbeitsbeitragsquittung" dafür, dass wir eine bestimmte Menge Arbeit geleistet haben. Dabei ist Zinsgeld ein zunehmend immer schlechter funktionierendes Speichermedium und zinsfrei fließendes Geld ein konstant gut funktionierendes Speichermedium.

Am Ende ist es niemals das Geld, das eine Gesellschaft in Gang hält, sondern immer die geleistete Arbeit. Wir können andere dazu bringen, Arbeit für uns zu leisten, weil wir selbst Arbeit für andere leisten. Wir brauchen hierzu ein ausreichendes Pflichtbewusstsein gegenüber der Gemeinschaft, dass auch jeder seinen Beitrag leistet und niemand das System für seine Zwecke missbraucht.

Aus dieser Perspektive ist das Hauptproblem am Zinsgeldsystem, dass Menschen an immer mehr Arbeitsbeitragsquittungen kommen können, je mehr von diesen Quittungen sie haben, ohne jemals Arbeit beigetragen zu haben. Und diese Arbeitsbeitragsquittungen sind genauso viel wert wie die redlich durch Arbeit verdienten Quittungen, wodurch die tatsächlich geleistete Arbeit immer mehr entwertet wird. Das Zinsgeldsystem missbraucht also die „Arbeitsbeitragsquittungen" massiv und zunehmend, bis Arbeit so schlecht bezahlt wird, dass das System zusammenbricht.

Da Geld also eigentlich nur ein Speichermedium, eine Arbeitsbeitragsquittung ist, ist es legitim, sich Gedanken zu machen, ob es nicht bessere Speichermedien oder Quittungssysteme geben kann. Am Ende ist nicht das Geldsystem das wichtigste, sondern das reibungslose Funktionieren der von jedem Einzelnen für die Gemeinschaft erbrachten Arbeit. Denn Geld spart einerseits Zeit ein, erzeugt andererseits aber auch viel zusätzliche Arbeit – die Verwaltung von Geld, die Arbeit der Banken, die Buchhaltung, das Steuerwesen, Marketing, Werbung, Einkauf, Verkauf – so gibt es ein riesiges Zeiteinsparungspotenzial, wenn es gelingt, die von jedem Einzelnen für die Gemeinschaft erbrachte Arbeit effizient geldlos zu organisieren. Steuern werden z.B. nur in Form von Arbeit für die Gemeinschaft gezahlt, da das gesamte System sowieso nur daraus besteht: Arbeit für die Gemeinschaft. Das gesamte System lässt sich also als geldloses Arbeitsbeitragssystem (abgekürzt: GABS) bezeichnen.

Man könnte es auch einen Gesellschaftsvertrag nennen, bei dem Verträge nicht zwischen zwei Marktteilnehmern - Privatpersonen, Unternehmen oder private oder öffentliche Organisationen - sondern jeweils zwischen dem Einzelnen und der Gemeinde geschlossen werden. Der Einzelne verpflichtet sich, der Gemeinde bestimmte Leistung zu erbringen, und hat im Gegenzug das Recht, von ihr versorgt zu werden. Im Weiteren zeichnen wir ein grobes Bild, wie die Funktionalität eines GABS aussehen kann.

Allgemeine Funktionsweise eines geldlosen Arbeitsbeitragssystems

Es gibt seit einigen Jahren zunehmend Gruppierungen, die sich um die Einführung geldloser Wirtschaftssysteme bemühen. Ein Beispiel hierfür ist die aus Südafrika stammende, von Michael Tellinger angeregte Bewegung Ubuntu Contributionism. Dieses Kapitel ist keine Zusammenfassung des Ubuntu-Systems, sondern nur eine grobe, allgemeine Skizzierung eines Arbeitsbeitragssystems ohne Geld.

Eine mit Geld funktionierende Wirtschaft – egal ob mit Zinsgeld oder zinsfrei fließendem Geld – ist weitgehend in der Form von Unternehmen organisiert. Die Unternehmen bieten Dienstleistungen an und/oder kaufen ein, verarbeiten und/oder platzieren und verkaufen wieder.

Bei einer geldlosen Wirtschaft ist einiges anders, vor allem weil die Wirtschaft ganz in die Gesellschaft übergeht und Wirtschaft und Gesellschaft eins sind. Es gibt keine Unternehmen mehr.

Macht- und Organisationsstruktur

Macht und Gesetzgebung liegen bei den Gemeinden. Es ist juristisch logisch und im Grunde auch heute gültig (hätten die Gemeinden nicht fast ihre ganze demokratische Selbstbestimmungsmacht an höhere Stellen abgegeben).

Von der Gemeindevertretung an aufwärts sind alle Verwaltungs- und Regierungsstellen nur sekundär, tertiär etc. weiter delegierte Vertretungen des Volkes. Das Volk ist der Souverän. Die Vertretung, die dem Volk, der Basis am nächsten ist, ist die Gemeinde. Daher ist in jeder echten Demokratie, die den Namen verdient, die Gemeinde der Souverän schlechthin und die Macht nimmt ab, je weiter nach oben sie delegiert wird. In einer echten Demokratie geht nichts gegen den Willen einer Gemeinde.

Man könnte natürlich auch sagen, dass jeder einzelne Mensch der Souverän ist. Das wäre aber Anarchie, die zur Diktatur führt. Was passiert mit Menschen, die sich nicht an Regeln halten und ihren Mitmenschen oder der Gemeinschaft Schaden zufügen oder anderen ihren Willen aufzwingen? Es braucht eine Gemeinschaft, die die Rechte des Einzelnen beschützt und darauf achtet, dass die Einzelnen ihre Pflichten erfüllen, die die Gemeinschaft braucht, um funktionieren und überhaupt Rechte gewähren zu können. Menschen müssen schon den Nachweis erbringen, sich an Regeln und Gesetze zum Wohl der Gemeinschaft zu halten, als Gemeinschaft zu funktionieren und Mitsprache und Mitentscheidung erfolgreich zu praktizieren. Daher ist die Gemeinde als erste direkte Vertretung des Volkes der Souverän, nicht der Einzelne.

Was die Gemeinden nicht alleine regeln können, wird delegiert und in einem Gemeindeverbund geregelt usw. Die Gemeinden legen fest, wie sie sich selber und ihre Versorgung mit allem organisieren und wie sie ihre Kooperation mit anderen Gemeinden, Kreisen etc. strukturieren. Macht und Verantwortung gehen von unten aus und nehmen nach oben hin immer weiter ab. Höhere Ebenen sind nur für das verantwortlich und nur zu dem befugt, was von unten an sie delegiert wird, und nur so lange, wie es delegiert wird.

Alle delegierte Macht kann von der Gemeinde jederzeit zurückgeholt werden, weil sie der Souverän ist, auch die an Kreise, Bundesländer, den Staat und die Staatsverbünde (wie die E.U.) delegierte Macht. Das ist eigentlich juristisch selbstverständlich. Aber um ein geldloses Arbeitsbeitragssystem in die Tat umzusetzen, muss dieses Recht von der Gemeinde auch voll in Anspruch genommen und gelebt werden. Was natürlich erst geht, wenn es juristisch möglich und durchsetzbar ist.

Diese Erörterungen zur Demokratie werden im fünften Kapitel noch einmal aufgegriffen, da ihr Verständnis für den Wandel des Geldsystems und auch für die Möglichkeit der Einführung eines zinsfrei fließenden Geldes und einer Bodenpacht von zentraler Bedeutung ist.

Exekutive

Es liegt in der Natur der Sache, dass die Gemeinden sich – einerseits zur Zeiteinsparung für eine Vielzahl zu treffender Entscheidungen und andererseits für einen seriösen Ablauf der Tagesgeschäfte – auf der Grundlage von Vertrauen, Erfahrung, Qualifikationen und Kompetenz Vertreter wählen, die bestimmte leitende Aufgaben und Verantwortungen übernehmen. Für wie lange Vertreter gewählt werden, welche Zuständigkeiten und Befugnisse sie haben und wie sie wieder abgesetzt werden, bestimmt jede Gemeinde selbst, da jede Gemeinde ja der Souverän ist.

Rechtsprechung

Da die Gemeinde der Souverän ist, bestimmt sie auch über die Rechtsprechung und das Strafmaße für Gesetzesverstöße und kriminelle Taten. Normalerweise haben Menschen das Bedürfnis, ihre Vorstellungen von Gerechtigkeit auch über die Gemeinde hinaus mit anderen abzugleichen und wollen sich nicht durch ein Über- oder Untermaß isolieren. Auch sind natürlich von Außenstehenden immer Appelle an eine Gemeinschaft möglich, Strafmaße zu lindern oder zu erhöhen. Wir dürfen jedoch generell davon ausgehen, dass die Kriminalität in einer gerechten und gut gegen Missbrauch abgegrenzten Gesellschaft, in der alle Anteil am Wohlstand haben können, im Vergleich zu heute auf ein Minimum schrumpfen wird. Die gesamte geldzentrierte Kriminalität ist sowieso hinfällig, wenn es kein Geld mehr gibt. Wenn die Wirtschaft durch „Arbeitsbeiträge" geregelt wird, für die es nicht einmal Quittungen (Geld) gibt, ist es nicht mehr wie heute möglich, ohne Arbeit an solche Quittungen zu kommen.

Vermögen

Vermögen im heutigen Sinne gibt es nicht. Da es kein Geld gibt, kann man sich auch kein Land kaufen oder welches verkaufen. Alles Land gehört der Gemeinde, die auf diesem Land liegt. Die Gemeinde legt fest, inwieweit Immobilien Privateigentum sein sollen und/oder von der Gemeinde ihren Mitgliedern zugewiesen werden. Letztlich definiert sie die Nutzungsrechte jedes Einzelnen. Viele werden einwenden, dass gemeinschaftliches Eigentum eine sozialistische oder kommunistische Idee ist, die wie an der Geschichte zu sehen nicht funktionieren kann.

Der reale Kommunismus war immer eine Form von Diktatur, bei der jemand an der Spitze des Staates den Menschen an der Basis befahl, was sie zu tun haben. Hier gab es eine zentralisierte diktatorische Macht.

Bei einem geldlosen Arbeitsbeitragssystem liegt die oberste Macht bei der Gemeinde, nicht bei einer zentraleren Verwaltungs- oder Regierungsstelle. Das ist essentiell. Dieses System wird von der Basis eingeführt, von Menschen, die sich gegenseitig persönlich kennen und auf glaubwürdige Weise das gemeinsame und gegenseitige Wohl im Auge haben. Es wird wohl von ausreichend vielen Gemeinden eingeführt werden müssen, die sich von den zentralisierten staatlichen Stellen nicht mehr gängeln lassen.

Ein System ohne Privatvermögen im heutigen Stil ist eine Diktatur, wenn es von einer Staatsspitze oder anderen zentralen und basisfernen Stelle aus durchgesetzt und geregelt wird. Menschen, die fordern, dass bestimmte Gesetze „von oben" durchgesetzt werden sollen, befürworten durch ein solches Verhalten stets ihre eigene Entmachtung und Gängelung von zentralen Stellen aus. Es ist jedoch eine echte Demokratie – viel mehr als unsere heutigen Pseudodemokratien – wenn sich die Gemeinden ihr Naturrecht als Souverän zurückholen und die oberste Macht bei den Gemeinden liegt, also völlig dezentralisiert jeweils an der Basis. Die Einführung dieses Systems geht mit einem Bewusstseinsprozess einher und geht auch von einem Bewusstseinsprozess aus, bei dem jede einzelne Gemeinde sich selbst zu dem erweckt, was sie eigentlich ist, nämlich der Souverän, der oberste Machthaber und Gesetzgeber, die oberste Exekutive und die oberste Rechtsprechung.

Arbeit in Arbeitsgruppen

Eine geldlose Gesellschaft wird nicht in Unternehmen organisiert sein, weil es in einer solchen Wirtschaft nicht darum geht, Geld zu verdienen, sondern sich auf Gemeindeebene in Arbeitsgruppen zu organisieren, die alle anstehenden Arbeiten leisten, wobei jeder Einzelne eine bestimmte Stundenzahl arbeitet oder eine definierte Arbeitsleistung für eine dieser Arbeitsgruppen – oder in manchen Berufen wie z.B. Heilberufen – alleine erbringt. Als Gegenleistung für die Arbeit, die für die Gemeinschaft erbracht wird, genießt jeder Bürger nach persönlichem Bedarf auch die Früchte der für die Gemeinschaft erbrachten Arbeit. Jeder bekommt einfach, was er braucht. Nicht durch Tauschhandel, sondern durch die bloße Kommunikation der eigenen Bedürfnisse und Wünsche. Wenn zum Beispiel eine Arbeitsgruppe alle bekocht, dürfen alle für die Arbeit, die sie für die Gemeinschaft erbringen, an diesem gemeinschaftlichen Essen teilnehmen oder sich einen Teil davon holen. Wenn eine Gruppe einen Bauernhof betreibt, gehören die Lebensmittel des Hofs allen, die für die

Gemeinschaft arbeiten. Wenn eine Gruppe Werkzeuge, Geräte oder Maschinen herstellt, gehören diese allen, die ihre Arbeit in den Gruppen einbringen. Übersteigt die Nachfrage das Angebot, legt die Gemeinde oder der Gemeindeverbund selbst fest, nach welchem Prinzip die Nachfrage gedeckt wird: Zuerst die Personen, die zuerst gefragt haben, oder zuerst die Personen mit dem für die Gemeinde wichtigsten Bedarf, oder zuerst die Personen, die die meiste Arbeit für die Gemeinde leisten oder wie auch immer die Regeln festgelegt werden. Zudem können alle von Einzelnen nur unregelmäßig benötigten Werkzeuge, Geräte, Lkw, Transporter, Pkw, Maschinen etc. einer Gemeinde gegenseitig zur Verfügung gestellt und gemeinsam genutzt werden. Die Ressourcennutzung lässt sich optimieren.

Angeleitet werden alle diese Arbeitsgruppen von Experten, die sich in den entsprechenden Bereichen auskennen.

Übergeordnete Verbünde

Arbeiten, die von einer einzelnen Gemeinde nicht erbracht werden können, z.B. die Schaffung und/oder Instandhaltung gemeindeübergreifender Verkehrswege oder eine Herstellung größerer Maschinen, wie z.B. Fahrzeuge, an der viele Gemeinden beteiligt sind, führen zu entsprechenden Absprachen zwischen einer so großen Anzahl von Gemeinden, dass diese die benötigten Arbeiten abdecken können, wobei jede Gemeinde entsprechend Mitarbeiter abstellt.

Gemeinden können sich so zusammentun, dass die Herstellung von Geräten und Maschinen in Fabriken arbeitsteilig von den Gemeinden geteilt wird, so dass jede Gemeinde ihre Produkte für alle Gemeinden dieses Verbunds herstellt. Die ganzen Fabriken und Fertigungseinrichtungen existieren ja noch, auch wenn es keine Unternehmen mehr gibt und können von den Gemeinden lokal, überlokal, regional oder auch überregional genutzt werden.

Der technische Fortschritt geht schon lange in die Richtung, dass industrielle Fertigungsarbeiten immer mehr von Maschinen und Robotern übernommen werden. Diese Entwicklung wird weitergehen, so dass in diesem Bereich nicht viele Menschen arbeiten müssen, um alle mit allem Nötigen zu versorgen. Zur Schonung der Ressourcen und Einsparung von Arbeitszeit wird die Entwicklung zudem stets dahingehen, alle Produkte so langlebig wie möglich zu bauen. Der bei weitem größte Teil der industriellen Arbeit wird in der Instandhaltung liegen, die sehr dezentral ausgeführt werden kann, nicht in der Produktion.

Die Verbünde von Gemeinden, Kreisen und Ländern sind immer nur so groß wie nötig und gelten nur für die Bereiche, für die sie erforderlich sind. Nur was lokal in der Gemeinde nicht geleistet werden kann, wird im Verbund mit einigen anderen Gemeinden oder regional auf Kreis- oder Bezirksebene geleistet. Nur was ein Kreis nicht leisten kann, wird in einem Kreisverbund oder auf Landesebene geleistet. Und nur was auch auf Landesebene nicht geleistet werden kann, geht auf eine Bundes- oder internationale Ebene.

Geistiges Eigentum

In einem geldlosen Arbeitsbeitragssystem werden geistiges Eigentum und Patente uninteressant. Menschen forschen nur noch aus Interesse, Freude am Forschen, Wissensdrang und dem Wunsch, das Leben der Menschheit zu erleichtern und zu bereichern, nicht mehr für Geld und Profit. Alles, was von Menschen entdeckt und entwickelt wird, gehört umgehend der ganzen Menschheit, die sofort davon profitieren kann. Jeder Fortschritt kann sich mit minimaler Verzögerung auf die ganze Menschheit ausweiten. Durch den technischen Fortschritt wäre es ja heute schon technisch machbar, über Video-/ Audioübertragungen an jeder beliebigen Universität der Welt mitzustudieren. In einem geldlosen System ist der Forschung, dem Wissendrang und dem Studierwillen jedes Menschen keine Schranke mehr auferlegt, da die Freizeit jedes Einzelnen so groß ist.

Bildung

Bildung findet zum einen in den Arbeitsgruppen statt. An bestimmten Arbeiten Interessierte bringen sich in entsprechenden Arbeitsgruppen ein und lernen das Nötige von den Fachkräften, die diese Gruppe anleiten. Im Prinzip kann jeder in seinem Leben mehrere Berufe erlernen und sowieso leicht lebenslang lernen. Gemeinden vergeben Qualifikationen und prüfen, welche Qualifikationen anderer sie akzeptieren. Regionale, nationale etc. Absprachen und gemeinschaftliche Regelungen sind natürlich immer möglich. Die Schulbildung wird nicht von einem Kultusministerium vorgeschrieben, sondern von jeder Gemeinde selbst definiert. Jede Gemeinde legt selbst fest, wer ihre Kinder und Jugendlichen unterrichtet und ausbildet, und in welchen Fächern. Jede Gemeinde legt selbst fest, wie verpflichtend oder freiwillig Schuldbildung für die Kinder ist. Keine Ebene kann so leicht von dem lernen, was in der Praxis funktioniert und was nicht, wie die Gemeindeebene. Das Kultusministerium eines Landes wäre sicher realitäts- und praxisferner als die Gemeinde oder ein lokaler Gemeindeverbund. Es gibt auch keine Kreise mehr, die „von oben" festgelegt werden. Die Gemeinden bestimmen selbst, mit welchen anderen Gemeinden sie wo und wie kooperieren wollen.

Gehaltsunterschiede

Da es in einem GABS kein Geld gibt, gibt es auch keine Gehaltsunterschiede. Jeder leistet dieselbe Arbeitszeit. Warum sollte z.B. ein Arzt oder ein hochqualifizierter Ingenieur unbedingt mehr verdienen als andere Menschen? Es ist die Gemeinschaft, die die Bildung des Einzelnen ermöglicht. Jeder mit entsprechender Ambition kann die für ihn maximal mögliche Bildung anstreben. Die Motivation, sich weiterzubilden kommt nicht aus einer höheren Bezahlung, sondern aus der Freude an der Entfaltung des persönlichen Potentials. Wer Arzt wird, darf der Gemeinde halt als Arzt dienen, anstatt andere Arbeiten beizutragen, falls eine solche Person als Arzt gut genug ist, um als Arzt von den Mitmenschen erwünscht zu werden. Dasselbe gilt für alle anderen Berufe. Da die Motivation nicht im Geld besteht, können wir sicher sein, dass alle die Arbeiten anstreben werden, die ihrem Wesen, ihrem Talent und ihren Herzenswünschen entsprechen. Das Privileg besteht darin, bestimmte Tätigkeiten ausüben zu dürfen, wenn wir für unsere Mitmenschen gut genug darin sind.

Praktisches Vorgehen, Ausgangspunkt: Jede einzelne Person

Im Prinzip dient das System maximal der Selbstentfaltung des Einzelnen. Der Einzelne soll sich frei gemäß seinen Talenten, Fähigkeiten und geistigen Neigungen entwickeln und entfalten können. Dadurch liegt auch eine maximale Macht über das eigene Leben bei jedem Einzelnen.

Soweit dies in der Praxis machbar ist, sollten die Einzelnen genau die Arbeit leisten und beitragen können, die sie beitragen wollen. In einem ersten Schritt artikulieren also die Einzelnen, was sie arbeiten wollen. Im zweiten Schritt findet ein Abgleich statt: Die Gemeinde hat einerseits gemeindeinterne Aufgaben zur Versorgung aller Bewohner und andererseits Pflichten in der Zusammenarbeit mit anderen Gemeinden, Kreisen und Ländern zu erfüllen. Für alle diese Arbeiten gibt es Arbeitsgruppen mit einem bestimmten Bedarf an Teilnehmern, die ihre Arbeit beitragen.

Wenn der Abgleich zwischen den Wünschen und Qualifikationen der Einzelnen und dem Bedarf der Gemeinde nicht glatt ausgeht, legt die Gemeinde sich selbst Regeln fest, wer, wann die Arbeiten machen darf, für die sich zu viele Einzelne gemeldet haben, und wer, wann die Arbeiten machen muss, für die sich zu wenige Einzelne gemeldet haben. Vielleicht geht ein 50:50 Ansatz auf: Das heißt jeder arbeitet 2 Stunden am Tag in einer Arbeit für die Gemeinschaft, die man sich selbst aussucht, und jeder arbeitet 2 Stunden am Tag in einer Arbeit, die die Gemeinde zuweist. Wer in einer selbstgewählten Arbeit richtig gut ist, bekommt in den übrigen 2 Stunden von der Gemeinde vielleicht dieselbe Arbeit zugewiesen (wenn diese auch gebraucht wird). Vernünftigerweise werden diese Regeln jedenfalls die Qualifikation und Eignung der Einzelnen für sehr begehrte Arbeiten und ein Reihumprinzip oder anteilige Arbeitsbeiträge für Arbeiten berücksichtigen, die zu wenige gerne machen möchten.

Eine Welt ohne Geld lässt alle im Grunde genommen überflüssigen Arbeiten und Berufe wegfallen. Menschen lernen vor allem, welche Arbeiten zum Überleben wirklich hilfreich sind. Es werden viel mehr Menschen als heute über große landwirtschaftliche, handwerkliche, pädagogische Fähigkeiten, gesundheitliche, heilende, betreuerische, pflegerische Kenntnisse und Fähigkeiten verfügen. Während die Arbeitsteilung bleibt, wird das persönliche Wissen umfangreicher, vielfältiger, kompakter und näher am echten Leben und relevanter für das Leben sein als heute.

Auswirkung des GABS auf die Versorgung & anderen acht Bereiche

Während sich unschwer mathematisch errechnen lässt, dass Zinsgeld eine automatische Geldverknappung und zinsfrei fließendes Geld eine automatische Geldfülle im Markt bewirken, ist ein logisch-mathematisches Ableiten der Auswirkung eines geldlosen Arbeitsbeitragssystems nicht möglich. Generell können wir jedoch davon ausgehen, dass – wenn ein geldloses Arbeitsbeitragssystem überhaupt funktioniert – es sich dann ähnlich auswirkt wie das zinsfrei fließende Geld, da es keine Zinsdynamik gibt, die die negativen Automatismen des Zinsgeldes erzeugt.

Es gibt einen wichtigen Unterschied zwischen zinsfrei fließendem Geld und einem geldlosen Arbeitsbeitragssystem: Beim ZFG gibt es einen freundlichen, sportlichen Wettbewerb zwischen den Unternehmen, der zu einer effizienten, kostengünstigen Versorgung der Gesellschaft beiträgt. Einen solchen Wettbewerb gibt es bei einem geldlosen Arbeitsbeitragssystem nicht mehr, so dass der Erfolg eines solchen Systems ganz von Einstellung, Fleiß, Intelligenz, Zusammenhalt und Solidarität der Menschen in den Gemeinden abhängt. Das Funktionieren eines geldlosen Arbeitsbeitragssystems setzt voraus, dass in der Gemeinschaft die Haltung vorherrscht, mehr dem Wohl der Gemeinschaft dienen zu wollen als dem eigenen persönlichen Vorteil. Wenn dies die mehrheitliche Gesinnung ist, kann ein geldloses System funktionieren. Wenn die mehrheitliche Gesinnung lautet, mehr dem eigenen persönlichen Vorteil dienen zu wollen als dem Wohl der Gemeinschaft, wird ein solches System kollabieren, wie in der Praxis bisher zu beobachten war. Dabei wird als persönlicher Vorteil empfunden, selbst so viel Nutzen wie möglich in die eigenen Hände zu bekommen und/oder selbst möglichst wenig arbeiten zu müssen. Anspruchsdenken und Faulheit sind die natürlichen Feinde eines solchen Systems.

Beide diese Denkweisen des persönlichen Vorteils müssen in den Hintergrund treten, damit ein geldloses System, angetrieben von dem kollektiven Wunsch, der Gemeinschaft zu dienen, überhaupt funktionieren kann.

Schutz der Gemeinschaft

Anspruchsdenken und Faulheit fügen der Gemeinschaft in einem geldlosen Arbeitsbeitragssystem direkten Schaden zu.

Zum Schutz der Gemeinschaft kann es also erforderlich werden, dass die Einzelnen nicht nur eine bestimmte Mindestleistung für die Gemeinschaft als Pflicht erbringen, sondern auch, dass die Erfüllung dieser Pflicht– soweit von der Gemeinschaft für erforderlich gehalten – kontrolliert wird, um Missbrauch und Arbeitsvermeidung vorzubeugen.

Die Gemeinden legen selbst fest, wie die Leistung, die jeder beizutragen hat, und wie die Qualität der erbrachten Arbeit selbst kontrolliert wird. Im Prinzip kann sie auch alle Kontrollen unterlassen, wenn das System für sie so funktioniert. Das würde auf ein hohes Bewusstsein und eine große Verantwortlichkeit der Gemeindemitglieder hindeuten.

Letztlich lebt das System davon, dass Menschen ihre Arbeitsbeitragspflicht gegenüber der Gemeinschaft erfüllen WOLLEN. Müssen Menschen zu sehr kontrolliert und gezwungen werden, ihre Pflicht auch in dem für den Erhalt des Systems erforderlichen Ausmaß zu erfüllen, entstehen Widerstände und Verweigerung. Durch einen Teufelskreis aus Widerstand & Verweigerung einerseits und Kontrolle & Zwang andererseits wird das System kollabieren. Entweder es entsteht dann eine Art kommunistischer Diktatur, in der der Arbeitsbeitrag von einer zentralen Stelle aus erzwungen wird, oder das Zinsgeld kehrt zurück.

Wenn Ansprüche und Faulheit zu groß sind und man übt keine Kontrolle aus, wird das System mangels Arbeitsbeiträgen kollabieren. Das heißt, ohne das richtige, ausreichend selbstlose Bewusstsein kollabiert das

System so oder so und die alten Übel, die wir aus unserer Geschichte kennen, kehren zurück: Zinsgeldsystem/Kapitalismus oder irgendeine Form von Zwang und Diktatur.

Jedenfalls ist eine Pflicht in diesem System nichts Schlimmes: In Bezug auf Arbeiten, die die Einzelnen nicht so gerne machen möchten, muss man bedenken, dass der Pflichtbeitrag für die Einzelnen vermutlich nicht höher ist als 3-4 Stunden am Tag, oder noch weniger. Bei einem 50:50 Ansatz muss jeder nur höchstens 2 Stunden/Tag eine ungeliebte Arbeit verrichten und kann 2 Stunden der Wunschtätigkeit für die Gemeinde nachgehen. Wer eine bestimmte Tätigkeit mit Leidenschaft tut und tun möchte, hat auch dann noch einen großen Teil des Tages für diese Tätigkeiten, wenn er 2 Stunden des Tages eine weniger angenehme Pflicht erfüllt hat. Dieses System lässt niemanden jemals den ganzen Tag in einem ungeliebten Job malochen. Bei jeder Tätigkeit bleibt ein großer Teil des Tages übrig, in dem man seiner Lieblingsarbeit nachgehen und sich in dieser weiterbilden kann, bis es für die Gemeinschaft interessant wird, einen auch während der Pflicht-Stunden diese Tätigkeit zumindest teilweise ausüben zu lassen. Jeder verfügt immer über die Kapazitäten, sich in der Tätigkeit zu perfektionieren, die er der Gemeinschaft am liebsten beisteuern möchte.

Im Endeffekt ist wichtig, dass die Arbeitsgruppen alle Arbeiten erledigen, die zur reichlichen Versorgung aller mit allem erforderlich sind.

Lösung für Nachteile aus fehlendem Wettbewerb

Ein Problem dabei, wirklich alle für die Gemeinde erforderlichen Arbeiten effizient zu erledigen, könnte wie schon genannt im fehlenden Wettbewerb bestehen.

Durch den Wettbewerb zwischen den Anbietern von Waren und Dienstleistungen wird sichergestellt, dass Kunden maximale Leistung für ihr Geld bekommen. Denn der Wettbewerb ist ein Wettbewerb um das Geld der Kunden. Wer mehr Leistung für dieses Geld bietet, bekommt es. Durch den Wettbewerb bekommen Kunden/Konsumenten also maximale Leistung für ihr Geld. Dies sorgt letztlich dafür, dass die Arbeitenden um maximale Effizienz und Produktivität bemüht sind. Maximale Effizienz und Produktivität der Arbeitenden dient letztlich der Gesellschaft und wirkt sich in einem gerecht verteilenden System auch minimierend auf die Arbeitszeit aus.

Letztlich wird mit ZFG kaum jemand mehr als 4 Stunden am Tag arbeiten müssen.

Dieser Wettbewerb fällt in einem geldlosen Arbeitsbeitragssystem weg. Welchen Anreiz haben die Arbeitsgruppen und die Einzelnen nun, ihre Arbeit so effizient und produktiv zu leisten, dass durch eine allgemeine Verlangsamung der geleisteten Arbeit nicht wieder längere Arbeitszeiten entstehen oder das System gar an Ineffizienz und Faulheit oder an zu viel Zwang zu deren Kontrolle kollabiert?

Eine Möglichkeit, Ineffizienz und Arbeitsvermeidung zu verhindern, besteht darin, sich in der Gemeinschaft hinzusetzen und gemeinschaftlich zu überlegen, wie lange eine bestimmte Arbeit dauern wird. Im Endeffekt wird dann jedem eine Arbeit zugewiesen, die nach Ansicht der Gemeinschaft etwa den gleichen Zeitaufwand mit sich bringt. Wenn sich die Gemeinschaft mit einem Aufwand verschätzt, kann sie sich im Nachhinein auch korrigieren. Das System ist ja flexibel und unterliegt jederzeit dem Meinungsaustausch in der Gemeinschaft. Wie lange der Einzelne oder die einzelnen Gruppen dann tatsächlich für diese Arbeit benötigen, liegt dann an ihnen. Es steht dem Einzelnen frei, sich – wenn das Arbeitsergebnis nicht zeitkritisch ist – mehr Zeit zu lassen, um die Arbeit als gemütlich zu empfinden, oder sie mit höchster Effizienz vielleicht deutlich schneller zu schaffen, um mehr Freizeit zu haben. So wird von der Gemeinschaft nicht kontrolliert, ob jemand eine bestimmte Stundenzahl gearbeitet hat, sondern nur, ob die zugewiesene Arbeit erledigt wurde und ob die Qualität stimmt. Letztlich wird jede Gemeinschaft zu einer Familie, in der jeder darauf achtet, dass sich der andere nicht drückt und seinen Beitrag leistet.

Wenn Arbeiten nicht mehr mit Geld bezahlt werden, nimmt der Bereich der persönlichen Wertschätzung eine große Bedeutung an. Warum sollten Menschen zum Beispiel alle anderen mit einem Auto versorgen, wenn sie geschätzt weniger zurückbekommen als sie geben?

Hier spricht nichts dagegen, die im Internet üblichen Bewertungspunkte zu vergeben. Wenn auf diese Weise belegbar ist, dass Menschen für die Allgemeinheit mehr tun als andere Menschen, kann man daraus auch definierte Vorrechte ableiten, falls bestimmte Engpässe bestehen. Menschen, die der Allgemeinheit am meisten dienen, bekommen die erste Wahl. In Bezug auf die Arbeit, die wir für die Gemeinschaft leisten, ist es für die Allgemeinheit auch gerecht und von Vorteil, wenn die Leistung des Einzelnen gläsern ist. Welche Privilegien sich aus Mehrarbeiten ergeben, können Gemeinschaften und Gemeinschaftsverbünde dem allgemeinen Gerechtigkeitsempfinden gemäß vereinbaren.

Versicherungen

Die Gemeinschaft ist für jeden die Versicherung. Die Gemeinschaft ist die Krankenversicherung, Rentenversicherung und alle anderen Versicherungen. Die Versicherung besteht darin, dass die Gemeinschaft jedem, der seine Pflicht erfüllt, die Versorgung mit allem gewährleistet, was er braucht. Da Land und Immobilien der Gemeinschaft gehören, werden auch alle erdenklichen Schäden daran von der Gemeinschaft getragen. Die Gemeinschaft ist die Versicherung für jeden mit allem.

Praktische Organisation

An dieser Stelle könnte man die Möglichkeiten der Selbstorganisation weiter detaillieren. Die grobe Skizzierung oben, die eine ungefähre Vorstellung eines geldlosen Arbeitsbeitragssystems gibt, wird jedoch reichen. Denn es genügen zwei Feststellungen, um die Richtung verständlich zu machen, in die sich ein solches System entwickeln wird:
1) Die jeweilige Gemeinde übt ihr Recht als Souverän auch de facto aus (im Gegensatz zu heute, wo das Bewusstsein dieses Rechts zu schlafen scheint).
2) Es gibt kein geistiges Eigentum. Alles technische und fachliche Wissen gehört der ganzen Menschheit.
Zu Punkt 1: Wenn überall auf der Welt die jeweilige Gemeinde der oberste Souverän ist, werden die Gemeinden sehr schnell voneinander lernen, welche Organisationsstruktur am besten, elegant und reibungslos funktioniert. Wenn die Intelligenz aller Gemeindemitglieder in die Frage einfließt, wie die Gemeinde sich selbst am besten organisiert und Gemeinden überall voneinander lernen, fließt letztlich die Intelligenz der ganzen Menschheit in die Frage ein, wie sich eine Gemeinde am besten organisiert und wie Gemeinden am besten miteinander kooperieren. Das, worauf letztlich die ganze Menschheit kommt, braucht hier nur annähernd skizziert zu werden. Letztlich wird die spezielle Form der Selbstorganisation, die eine Gemeinde wählt, eine Mischung aus den Lösungen, die die ganze Menschheit gefunden hat, einerseits und lokalen und regionalen kulturellen Eigenheiten und Besonderheiten andererseits sein, an die die Strukturen angepasst sind.
Zu Punkt 2: Schon heute gibt es längst Fabriken, die in der Lage sind, Autos vollautomatisch herzustellen. Wenn das geistige Eigentum wegfällt, weil es kein Geld mehr gibt, wird letztlich sämtliche Technologie der Erde überall lokal verfügbar sein. Tausende von Patenten zur Gewinnung von Energie, die von der Hochfinanz aufgekauft wurden und in Schubladen

verschwunden sind, werden schon nach dem Ende des Tiefenstaats, der Neuerungen unterdrückt, die die Hochfinanz nicht mag, oder spätestens mit der Einführung eines zinsfrei fließenden Geldes für die Menschheit verfügbar werden und rasch Öl, Kohle, Gas und Kernkraft ersetzen können. Autofabriken werden alle Autotypen der Erde herstellen können, so dass die Vielfalt erhalten bleibt.

Alle Arbeiten, die von Maschinen ausgeführt werden, können nach und nach an jedem bewohnten Ort der Erde lokal oder regional verfügbar gemacht werden. Warentransporte über tausende von Kilometern werden nach und nach wegfallen. Der technische Fortschritt wird die Industrie dezentralisieren. Alles wird lokal oder regional hergestellt und ohne großen Transport verfügbar sein. (Diese Dezentralisierung würde schon vom zinsfrei fließenden Geld vorangetrieben.)

Technischer Fortschritt an sich ist erst einmal die neutrale Schaffung weiterer Möglichkeiten. Ob technischer Fortschritt Fluch oder Segen ist, hängt letztlich allein davon ab, wie wir ihn nutzen.

– Im Kontext des Zinsgeldsystems, dient er der Umverteilung. Er dient dazu, die Wirtschaft trotz unbegrenzt anwachsender Arbeitslosigkeit in Gang zu halten. Damit dient er dazu, den Menschen selbst überflüssig zu machen und die Welt zu entmenschlichen. Im Kontext des Zinsgeldsystems ist die zunehmende Technisierung und Roboterisierung der Welt ein Albtraum.

– Im Kontext des zinsfrei fließenden Geldes oder eines geldlosen Arbeitsbeitragssystems, die jeweils den von der Menschheit geschaffenen Reichtum neutral verteilen, dient er dazu, uns alle immer weniger arbeiten zu lassen und uns alle wohlhabender zu machen. Erst in diesem Kontext ist technischer Fortschritt wirklich vorbehaltlos ein Segen für die Menschheit.

Arbeitszeiten im geldlosen Arbeitsbeitragssystem

Die Arbeitszeiten können auch im Vergleich zum zinsfrei fließenden Geld noch weiter schrumpfen. Wenn wir uns vorstellen, dass sich die industrielle Fertigung dahin entwickelt, dass fast alle industriellen Fertigungsarbeiten von Robotern übernommen werden und den Gemeinden dieser Erde alles regional gefertigt zur Verfügung gestellt wird, wenn es keine konkurrierenden Unternehmen mehr gibt, schrumpft der Transportaufwand. Zudem fällt der Arbeitsaufwand in folgenden Bereichen weg:

-Verwaltung von Geld, Buchhaltungswesen

– Bankenwesen
– Finanzämter und Steuerberatung
– Einkauf
– Verkauf
– Marketing
– Werbung
– Alle übrigen geldbezogenen Tätigkeiten

Während Arbeitseinsparungen im Zinsgeldsystem meist mit dem Abbau von Arbeitsplätzen einhergehen und die Arbeitslosigkeit erhöhen, bedeuten technischer Fortschritt und Arbeitseinsparungen beim zinsfrei fließenden Geld und geldlosen Arbeitsbeitragssystem eine allgemeine Verkürzung der Arbeitszeit bei mindestens gleichbleibendem Lebensstandard. Es gibt bei diesen Systemen also keine Bremse dafür, aus Angst vor Arbeitslosigkeit Arbeit einzusparen, wie dies beim Zinsgeldsystem der Fall ist. Alle Fortschritte dürfen ungebremst dazu führen, dass wir alle weniger arbeiten, wenn der durch den Fortschritt entstehende Reichtum neutral und gerecht verteilt wird.

Wenn das zinsfrei fließende Geld uns langfristig zu einer durchschnittlichen Arbeitszeit von 3-4 Stunden am Tag führt, werden wir mit einem effizient organisierten und strukturierten geldlosen Arbeitsbeitragssystem wohl noch einmal bis zu 1 weiteren Stunde Arbeitszeit pro Person pro Tag einsparen. Wenn wir alle nur noch 2,5-3 Stunden/Tag arbeiten, wird das Potential der Menschheit, sich weiterzubilden, sich mit Kunst, Tanz, Sport, Fitness, Yoga, Schauspiel und Musik zu beschäftigen und alle erdenkliche Forschung zu betreiben, nahezu unbegrenzt. Wir werden genug Zeit haben, uns um die Kinder, und die Alten, Behinderten, Pflegebedürftigen und Kranken zu kümmern, sie in unseren Alltag zu integrieren und als Menschheit immer mehr das Gefühl und das Bewusstsein entwickeln, dass wir eine Familie sind.

Das Leben in einem geldlosen Arbeitsbeitragssystem

Entsprechend dürfte es nicht schwer sein, sich den Alltag in einem geldlosen Arbeitsbeitragssystem vorzustellen: Wir gehen ca. drei Stunden am Tag der Tätigkeit nach, die wir als Pflicht für die Gemeinschaft übernehmen. Wir werden unsere größten Leidenschaften leben.

Wessen größte Leidenschaft in bestimmten Arbeiten liegt, der wird weit mehr arbeiten wollen als nur drei Stunden. Die vier Kernkompetenzen werden bei viel mehr Menschen verteilt sein als heute, weil erstens so viele unnütze, da geldbezogene Berufe wegfallen und zweitens viel Zeit ist, uns in allen Bereichen einzubringen, die uns interessieren:

- Landwirtschaft
- Handwerk (Schaffung und Versorgung der Immobilien und Infrastruktur einer Gemeinde, industrielle und handwerkliche Fertigung und Instandhaltung)
- Soziale Tätigkeiten (für Alte, Kranke, Behinderte und Kleinkinder)
- Bildung

Wir werden so viel Überfülle produzieren, dass wir auch Lebensfreude daraus beziehen können und werden, Überschüsse zu verschenken. Entsprechend wird es weltweit einen Tauschhandel nur in dem Maße geben, in dem wir eine Gegenleistung verlangen, wenn wir bei anderen Menschen oder Völkern Faulheit vermuten. Die Entwicklung wird aber eher in die Richtung eines natürlichen, solidarischen Austauschs gehen, wie er innerhalb einer Familie üblich ist.

Ich muss nicht unbedingt eine Gegenleistung bekommen, wenn ich selbst sowieso in der Überfülle lebe. Wenn Schenken mehr Freude macht als eine Gegenleistung zu verlangen, und ich keine Gegenleistung brauche, werde ich dann nicht viel lieber schenken? Und es ist letztlich diese Haltung, die eine Überfülle für die ganze Menschheit erzeugen wird. Also wird auch der Tauschhandel verschwinden. Es geht in diesem ganzen System letztlich nicht um Tauschen, sondern um Beitragen. (Wir werden nur mit Menschen tauschen wollen, die wir als faul betrachten und deren Faulheit wir nicht unterstützen wollen.)

Zusammenfassend: Während die große Fülle und Gerechtigkeit, die durch das zinsfrei fließende Geld entsteht, von einem GABS ebenfalls erzeugt werden kann, gibt es weitere, zusätzliche Abweichungen gegenüber dem Zinsgeld. Die Wirtschaft ist nicht mehr in Unternehmen, sondern in den Arbeitsgruppen der Gemeinden organisiert. Der Wettbewerb fällt ganz weg. Das Funktionieren des Systems ist in hohem Maße vom Bewusstsein der Menschen, der Gesellschaft selbstlos zu dienen, und der Fähigkeit der Gemeinden abhängig, sich selbst gut zu organisieren.

Ein Leben im selbstlosen Dienst

Es gibt heute schon leuchtende Beispiele dafür, dass zahllose Menschen durch selbstlosen Dienst aus ihrer Armut befreit und in ein Leben in relativem Wohlstand geführt werden können. Als Beispiel lässt sich hier der MA Math in Kerala, Südindien, nennen.

Diese Organisation wurde 1981 von einer kleinen, Amma genannten Inderin gegründet, die seither in zunehmend gigantischem Ausmaß Projekte zur Beseitigung der Armut, zum Bau von Häusern für Obdachlose, zur Gleichberechtigung und Unterstützung der Frauen, zur kostenlosen medizinischen Versorgung der Armen, zur Linderung der Not nach Katastrophen, zum Wiederaufbau von Häusern und Dörfern nach Katastrophen, zur Ausbildung von Schulkindern und Studenten aus armen Verhältnissen, zur Berufsbildung von Männern und Frauen aus armen Verhältnissen, zur Unterstützung armer Bauern, zur Erfindung von Technologien zur Beseitigung der Armut und zur Säuberung und Wiederherstellung der Umwelt gestartet hat und immer noch weiterführt und ausbaut. Diese Projekte haben bereits Millionen der Ärmsten Indiens erreicht und ihren Lebensstandard spürbar angehoben. In den nächsten Jahren werden es noch mehr werden. Denn 2013 hat Amma ein Projekt zur Schaffung von 101 Modelldörfern in Indien gestartet, die breitflächig als Vorbild zum Aufbau nachhaltiger ökonomischer, gesellschaftlicher und ökologischer Strukturen dienen, die die Absicht und das Potential haben, die gigantische Armut in Indien ganz zu beseitigen und die Umwelt Indiens zu retten.

Geleistet wird die Arbeit von Tausenden von Menschen, die vor allem in der Zentrale der Organisation in Kerala und vereinzelt weltweit in Vollzeit ehrenamtlich helfen oder den größten Teil ihrer Freizeit im selbstlosen Dienst beisteuern, von mehreren zehntausend Menschen, die ein paar Stunden pro Woche ehrenamtlich beitragen und wohl einigen hunderttausend Menschen, die gelegentlich – inspiriert durch das Vorbild Ammas, die seit etwa vierzig Jahren Tag und Nacht für die Linderung und Beseitigung der Not arbeitet – vor allem während Ammas Reisen durch die Welt oder bei anderen Veranstaltungen ihrer Organisation ein paar Stunden des Dienstes an ihren Projekten beitragen. Diese Zahlen haben sich in 4 Jahrzehnten aufgebaut und nehmen weiter zu. Wenn diese Entwicklung weitergeht und die Zahl der ehrenamtlichen Helfer immer noch weiter und weiter und weiter wächst, wird die Armut auf Erden enden und der Zeitpunkt kommen, an dem das Bewusstsein der Menschheit so weit ist, getragen von der Inspiration, selbstlos zu dienen, auch ein geldloses Arbeitsbeitragssystem einzuführen.

Kapitel 5: Machbarkeitsstudie für eine goldene Zukunft

Bis hierher dürfte deutlich geworden sein, dass die aktuelle globale Krise eng mit dem Umstand verknüpft ist, dass wir als Menschheit an ein Geldsystem gebunden sind, das einerseits destruktiv ist und andererseits unseren Geist kollektiv in Gefangenschaft genommen hat. Dabei spiegelt die Destruktivität des Systems auch nur unseren kollektiven Geisteszustand wider. Wenn wir mit dem System identifiziert sind, verschlimmert es unseren Geisteszustand allmählich. Wenn wir nicht damit identifiziert sind, können wir ihm eine bewusste Kraft entgegensetzen und die vom System erzeugten Missstände nutzen, unseren Geist zu befreien und unsere Menschlichkeit stärker werden zu lassen. Erst wenn wir kollektiv unseren Geist befreien, werden wir auch dieses Geldsystem ändern können.

Gefangenschaft unseres Geistes im Zinsgeldsystem

Schauen wir diese unmittelbare Verzahnung unseres negativen kollektiven Geisteszustands mit dem Zinsgeldsystem am Beispiel des 1. und 9. Bereichs unseres Geistes, bzw. Automatismus' des Zinsgeldes noch mal an.

Die Gefangenschaft unseres Geistes bedeutet im materienahen Bereich unseres Geistes (dem 1. Bereich):

Aufgrund unserer Mangelgefühle haben wir eine Anhaftung an verzinstes Vermögen. Das Zinsgeldsystem, dem wir anhaften, erzeugt eine automatische Geldverknappung, die unsere Mangelgefühle verschärft und damit unsere Anhaftung ständig weiter verstärkt. Ein Teufelskreis. Unsere Anhaftung friert uns in den Mangel ein.

Im innersten Bereich unseres Geistes bedeutet unsere Gefangenschaft:

Aufgrund unserer latenten Schuldgefühle bedeutet Vermögen Schuldfreiheit. Solange diese „Schuldfreiheit“ einen Wert für uns hat, werden wir nach Geld und Vermögen streben. Und auch dieses Streben hält natürlich das Zinsgeldsystem in Gang, welches die allgemeine Verschuldung weiter verschärft und damit auch unsere latenten Schuldgefühle verstärkt. Ein Teufelskreis. Die Strategie, Vermögen anzustreben, friert uns in unsere latenten Schuldgefühle ein. Solange dann ganz allgemein unser unterbewusster Glaube an die Schuld zu stark ist, wird die Schuldprojektion die konstruktiven Transformationsversuche in die Spaltung all der Gruppen führen, die sich um eine solche Transformation bemühen. Alle kämpfen ums Rechthaben mit ihrer eigenen Strategie – was unterbewusst heißt, die anderen sind schuld - und geraten so leicht in Auseinandersetzungen mit Andersdenkenden. So erzeugt unser „Schuld aufladendes“ Geldsystem, dass bei den Menschen, die einen Wandel anstreben, keine Kooperation entsteht. Und ohne Kooperation gibt es keine Möglichkeit, uns als Gesellschaft zu befreien. Ohne eine gesellschaftsweite Kooperation keine Souveränität.

Entsprechend gilt dies für alle neun Bereich der menschlichen Psyche und alle neun Automatismen des Zinsgelds. Solange wir psychisch einem System anhaften, das wir zur Lösung der Probleme nutzen, die von diesem System erzeugt werden, sind wir darin gefangen wie eine Fliege in einem Spinnennetz.

Natürlich kommt ein Teil der Anhaftung an das Zinsgeld daraus, dass wir das Vermögen, das wir in Zinsgeld erarbeitet und angespart haben, nicht durch eine Geldentwertung verlieren wollen. Es geht in hohem Maße also auch darum, dass unser angespartes und zurückgelegtes Geld auch seinen Wert behält, damit wir nicht alles verlieren. Die Hauptanhaftung an das Zinsgeld kommt aber aus unserem materialistischen Absicherungsdenken.

Das Ende dieser Gefangenschaft kann daher nur in unserem Geist beginnen. Erst wenn eine Mehrheit in der Gesellschaft entsteht, die ihre Anhaftung aufgelöst hat und bestrebt ist, ein funktionierendes gerechtes System zum Wohle aller einzuführen, erst dann wird es wirklich möglich sein, ein zinsfrei fließendes Geld oder ein geldloses Arbeitsbeitragssystem einzuführen. Betrachtet man den Zustand der Gesellschaft, sieht es wirklich nicht danach aus, als wäre ein Wandel des Geldsystems in den nächsten Jahren schon möglich.

In Band 4 dieser Reihe, „Die Ringvernichtung“, gehen wir unter vielen anderen Inhalten die homöopathische Miasmenlehre durch. Unser Geist besteht gemäß Band 1 „Neunfache Selbstheilung“ aus neun Schalen. Die sich einher mit der exponentiell anwachsenden Arm-Reich-Spaltung immer mehr verschlimmernden negativen Einflüsse der Automatismen des Zinsgeldsystems haben die Schalen unseres Geistes im Verlauf der letzten Jahrhunderte kollektiv von außen nach innen in ein zunehmendes Ungleichgewicht gebracht. Die Erkrankung ist also von außen nach innen in unseren Geist eingedrungen. Entsprechend muss auch die Heilung des kollektiven Geistes wieder von innen nach außen erfolgen.

Auf den inneren spirituellen Ebenen werden wir vor allem von Schuld und Angst beherrscht. Da Schuldgefühle eine Angst vor Bestrafung auslösen, geht es bei der Heilung hier vor allem um die Überwindung der Angst: Angst vor Armut, Angst davor, ausgestoßen zu werden, Angst davor, selbst zu denken und in Konflikt mit der herrschenden Meinung zu geraten, Angst zu verlieren, was wir haben.

Auf den mittleren mentalen Ebenen geht es darum, dass wir lernen, richtig zu denken und uns an die richtigen - nicht materialistischen - Werte zu halten und uns bewusst um Menschlichkeit bemühen.

Auf den äußeren energetischen Ebenen geht es schließlich um die Befreiung von unserem Materialismus, unserer Anhaftung an materiellen und finanziellen Besitz und damit an das Zinsgeldsystem. Ein Wandel unserer Anhaftung an eine materielle Absicherung wird in den nächsten Jahren noch nicht möglich sein, weil es zunächst noch um unsere Überwindung der Angst geht, darum, uns von der Gedankenkontrolle durch die Massenmedien der Hochfinanz zu befreien und zu lernen, selbst zu denken.

Und anschließend geht es noch um eine ethische Renaissance, in der wir kollektiv lernen, uns wieder auf die wahren Werte der Menschlichkeit auszurichten. Und erst danach kann es kollektiv um die Transformation unserer Anhaftung an Geld und Vermögen gehen. Und diese wird für uns noch schwieriger werden als die ersten beiden Schritte zu unserer Befreiung (von der Angst und den falschen Werten).

Unsere große Anhaftung an das Zinsgeldsystem deutet darauf hin, dass all die Menschen, die diese Anhaftung haben, noch Erfahrungen – desillusionierende Erfahrungen – brauchen werden, um diese Anhaftung loslassen zu können. Desillusionierende Erfahrungen stellen sich nur durch zunehmende Probleme und eine Frustration der Bemühungen um den Aufbau oder die Bewahrung von verzinstem Vermögen ein. Wenn wir als Gesellschaft auf einer tieferen Ebene von unserer Anhaftung frei sein wollen, bedeutet dies dann tatsächlich, dass unsere geldbezogenen Probleme in den nächsten Jahren noch weiter zunehmen müssen als sowieso schon, bis wir an den Punkt kommen, unsere zinsgeldzentrierten Lösungsstrategien loszulassen und uns für eine echte Lösung ohne dieses Geld zu öffnen. Ohne eine weitere Verschärfung der Probleme wird es nicht gehen. Wenn die Dinge also immer noch schlimmer werden, können wir den Gedanken „hört denn dieser Albtraum jemals auf“ austauschen durch den Gedanken „dies ist erforderlich, um unseren Geist kollektiv von der Anhaftung zu befreien, die diese Probleme erzeugt“. Das hilft uns, nicht mit dem Schicksal zu hadern, das Gute in den Problemen zu sehen und die Dinge so anzunehmen wie sie sind. Wenn wir uns also händeringend fragen: „Was braucht es, was braucht es, dass wir dieses destruktive System endlich hinter uns lassen können?" Dann lautet die Antwort: „Wir brauchen genau das, was wir vom Leben auch bekommen, nämlich eine weitere Verschärfung der Probleme, deren Heilwirkung darin besteht, uns kollektiv von unserer Anhaftung an das Zinsgeld zu befreien.

Wer zu denen gehört, die diese Anhaftung schon losgelassen haben, kann dann schauen, was getan werden kann, dass andere auch aufwachen und ihre Anhaftung loslassen können. Im Wesentlichen geht es doch darum, dass wir für unsere Mitmenschen da sind, Menschlichkeit verbreiten und auf Dinge aufmerksam machen, die anderen helfen können. Das Zinsgeldsystem zieht uns einerseits in die Unmenschlichkeit. Andererseits hängt das Zinsgeldsystem von einem gewissen Maß an Unmenschlichkeit in uns ab, damit wir weiter daran festhalten. Wenn wir also bewusst Menschlichkeit verbreiten, leisten wir genau den entscheidenden Beitrag, durch den das Zinsgeld eines Tages kollektiv seinen Griff auf unseren Geist verliert.

Während wir die vom Zinsgeld in uns erzeugte Negativität transformieren müssen, um uns davon lösen zu können, benötigen wir zusätzlich ein gewisses Maß an Selbstlosigkeit, um zu Systemen übergehen zu können, die ganz ohne Geld auskommen. Und diese unterschiedlichen geistigen Voraussetzungen für die Möglichkeit der Einführung eines zinsfrei fließenden Geldes im Vergleich zur Möglichkeit eines geldlosen Arbeitsbeitragssystem besprechen und durchleuchten wir im Laufe dieses Kapitels.

Unsere juristische Gefangenschaft im Zinsgeldsystem

Wenn wir zurzeit versuchen würden, eine zinsfrei fließende Gemeindewährung zu zirkulieren, wäre dieser Versuch illegal. Eine Gemeinde, die dies plant, würde sowohl von politischer Seite als auch von den Banken aus darauf hingewiesen, dass die Einführung einer Gemeindewährung gegen geltendes Recht verstößt. Das heißt, die in Kapitel 2 aufgezeigte Lösung der in Kapitel 1 aufgezeigten, vom Zinsgeld erzeugten Probleme wurde gesetzlich verboten. Natürlich hat die Hochfinanz die Netze, die uns im System gefangen halten, überall hin ausgebreitet, vor allem in den Bereich der Gesetzgebung.

Wir können davon ausgehen, dass diese äußeren Fesseln an das bestehende destruktive System eine Widerspiegelung des kollektiven Bewusstseins sind. Wenn dieses Bewusstsein weiter aufwacht und wenn genug

Menschen unser Zinsgeldsystem als zentrale Ursache der Probleme in dieser Welt erkennen und sich der Lösungsmöglichkeiten für die vom Zinsgeldsystem erzeugten Probleme bewusst werden, wird sich irgendwann eine Tür auftun, die Lösung auch zu etablieren, ohne dass sich die Befreiung der Gesellschaft noch juristisch verhindern lässt. Am Ende kann die Hochfinanz die Gesetze so verdrehen wie sie will und unsere Versklavung zur Freiheit erklären wie sie will: Wenn wir beharrlich unsere Befreiung anstreben, obwohl die Hochfinanz u.a. alle Versuche, dies durch ein zinsfrei fließendes Geld zu tun, fortlaufend juristisch unterbindet, so kann sie ganz am Ende doch höchstens das System kollabieren lassen, um alles ins Chaos zu versetzen, aus dem heraus sie hofft, uns ihren Willen aufzwingen zu können. Und diesen Moment zumindest werden wir haben, um ein zinsfrei fließendes Geld einzuführen, das die Versorgung sichert und durch die sichere Versorgung dann auch das Chaos beendet. Das wäre dann der Moment der Befreiung, in dem die Hochfinanz ihre Macht verliert und wir unsere Souveränität erlangen.

Da einerseits die kollektive Anhaftung an das Zinsgeld immer noch so stark ist und zu ihrer Transformation weiterer Frustrationen bedarf und andererseits – als Widerspiegelung der kollektiven Anhaftung – die Kontrolle der Hochfinanz so umfassend und durchdringend ist, dass wir ein zinsfrei fließendes Geld auf längere Sicht nicht werden einführen können, besteht also eine sehr hohe Wahrscheinlichkeit, dass wir den Wandel erst in einer abschließenden Systemkrise bewirken können, in der das Zinsgeld seinen Wert verliert und ein Versorgungschaos entsteht, zu dessen Lösung die Gemeinden dann zinsfrei fließendes Geld einführen können.

Es ist also ratsam, unseren Fokus nicht auf den Versuch zu legen, die geltenden Gesetze zu ändern, sondern zunächst anzunehmen, was wir nicht ändern können und unseren Fokus auf die Vorbereitung auf die Krise legen, die unweigerlich kommen muss. Wir können uns materiell, mental und psychisch darauf vorbereiten. Das befreit uns von einem Hader und einem Ringen mit einem System, durch die wir nur Energie verlieren. Das System ist nicht deshalb nicht wandelbar, weil wir durch Gesetze versklavt werden, sondern weil die Mehrheit daran festhält. Anstatt mit dem System zu hadern, sagen wir uns: „Die Mehrheit braucht noch Zeit." Der Gedanke hat viel mehr Kraft.

Wir sollten uns also keine zu großen Sorgen wegen der Gesetzeslage machen, weil uns Sorgen machen um Dinge, die wir nicht ändern können, uns nur Energie raubt.

Vorbereitung auf die abschliessende Systemkrise/Geldentwertung

Es dürfte klar sein, dass unsere jetziges System über kurz oder lang auf eine Krise zusteuert, die allein mit den Mitteln des Systems unabwendbar ist. Wenn wir uns also der kommenden Gefahr bewusst sind, ist es richtig und wichtig, uns Gedanken über die Lösungsmöglichkeiten zu machen und wie wir uns am besten auf einen Kollaps des Systems vorbereiten. Es wäre geradezu fahrlässig, uns der kommenden Krise bewusst zu sein UND keine Vorkehrungen zu treffen, diese zu bewältigen. Wenn das Zinsgeldsystem kollabiert, ohne dass die Gemeinden Pläne in der Schublade haben, wie die vom Systemkollaps erzeugten Probleme zu lösen sind, wird er uns unnötig hart treffen. Wir sollten uns in den Gemeinden also vorbereiten.

Ich denke, dass die wichtigste Vorbereitung darin besteht, die Diskussion über das Geldsystem in die Öffentlichkeit zu bringen. Die Erkenntnis der geldsystemischen Probleme wird die Menschen dazu bringen, sich Gedanken über die Lösungsmöglichkeiten zu machen. Dann ist es in den Gemeinden möglich, uns auf der Grundlage der Problemerkennung so auf die Krise vorzubereiten, dass wir Lösungen in der Schublade haben, die wir sofort umsetzen können, wenn sie gebraucht werden.

Nach den bisherigen Ausführungen stellt sich vielleicht die Frage, ob eine zinsfrei fließende Gemeindewährung oder die Pläne für ein geldloses Arbeitsbeitragssystem die bessere Vorbereitung ist. Schauen wir uns diese Frage zunächst in Bezug auf das geldlose Arbeitsbeitragssystem an.

Probleme bei GABS-Einführung während Zinsgeld-Kollaps

Vermögensverzicht

So wie das zinsfrei fließende Geld, hat auch ein geldloses Arbeitsbeitragssystem das Potential, die Probleme der Menschheit grundlegend, umfassend und nachhaltig zu lösen, wenn wir ein solches denn umfassend zum Funktionieren bringen könnten.

Wenn eine Gemeinde keine zinsfrei fließende Währung in der Schublade hat, ist ein GABS als vorübergehende Lösung zur Sicherung der Versorgungslage natürlich in Ordnung. Wenn es jedoch zu einer Dauerlösung werden soll, ergeben sich Probleme, die sich noch aus unserer Prägung durch das Zinsgeldsystem und seine Automatismen ergeben und die wir uns im Folgenden anschauen.

Innerhalb des Zinsgeldsystems, in dem die Menschheit lebt, ist die Realität durch die neun Automatismen des Zinsgeldes sowie durch die neun Ego-Teufelskreise bestimmt, die von den Automatismen des Zinsgeldes angefeuert werden. Es sind primär diese Ego-Teufelskreise im kollektiven Bewusstsein, die den Übergang zu einem GABS schwierig machen.

Die Automatismen der Geldverknappung und Vermögensumverteilung verstärken kontinuierlich Mangelgefühle und Unzufriedenheit im kollektiven Bewusstsein. Wir haben das Gefühl, wir müssen unser Geld und unser Vermögen zusammenhalten, um uns vor der Gefahr zu schützen, vielleicht zu verarmen. Aus der Geldverknappung resultiert daher ein enormer Geiz und Materialismus und aus der Vermögensumverteilung ein Verlangen nach Vermögen.

In einem GABS gibt es kein Geld und kein Sachvermögen mehr, weil alles mehr oder weniger der Gemeinde gehört. Menschen, die Jahre oder Jahrzehnte ihres Lebens damit zugebracht haben, sich ein gewisses Sachvermögen aufzubauen, werden das Gefühl haben, durch ein GABS alles zu verlieren, wofür sie gearbeitet haben. Jetzt haben sie durch die Krise des Zinsgeldsystems schon ihr ganzes Geld verloren und sollen auch noch ihr ganzes Sachvermögen verlieren. Auch wenn die Gesellschaft als Ganzes mit einem GABS viel wohlhabender ist als in unserem heutigen System, ändert sich das subjektive Empfinden nicht, durch ein GABS alles zu verlieren. Entsprechend wird der Widerstand gegen ein GABS sein. Die Einführung eines GABS als Dauerlösung wird selbst bei einem Kollaps des Zinsgeldsystems schwierig sein.

Der Automatismus' des Vernichtungswettbewerbs verstärkt ständig die Benachteiligungsgefühle im kollektiven Bewusstsein. Diese Gefühle werden zu Feindseligkeit und Aggressivität gegenüber vermeintlichen Konkurrenten und Andersdenkenden verarbeitet.

Ein GABS lässt sich nur einführen, wenn sich die Stimmung in einer Gemeinde durch solidarische Kooperation und gewaltfreie Kommunikation der Gemeindemitglieder miteinander auszeichnet. Ein schwieriger Übergang vom Zinsgeld zum GABS, selbst nach der Desillusionierung durch den Zinsgeldsystem-Kollaps.

Der Automatismus der Verdrehung verstärkt ständig die Zwangsgefühle im kollektiven Bewusstsein. Diese Zwangsgefühle werden zu Unverbindlichkeit und Unredlichkeit (sich nicht an die Regeln halten, seine Pflichten nicht erfüllen) verarbeitet, so dass von anderer Seite noch mehr Zwang eingesetzt wird, um die Einhaltung der Regeln und Pflichten zu erzwingen. Der Teufelskreis des Zwanges zerstört, wenn er bei der Organisation eines GABS im kollektiven Bewusstsein zu stark ist, die Möglichkeiten einer freiheitlichen Ordnung und macht aus einem GABS entweder eine Art kommunistischer Diktatur oder lässt es ins Zinsgeldsystem zurückfallen, was so ungefähr dasselbe ist. Denn auch die automatische Umverteilung führt am Ende dazu, dass sich das Vermögen zwangsläufig in den Händen weniger befindet, die dem Rest ihre Regeln dafür aufzwingen können, noch an genug Geld zum Leben zu kommen. Ob sich eine Diktatur am Ende kapitalistisch, kommunistisch, faschistisch oder sonst wie nennt, spielt keine Rolle. Jede Diktatur ist faschistisch (Faschismus heißt, anderen die eigene Ordnung mit Gewalt aufzuzwingen). Der Kommunismus ist konzeptionell und essentiell das Endziel des Kapitalismus‘. Der kapitalistische Vernichtungswettbewerb schluckt am Ende alle Unternehmen, die noch nicht der Hochfinanz gehören. Dann sind alle besitzlos gleich und die Hochfinanz hat alles = Kommunismus. Eine Gleichheit aller ohne diktatorische Macht einer Elite kann nur funktionieren, wenn sie von unten – von den Gemeinden – umgesetzt wird. Und da ist das kollektive Bewusstsein heute und vermutlich auch vor der kommenden Systemkrise/Geldentwertung noch nicht so weit.

Fehlender Wettbewerb

Wenn die Menschheit direkt von einem Zinsgeldsystem, das sich durch Vernichtungswettbewerb auszeichnet, übergeht zu einem System ganz ohne Wettbewerb, treten einige Probleme auf, die ein effizientes Arbeiten in der Gemeinde schwierig machen:

-Viele der Systemverlierer haben sich im Zinsgeldsystem angewöhnt, gegen das System zu sein und stellen Zinsgeldsystem und Gesellschaft gleich. Das heißt, sie sind einfach gegen die Gesellschaft und gegen das Mitmachen in dieser Gesellschaft. Viele haben Verweigerungsgewohnheiten angenommen. Solche Menschen müssen erst wieder erlernen, sich als gleichberechtigtes und mitverantwortliches Mitglied einer Gemeinschaft zu verstehen. Viele müssen es sich erst wieder zur Gewohnheit machen, überhaupt zu arbeiten, geschweige denn, effizient zu arbeiten. Wenn es zwischen Zinsgeldsystem und geldlosem Arbeitsbeitragssystem eine Zwischenstufe gibt, in der es leicht ist, an Arbeit zu kommen, und diese Arbeit für alle gut bezahlt wird, kann das zinsfrei fließende Geld eine Resozialisierung und Wiedereingliederung ermöglichen, die bei einem abrupten Übergang zu einem geldlosen System schwer werden dürfte.

-Die Gewohnheit, nur für Geld zu arbeiten, sitzt tief. Obwohl es in Bezug auf die Auswirkungen des Geldes auf die Welt und auf unser Bewusstsein keine Gemeinsamkeiten zwischen Zinsgeld und einem zinsfrei fließenden Geld gibt, besteht immerhin die wichtige Gemeinsamkeit, dass die Wirtschaft mit Produzenten und Dienstleistern funktioniert, die für Geld arbeiten. Das verbindende Element des Geldes kann genutzt werden, die Gesellschaft in jene positiven pädagogischen Auswirkungen einzugewöhnen, die vom zinsfrei fließenden Geld hervorgerufen werden, nämlich dass alle ungeachtet ihres Vermögens einen Arbeitsbeitrag leisten, dass einige Stunden effizienter täglicher Arbeit einen ausreichenden Wohlstand erzeugen, dass alle über genug Freizeit und Ressourcen verfügen, sich in den Bereichen, in denen wir gerne arbeiten möchten, weiterzubilden, dass Arbeit tatsächlich nicht ausgebeutet wird und einen verantwortlichen Beitrag zum Wohl der Gemeinschaft bedeutet und dass neue Ideen und Errungenschaften allen zugänglich gemacht werden. Es geht um das Einüben der Erfahrung von Gemeinschaft, gegen die wir nicht sein müssen, von der wir ein Teil sind und der zu dienen auch eine Zufriedenheit und Dankbarkeit schenkt. Wenn diese Erfahrungen durch das zinsfrei fließende Geld verankert werden, wird ein gänzlich geldloses System überhaupt erst allmählich möglich.

-Die Sucht nach Geld wird von Zinsgeld erzeugt und von zinsfrei fließendem Geld nicht. Das Arbeiten für ein zinsfrei fließendes Geld befriedigt aber noch den Wunsch, für unseren eigenen Vorteil zu arbeiten. Es ist eine Art Medikament zur Entwöhnung von der Sucht nach Geld, die vom Zinsgeld erzeugt wird. Sobald wir in Bezug auf Geld „trocken“ oder „clean“ sind, wird ein geldloses Arbeitsbeitragssystem eher machbar sein.

-Der Übergang von der Machtkonzentration des Zinsgeldsystems zur Dezentralisierung des Arbeitsbeitragssystems wird schwierig. Wie leicht ist es heute, dass die EU, Bundesregierung oder Landesregierung Projekte auf Gemeindeebene mit Verweis auf geltendes Recht oder internationale Verträge einfach verbietet. Unsere Gemeinden sind heute nicht autark, nicht wirklich selbstbestimmt. Bei einem Übergang von zinsfrei fließendem Geld zu einem Arbeitsbeitragssystem ist die erforderliche dezentrale Struktur bereits vorhanden, weil das zinsfrei fließende Geld eine solche dezentrale Struktur automatisch erzeugt. Es gibt keine Reibung zwischen den Gemeinden und zentralen Stellen. Das spricht dafür, das zinsfrei fließende Geld zuerst und als Zwischenstufe einzuführen.

-Das Zinsgeldsystem erzeugt angsteinflößende Missstände. Bei einem Übergang zu einem geldlosen System wird das weggenommen, was bisher am meisten als Beruhigungsmittel gegen die Ängste eingenommen wird, nämlich das Zinsgeld. Der Wegfall nicht nur des Zinsgeldes durch die

Geldentwertung, sondern gleich allen Geldes überhaupt kann Ängste auslösen, die einen blockierenden Effekt auf die beginnenden Arbeitsgruppen haben, bevor sich solche richtig etablieren.

Es ist deutlich, dass ein Übergang von Zinsgeld zu GABS zu radikal und daher kaum machbar sein und leicht zu einem Rückfall führen könnte.

Praktische Überlegungen zu GABS vor der Geldentwertung

Ein GABS hat einen Vorteil gegenüber einem zinsfrei fließenden Geld, der einen Einsatz bereits während des jetzt noch bestehenden Zinsgeldsystems möglich macht: Es fällt nicht unter die Gesetze, die die Zirkulation einer weiteren Währung verbieten. Aber selbst wenn ein GABS erfolgreich eingeführt werden könnte, gäbe es problematische Rückwirkungen, die wir uns weiter unten anschauen.

Das Zinsgeldsystem lässt einen immer größeren Anteil des von der Wirtschaft verdienten Geldes den Vermögenden als Zins zufließen. Dadurch bleibt ein immer geringerer Anteil dieses Geldes für die Bezahlung von Arbeit übrig. In der Folge werden die Arbeitenden immer schlechter bezahlt und die Arbeitslosigkeit wächst immer mehr.

Im Prinzip stellt die so erzeugte Arbeitslosigkeit eine zunehmende Freisetzung der einen Ressource dar, die das geldlose Arbeitsbeitragssystem am meisten braucht: Arbeitskräfte.

Die hohe Arbeitslosigkeit bietet also eigentlich die Chance, ein geldloses Arbeitsbeitragssystem parallel zu unserem Zinsgeldsystem einzuführen. Was es hierfür braucht, ist ein ausreichendes Bewusstsein, diese Arbeit als Dienst zu verrichten, nicht um Forderungen stellen zu können. Wenn die Arbeitslosen – so wie ein großer Teil der übrigen Gesellschaft – von Anspruchsdenken bestimmt werden, werden sie versuchen, ihren Beitrag für die Arbeitsgruppen gering zu halten und möglichst viel an Leistung aus ihnen herauszuholen. Das wird dann nicht funktionieren.

Natürlich wäre es im Prinzip wunderbar, mit den Arbeitslosen ineinander greifende Arbeitsgruppen zu schaffen, die Projekte in jenen Bereichen der Gesellschaft realisieren, die am meisten unter dem Mangel an Arbeitskräften leiden: Biologische Landwirtschaft, soziale Berufe und Handwerk.

Es könnten Experten aus diesen Bereichen eingebunden werden:

– Biologische Landwirte, die die Unterstützung von Arbeitskräften benötigen und diese mit einem Teil ihrer Ernte „bezahlen“ könnten, bzw. würden diese Teile der Ernte alle Teilnehmern an den Arbeitsgruppen zugutekommen, auch denen, die außerhalb der Landwirtschaft arbeiten.

– Handwerker, die Projekte für Gemeinden, Vereine und soziale Einrichtungen durchführen und die Teilnehmer dabei anlernen.
– Pfleger und Betreuer, die dringend Unterstützung brauchen.

Bei den beiden letzten Fällen ist es schwieriger, sich eine Vergütung der Teilnehmer mit Sachen oder Dienstleistungen vorzustellen. Eher könnte es funktionieren, ihnen in Aussicht zu stellen, dass sie zusätzlich zu ihrem Arbeitslosengeld oder Hartz IV weiteres Geld verdienen können, das sie behalten dürfen, wenn sie mit einer bestimmten Stundenzahl an den Arbeitsgruppen teilnehmen. Dies würde das Arbeitslosengeld zu einer Art bedingtem Grundeinkommen machen, einem Grundeinkommen für einen Mindestbeitrag für die Gesellschaft.

Im Prinzip ist es auch denkbar, dass Gemeinden eine Art „kommunaler Arbeitsbeitragssteuer" erheben: Jedes arbeitsfähige Gemeindemitglied – auch schon Schüler und Studenten ab einem bestimmten Alter – müssen 3 Stunden pro Woche eine Arbeit für die Gemeinde leisten. Dies würde große Kapazitäten schaffen, die Kosten der Gemeinde in wichtigen Bereichen zu senken, in denen Arbeit als „Steuer" für sie erbracht wird. Alle Gemeinden könnten der Landwirtschaft helfen, auf biologischen Anbau umzustellen. Dadurch würden Nahrung und Wasser rein. Das Insekten- und vor allem das Bienensterben könnte gestoppt werden. Die Landwirte könnten die Arbeitskräfte der Gemeinde mit Feldfrüchten bezahlen. Dies würde auch die Lebensmittelversorgung lokalisieren und die Grundwasserqualität erhöhen und in der Summe die Gesundheit aller Gemeindemitglieder verbessern. Das heißt, diese Steuer der Gemeindemitglieder wäre nicht ohne Gegenleistung: Alle würden gesunde Lebensmittel, reineres Trinkwasser und möglicherweise andere, von den Arbeitsgruppen hergestellte Dinge für ihren Beitrag bekommen, so dass sie ihre Lebenshaltungskosten senken können.

Das Wichtigste wäre dabei: Die Gemeindemitglieder würden einen ersten Geschmack davon bekommen, wie es wäre, wenn die gesamte Wirtschaft einer Gemeinde auf solchen Arbeitsbeitragsgruppen basierte und alle mit allem versorgt würden, ohne dass Geld zirkuliert.

Ein wesentliches Problem dabei ist die steuerliche Differenzierung zwischen Menschen, die für ein bedingtes Grundeinkommen arbeiten und sich darüber hinaus weiteres Geld verdienen können und Menschen, die in Vollzeit für relativ wenig Geld arbeiten. Es ist kaum möglich, das Ganze gerecht zu besteuern. Entweder müsste der Steuersatz auf das zusätzlich zum bedingten Grundeinkommen verdiente Geld extrem hoch sein, so dass sich zusätzliche Arbeit wieder kaum lohnt und die Versuchung, Schwarzarbeit zu leisten extrem hoch wird, oder die Besteuerung der schlecht verdienenden Vollzeitarbeitskräfte müsste deutlich sinken, was aufgrund der automatisch steigenden Staatsverschuldung kaum machbar ist. Öffentliche Kassen können sich im Zinsgeldsystem sinkende Steueraufkommen nicht leisten. Wenn klar ist, dass Menschen mit einem bedingten Grundeinkommen gut leben können, würde vielleicht auch ein zu großer „Run" darauf entstehen, so dass sich das Finanzierungsproblem verschärft.

Grundlegend würde das zinsgeldbedingte Problem der Umverteilung durch ein bedingungsloses oder bedingtes Grundeinkommen jedenfalls nicht gelöst werden: Wenn die Arbeitenden die Arbeitslosen finanzieren müssen und die Hochfinanz und ihre Konzerne zahlen nur sehr geringe Steuern – immer mit dem Argument, dass Konzerne das Land verlassen, wenn sie zu hoch besteuert werden, und zu viele Arbeitsplätze verloren gingen – dann löst ein Grundeinkommen keinerlei Probleme. Es fehlt schlichtweg an Geld, wenn die Hochfinanz und ihre Konzerne sich nicht oder viel zu wenig an den Kosten beteiligen.

Ein weiteres grundlegendes Problem bei der Einführung von geldlosen Arbeitsbeitragsgruppen in unser bestehendes Geldsystem ist die Auswirkung erfolgreicher Arbeitsgruppen auf die Rentabilität der Unternehmen. In dem Maße, in dem es gelingt, Projekte für den täglichen Bedarf von Menschen umzusetzen, die dann allen Teilnehmern und anderen hilfsbedürftigen Menschen, die selbst nicht in der Lage sind zu arbeiten, kostenlos zur Verfügung stehen, in dem Maße werden bestimmten Unternehmen und anderen Marktteilnehmern auch Kunden weggenommen. Eine Überfülle an Produkten im Markt zerstört die Preise und damit die Profitabilität von Unternehmen. D.h. den Unternehmen werden nicht nur Kunden weggenommen, sondern auch die Preise sinken. Der Umsatz sinkt und die Profitabilität sinkt noch schneller. Umsatzeinbußen und noch stärkere Profitabilitätsverluste von Unternehmen in einer Wirtschaft, die durch das Zinsgeld von einem Verdrängungswettbewerb geprägt ist, führen relativ rasch zu deren Insolvenz.

Wenn die Gemeinde ihre Kosten drastisch senkt, indem die Gemeindemitglieder viele wichtige Arbeiten als „Steuer" beitragen, verlieren die Unternehmen, die von Gemeindeaufträgen leben, ihre Existenzgrundlage.

Ein erfolgreiches Arbeitsbeitragssystem wird also eine negative Rückwirkung auf die Profitabilität von Unternehmen haben, die sich in denselben Marktbereichen bewegen wie die Gruppen des Arbeitsbeitragssystems.

Ein um sich greifender Erfolg mit einer Ausdehnung auf immer mehr Bereiche der wirtschaftlichen Versorgung der Gesellschaft wird die Unternehmen der Wirtschaft nach und nach kollabieren lassen, weil sie nicht konkurrieren können. Die Arbeitsgruppen des Arbeitsbeitragssystems müssen keinen Kapitalertrag erwirtschaften, den sie an Investoren oder Kreditgeber abtreten müssen.

Eine starke Ausbreitung von GABS-Arbeitsgruppen im bestehenden Zinsgeldsystem wird relativ rasch Unternehmen insolvent machen. Wenn die Arbeitsgruppen in diesem Moment noch nicht ausreichend viele Produkte für die Gemeinde erzeugen, können Mangelsituationen auftreten. Die Versorgungssituation verschlechtert sich tendenziell.

Ein weiterer Aspekt, der einen tatsächlichen Übergang vom Zinsgeldsystem zu einem geldlosen Arbeitsbeitragssystem weltweit gesehen schwierig macht, besteht in dem immensen Nachholbedarf, den ein großer Teil der Menschheit hat, sobald die Reichtümer der Erde gerecht verteilt werden. Wenn das Zinsgeld und alles Geld überhaupt von hier auf jetzt wegfiele und geldlose Arbeitsbeitragsgruppen in den Gemeinden übernähmen die gesamte wirtschaftliche Tätigkeit, würde vermutlich das nötige Bewusstsein fehlen, die umfangreichen Arbeiten anzugehen, die zur Lösung der Menschheitsprobleme geleistet werden müssen. Das Zinsgeld stellt zwar die direkte Ursache für die schrecklichen Zustände auf der Erde dar, aber diese Zustände wären nicht automatisch geregelt, wenn das Zinsgeld und alles Geld überhaupt wegfiele.

Es gäbe immer noch Milliarden von Menschen in bitterster Armut. Es gäbe immer noch großes Analphabetentum und zu wenige Bildungsinstitutionen, eine für viele Menschen unzureichende Gesundheitsversorgung, zu wenig sauberes Trinkwasser, unzureichende Infrastrukturen, zu wenige Wälder und zu viele öde Flächen, die wieder aufgeforstet werden müssen, eine viel zu verschmutze Umwelt und vor allem viel zu verschmutzte Meere, die dringend vom Müll gereinigt werden müssen, zu wenige Geräte, die umweltfreundliche Energien herstellen und so weiter.

Geldlose Arbeitsbeitragsgruppen wären damit überfordert, wenn alle diese Arbeiten aus einem Bewusstsein selbstlosen Dienens an der Gesellschaft und an der Menschheit geleistet werden müssen. Selbstloser Dienst könnte ein Aspekt dieser Arbeiten sein, aber beim aktuellen Bewusstsein der Menschheit bräuchte es wohl einen Anreiz für einen persönlichen wirtschaftlichen Vorteil. Deswegen kann man wohl davon ausgehen, dass sich ein GABS vor der Geldentwertung nicht großartig ausbreiten wird und auch in der Geldentwertung ein Übergang zu einem zinsfrei fließenden Geld weitaus praktikabler sein dürfte. Was wir uns im Weiteren anschauen.

Übergang von Zinsgeldsystem zu zinsfrei fliessendem Geld

Bevor wir die praktischen Ausführungen zu einem Übergang von Zinsgeld zu zinsfrei fließendem Geld weiter besprechen, schauen wir uns an, wie sich ein zinsfrei fließendes Geld in das vom Zinsgeld erzeugte kollektive Bewusstsein integrieren ließe.

Der Automatismus der Geldverknappung verstärkt ständig die Mangelgefühle im kollektiven Bewusstsein. Mangelgefühle machen uns geizig und materialistisch, so dass wir uns zu unserer materiellen Sicherung an unser Geld und Vermögen klammern. Der Widerstand gegen ein zinsfrei fließendes Geld und eine Bodenpacht dürfte in diesem Aspekt erheblich geringer sein als gegen ein GABS. Auch wenn Grund und Boden besteuert werden, bleibt beim zinsfrei fließenden Geld immerhin alles Privatvermögen (das rechtmäßig erworben wurde) bestehen. Niemandem wird etwas weggenommen, was rechtmäßig seins ist. Vermögen bleibt bestehen und kann auch weitervererbt werden.

Der Automatismus der Umverteilung verstärkt ständig die Unzufriedenheit im kollektiven Bewusstsein. Unzufriedenheit schürt unser Anspruchsdenken. Menschen sind in unserer Zeit sehr daran gewöhnt, dass ihr Vermögen auch zu Zinseinnahmen in irgendeiner Form führt: Sparzinsen, Mietzinsen, Kapitelerträge, Profite, Renditen etc. Alle diese Zinseinnahmen tendieren nach der erfolgreichen Einführung eines zinsfrei fließenden Geldes stets gegen null. Dies führt zu einer viel besseren Bezahlung aller geleisteten Arbeit. Während die Arbeitenden also vom zinsfrei fließenden Geld sehr profitieren, könnten die Vermögenden Widerstand leisten. Vor allem der Widerstand der Grundbesitzer gegen eine Bodenpacht, die für das fließende Geld essentiell ist, könnte groß sein. Da es immer mehr Gemeinden gibt, bei denen ein immer größerer Anteil von Grund und Boden unbekannten ausländischen Superreichen gehört und eine Bodenpacht letztlich bedeutet, dass sich die Gemeinden die Hoheit über ihr Gemeindegebiet zurückholen, ist die Einführung einer Bodenpacht (und eines daraus finanzierten bedingungslosen Grundeinkommens) aus einer Geldentwertung heraus dennoch gut denkbar, vor allem wenn das zinsfrei fließende Geld eine sonst nicht bestehende Versorgung sichert. In diesem Bereich gibt es zur Bewältigung einer Geldentwertungskrise eine bessere psychologische Machbarkeit als bei der Einführung eines GABS, in dem es gar kein Vermögen mehr gibt. Jedenfalls dürfte der Moment der Geldentwertungskrise auch der Moment der größten Machbarkeit der Einführung eines zinsfrei fließenden Geldes sein, weil es in dem Moment auch keine Alternative zum zinsfrei fließenden Geld als Zahlungsmittel gäbe. Das Zinsgeld selbst ist dann ja gerade wertlos geworden.

Das zinsfrei fließende Geld ist weniger als das GABS abhängig davon, dass die Menschen ein Bewusstsein des Dienens entwickeln.

Ein Bewusstsein, das mehr dem Wohl der Gemeinschaft als dem persönlichen Vorteil dienen will, genügt schon. Die in der Wirtschaft erbrachte Arbeit wird bezahlt, sogar weit besser bezahlt als im Zinsgeldsystem, so dass es für alle Arbeiten eine direkte Gegenleistung gibt. Da der Anreiz des Geldverdienens da ist, ist die Gefahr in einen Teufelskreis des Zwanges zu geraten, um das Funktionieren des Systems zu erzwingen, im Vergleich zum GABS vernachlässigbar. Auch hier gibt es eine weit bessere psychologische Machbarkeit für einen Übergang von Zinsgeld zu einem ZFG als für einen Übergang zum GABS.

Letztlich, wenn man zu viel auf einmal will, ist die Gefahr eines Rückfalls groß. Diese Gefahr besteht bei dem zu radikalen Übergang von Zinsgeld zu einem GABS. Ein Übergang vom Zinsgeld zum zinsfrei fließenden Geld ist gradueller und daher machbar und Erfolg versprechend.

Praktische Erwägungen zur Einführung von ZFG und Bodenpacht

Es gibt kaum Gemeinsamkeiten zwischen dem Zinsgeldsystem und einem System zinsfrei fließenden Geldes. Die Auswirkung auf Gesellschaft und Umwelt sind in allen Bereichen diametral gegensätzlich. Und dennoch gibt es zwei gemeinsame Elemente, die ermöglichen, dass der Übergang aus einer Geldentwertungskrise heraus relativ harmonisch ablaufen und die Krise nachhaltig und rasch beenden kann:

1) Beide Systeme arbeiten mit Geld.

2) Bei beiden Systemen ist die Wirtschaft in Unternehmen organisiert, die im Wettbewerb miteinander stehen.

Wenn die Wirtschaft auf zinsfrei fließendes Geld umstellt, wird der Umverteilungs- und Machtkonzentrationssog des Zinsgeldes in sein Gegenteil verkehrt und das Geld wird sich auf die Suche nach den arbeitswilligen Menschen machen, um der Geldsteuer zu entgehen. Projekte zur Steigerung des Lebensstandards der Armen, zur Säuberung und Wiederherstellung der Umwelt und zur Schaffung umweltfreundlicher Energiequellen, werden gigantische Ausmaße annehmen können, Ausmaße, die dem entsprechen, was wir zur Rettung der Erde auch benötigen. Diese Arbeiten sind gewaltig und können von Unternehmen, die in einem Wettbewerb stehen, effizienter abgewickelt werden als von kommunalen Arbeitsgruppen. Bis wir einen Status erreicht haben, in dem die gesamte Menschheit wohlhabend ist, 100% der globalen Energieversorgung umweltfreundlich ist, die Umwelt nicht mehr verschmutzt wird, der Planet und seine Meere von Müll gereinigt sind, ein großer Teil des Brach- und Wüstenlandes dieses Planeten mit Bäumen begrünt ist – bis dahin werden wir das ZFG brauchen.

Umkehrung der Macht durch die Geldentwertungskrise

Wenn sich die vom Volk gewählte Regierung nicht für einen positiven Wandel zum Wohle der Gesamtheit einsetzt, weil dieser gegen die Interessen von Menschen verstößt, von denen die Regierung abhängig ist, lohnt es sich, einen differenzierteren Blick auf folgende Frage zu werfen: Was ist Demokratie? Demokratie heißt wörtlich „Herrschaft der Gemeinde" (das altgriechische „demos" heißt Gemeinde). Es wird auch als „Herrschaft des Volkes" übersetzt, wobei das Wort „Volk" nur die Bewohner in einem bestimmten Bereich meint. Es bezieht sich nicht unbedingt auf das Volk eines ganzen Staates. Es gibt das Volk des Staates. Es gibt unter Umständen das Volk eines „Einzelstaates" oder „Bundeslandes". Es gibt je nach politischer Struktur vielleicht auch das Volk eines „Bezirks" oder „Kreises" oder „Departements" oder „Grafschaft" oder „Kantons". Und es gibt in jedem Fall und überall auf der Erde jeweils das Volk einer Gemeinde, das Gemeindevolk. Wenn das Volk herrschen soll, wenn es so viel Demokratie, soviel Mitsprache des Einzelnen wie möglich geben soll, muss die oberste Herrschaft auch vom Volk an der Basis ausgehen, also vom Gemeindevolk.

Demokratie ist also die Herrschaft der Gemeinde, da diese Ebene der Basis, dem Volk am nächsten ist. In einer echten Demokratie geht die Macht vom Volk, d.h. von der Gemeinde, aus und nimmt nach oben hin immer mehr ab. Eine Gemeinde delegiert an einen Kreis nur, was sinnvollerweise - nach Ermessen der Gemeinde - auf dieser zentraleren Ebene geregelt wird. Nach Ermessen der Gemeinde heißt, sie kann diese bloß delegierte Macht jederzeit zurückziehen, z.B. wenn sie der Meinung ist, dass sie nicht ausreichend in ihrem Interesse oder sogar gegen ihr Interesse genutzt wird. Dasselbe gilt für alle weitere Macht, die vom Volk, also von der Gemeinde, nach weiter oben zu noch zentraleren Stellen delegiert wird.

Wenn die Gemeinde feststellt, dass die vom Gemeindevolk an eine weiter oben befindliche, zentralere Stelle delegierte Macht nicht in ihrem Sinne eingesetzt wird, kann sie diese Delegierung jederzeit zurückziehen. Sie kann in diesem Sinne jederzeit nach eigenem Ermessen aus einem Kreis, einem Land oder einem Staat austreten, wenn sie mit der Art ihrer Vertretung nicht einverstanden ist.

Wenn wir sagen: „Das Volk ist der Souverän" ist das ein wenig abstrakt, weil nicht ausreichend definiert ist, welches Volk auf welcher Ebene politischer Organisation denn gemeint ist. Wenn wir uns einig sind, dass die Macht vom Volk ausgehen muss, von unten nach oben, dann ist auch klar, dass es nur einen konkreten (also nicht abstrakten Souverän) gibt, nämlich eindeutig und ausschließlich die Gemeinde. Nicht der Kreis, nicht das Land, nicht der Staat und vor allem kein Staatenbund wie die E.U. Die Macht auf diesen Ebenen ist nur delegiert, nur indirekt. Nur die Macht der Gemeinde geht direkt vom Volk aus. Wenn das Volk eines Staates eine Regierung wählt, und das Volk einer Gemeinde eine Regierung wählt, sind beide Regierungen direkt gewählt. Wenn dann aber die Regierung eines Staates Gesetze erlässt, die der Regierung der Gemeinde nicht gefallen, kann die Demokratie nur geschützt werden, wenn klar ist, dass die Gemeinde den Gesetzen des Staates NICHT unterworfen ist.

Die Gemeinde hat sich zwar zum Teil eines Ganzen, eines übergeordneten Staates gemacht, aber in einer echten Demokratie muss dieses „sich zum Teil eines größeren Ganzen" zu machen, rückgängig zu machen sein, sonst hat die Gemeinde, die der Souverän ist, kein effektives Mittel mehr, eine Entmachtung, der sie zugestimmt hat, rückgängig zu machen.

Da die Gemeinde der Souverän ist, muss Folgendes den Menschen in jeder Gemeinde klar sein: Der Souverän kann seiner Entmachtung zugunsten höherer Stellen zustimmen. Aber diese Entmachtung bezieht ihre Gültigkeit immer ausschließlich aus dem Umstand, dass es sich um eine Entscheidung des Souveräns handelt. Auch wenn der Souverän vollständig entmachtet ist, ist er immer noch der Souverän. Der Souverän kann de facto juristisch nicht auf seine Position als Souverän verzichten. Der Souverän ist und bleibt der Souverän. Alle Macht geht vom Souverän aus, immer und unveränderlich. Das Recht des Souveräns, delegierte Macht zurückzunehmen, ist unveräußerlich. Wenn die Gemeinde den Gesetzen des Staates machtlos unterworfen ist, haben wir hier nicht eine Herrschaft des Volkes (Demokratie, Herrschaft der Gemeinde), sondern eine Diktatur einer übergeordneten Mehrheit (Pseudodemokratie).

Demokratie ist die „Herrschaft der Gemeinde".

Wir haben hier also ein klares Unterscheidungskriterium zwischen echten Demokratien und Pseudodemokratien:

Demokratie = jede Gemeinde ist der Souverän; der Souverän entscheidet selbst, ob er die von seinem Gemeindevolk an eine höhere Stelle delegierte Macht auch weiterhin delegiert oder effektiv zurücknimmt; Pseudodemokratie = das Volk einer Gemeinde ist den Entscheidungen und Gesetzen höherer Stellen machtlos unterworfen, wenn es einmal Macht an eine höhere Stelle delegiert hat; in einer Pseudodemokratie lässt sich die einmal delegierte Macht nicht mehr oder kaum noch zurückholen.

Es ist leicht zu sehen, dass es in unserer Welt des 18.-21. Jahrhunderts bisher nur Pseudodemokratien auf der Erde gibt. Die Schweizer, die eigentlich am nächsten an einer Demokratie dran waren, haben sich ihre Demokratie durch die Automatismen des Zinsgeldes nehmen lassen.

Eine echte Demokratie einführen zu können, erfordert also ein hohes Maß menschlicher Reife beim Volk in der Gemeinde, viel Mitgefühl mit den Problemen anderer, Verständnis für die Sichtweisen anderer und diplomatische Weisheit beim Anstreben des Ziels einer echten Demokratie. Es erfordert, dass all dies nicht nur bei einigen wenigen Menschen einer Gemeinde vorhanden ist, sondern bei sehr vielen, die in der Summe die Fähigkeit haben, eine Gemeinde zu einigen, so dass es in der Gemeinde keine Spaltung in Parteien und Fraktionen gibt, die sich gegeneinander ausspielen lassen und ihre Macht gegenseitig neutralisieren.

Tatsächlich ist es die Spaltbarkeit in den Gemeinden, die zu einer Pseudodemokratie führt. Es ist die Spaltbarkeit, die zu einer Diktatur der Mehrheit führt.

Durch den Parteien-Streit in den Gemeinden wird Macht höher verlagert. Ihr Streit macht sie zu kleinen Kindern, die man gängeln muss, weil sie alleine keine friedliche Lösung finden. Durch den Streit auf der höheren Ebene passiert dort dasselbe usw., bis mit demselben Argument auch den nationalen Regierungen ihre Macht weggenommen wird. Das Problem beginnt bei den Gemeinden und lässt sich bei den Gemeinden lösen. Wenn sich die Gemeindemitglieder genug verstehen, um zu kooperieren, gibt es keinen Grund und keine Rechtfertigung mehr, ihnen ihre Macht wegzunehmen.

Und bei einer Diktatur der Mehrheit gibt es keine Einigkeit mehr, einer Verlagerung der Macht an immer zentralere Stellen entgegenzuwirken, die das Volk (das Gemeindevolk) schließlich vollständig entmachtet.

Zur Erläuterung des Begriffs der Mehrheitsdiktatur: Wenn die Mehrheit einer Gesellschaft Minderheiten diskriminiert, so ist dies nachvollziehbar eine Art von Mehrheitsdiktatur. Es gibt keine Mehrheit, die groß genug sein könnte, dass sie das Recht hätte, Unrechtes zu tun. Es gibt Rechte, die stehen immer über allen demokratischen Beschlüssen. Demokratie muss immer auch die Rechte des Einzelnen schützen, solange dieser gesetzestreu ist. Demokratie ist also nicht, dass die Mehrheit eines Landes Gesetze erlassen darf, die einer Gemeinde ihr Recht auf Selbstbestimmung wegnimmt. Das ist Mehrheitsdiktatur, nicht Demokratie. Demokratie ist immer nur gegeben, wenn der Status der Gemeinde als Souverän erhalten und geschützt bleibt. Mehrheitsdiktatur ist also, wenn eine Mehrheit etwas bestimmt, was einer höheren Wahrheit gemäß nicht rechtens ist und dem Volk eine Macht wegnimmt, die ihm nicht weggenommen werden darf.

Erst die Fähigkeit einer Gemeinde (oder natürlich mehrerer Gemeinden) zur Einigung auf eine Lösung, die auch im technischen Sinne richtig funktioniert, wie das zinsfrei fließende Geld sie ist, kann echte Demokratie schaffen. Echte Demokratie braucht also eine ausreichende menschliche Reife, ein korrektes Verständnis des Wesens des Geldes und die Einführung eines zinsfrei fließenden Geldes (mit Bodenpacht), um eingeführt und nachhaltig aufrechterhalten werden zu können.

Dies ist ein weiterer Grund, warum ein direkter Übergang von einem Zinsgeld zu einem geldlosen Arbeitsbeitragssystem kaum möglich ist: Ein geldloses Arbeitsbeitragssystem kann wahrscheinlich erst eingeführt werden, wenn es bereits eine echte Demokratie gibt. Und eine echte Demokratie lässt sich in der Praxis am besten durch die erfolgreiche Einführung eines zinsfrei fließenden Geldes und einer Bodenpacht in die Gemeinden umsetzen. Da die Währungssouveränität über der politischen Souveränität steht, bedeutet das erfolgreiche Zirkulieren von zinsfrei fließendem Geld aus einer Geldentwertungskrise heraus, dass sich die Gemeinden selbst souverän machen und im gleichen Zug echte Demokratie einführen. Die Einführung einer zinsfrei fließenden Gemeindewährung aus einer Geldentwertungskrise heraus kehrt genau in diesem Moment also die Machtverhältnisse um und stellt sie wie oben dargelegt wieder vom Kopf auf die Füße, keine Herrschaft mehr durch die Hochfinanz, sondern echte Demokratie durch Währungssouveränität der Gemeinden.

Aus der Aussage Mayer Amschel Rothschilds „Gebt mir die Kontrolle über das Geldsystem und es ist egal, wer die Gesetze macht" lässt sich die höhere Wahrheit ableiten, dass es nur eine wirkliche Souveränität gibt, nämlich die Währungssouveränität. Nicht nur Deutschland ist nicht souverän, sondern kein Staat dieser Erde ist souverän, wenn die Währungssouveränität nicht beim Volk liegt. Der einzige tatsächliche Souverän dieser Erde war in den letzten Jahrhunderten und ist immer noch die globale Hochfinanz.

Wenn es also einer Gemeinde gelingt, eine zinsfrei fließende Gemeindewährung einzuführen, ist sie in dem Moment souverän. Das Problem ist, dass die übergeordneten Stellen dann noch nicht souverän sind und als Werkzeug des einzigen bis dahin bestehenden Souveräns, nämlich der Hochfinanz, benutzt werden können, die sich bildende Souveränität der Gemeinde zu verbieten und zu unterdrücken.

Daher wird die Einführung des zinsfrei fließenden Geldes wie schon gesagt erst im Moment der Geldentwertungskrise möglich sein, dann jedoch in besonderem Maße, weil die Menschen ihr Überleben mit einem funktionierenden Geld viel leichter und reibungsloser sichern können und weil es dann ums Überleben geht.

Das praktische Vorgehen

Es wird aufgrund der von der Hochfinanz über Jahrzehnte herbeigeführten Gesetzeslage kaum möglich sein, ein alternatives Wirtschaftssystem zu etablieren, bevor das bestehende System in eine große Krise geht. Wir müssen also einerseits mehr der weniger geduldig auf diese Krise warten und andererseits die Zeit bis dahin nutzen, uns gut vorzubereiten.

Und auch wenn die Krise dann da ist, wird die Einführung eines zinsfrei fließenden Geldes in der Praxis vermutlich nur von der Basis, also von den Gemeinden aus, erfolgreich sein, weil die Hochfinanz die Parlamente auch dann vermutlich immer noch ausreichend kontrolliert, um eine solche Einführung zu verhindern. Wenn es so weit ist, kann die gleichzeitige Einführung der folgenden 3 der 4 Elemente der zinsfreien Wirtschaft die größte Aussicht auf Erfolg haben: Zinsfrei fließendes Geld, Bodenpacht, Bedingungsloses Grundeinkommen. Die Ressourcensteuer lässt sich später einführen. Die gleichzeitige Einführung dieser drei Elemente schafft von Tag 1 der Einführung an geschlossene Geldkreisläufe.

Die Gemeinde kennt ja über das Katasteramt die genauen Eigentümer aller Flächen der Gemeinde. Sie wird auch den genauen Wert bestimmter Lagen kennen und so den Wert der einzelnen Grundstücke genau ausrechnen können. So kann sie genau berechnen, wieviel Bodenpacht sie im Monat einnimmt. Durch die Teilung dieses Betrags durch die Anzahl ihrer ortsansässigen Einwohner, die gemäß den von der Gemeinde selbst erlassenen Regeln zu einem bedingungslosen Grundeinkommen berechtigt sind, kann sie den genauen Betrag des bedingungslosen Grundeinkommens berechnen. Die Bodenpacht kann ganz in der zinsfreien Gemeindewährung bezahlt werden. Das bedingungslose Grundeinkommen wird ausschließlich in der Gemeindewährung ausgezahlt.

Durch die monatlich zu zahlende Bodenpacht weiß die Gemeinde, dass von Anfang an ein monatlicher Mindest-Betrag X des Gemeindegeldes gebraucht wird, um die Bodenpacht zahlen zu können. Der Start des Systems besteht dann darin, dass die Gemeinde selbst jedem Bürger zum Systemstart einmalig einen Betrag des so berechneten bedingungslosen Grundeinkommens in der neuen zinsfreien Gemeindewährung druckt und schenkt! Ab diesem Moment zirkuliert das Geld und jeder weitere Bedarf an diesem Geld wird durch Kredite des zinsfreien Gemeindegeldes bei den Gemeindebanken gedeckt. Die Banken leihen sich den zusätzlichen Bedarf von der das Geld emittierenden „Zentralbank" der Gemeinde oder üben selbst diese Funktion aus.
Das hat folgende Auswirkungen:
– Von Tag 1 an kommt jeder mindestens einmal im Monat über das bedingungslose Grundeinkommen in Besitz des zinsfreien Gemeindegeldes
– Von Tag 1 an lohnt es sich für jeden, das zinsfreie Geld zu erwirtschaften, um die Bodenpacht zahlen zu können.
– Viele der Projekte, die mit einer Kreditfinanzierung durch Euro, Pfund oder Franken etc. zu teuer geworden wären, werden nun finanzierbar. Es werden insgesamt mehr Kredite genommen, so dass insgesamt mehr Geld in Umlauf kommt. Die bisher von den Zinsgeldkosten gebremste lokale Wirtschaft wächst zunächst dem Bedarf gemäß und passt sich anschließend daran an. Wir wissen, dass dieses System eine Grundlage schafft, die genau entgegengesetzt zur Grundlage des Zinsgeldsystem, an die wir gewöhnt sind, arbeitet:

Im Zinsgeldsystem fließt das Geld von den wirtschaftlich Schwächeren zu den wirtschaftlich Stärkeren, hier umgekehrt.

Knackpunkt in den Gemeinden ist also die Kooperation der Vermögenderen. Es ist wichtig, dass die Vermögenden freiwillig und wissend um das Wohl ihrer Mitmenschen und der Allgemeinheit willen den mit der Bodenpacht verbundenen Verzicht leisten. Jeder derartige Verzicht stärkt den sozialen Frieden, macht dadurch den Wandel zum allgemeinen Reichtum möglich und gibt ihm Kraft und Nachhaltigkeit.

Daher könnte es zu einer sanfteren und für die Gemeinschaft verträglicheren Einführung führen, die Bodenpacht anfänglich für eine Weile auf einen reduzierten Satz (von z.B. 2%) festzusetzen. Mit den Erfahrungen dieser Zeit, wenn die positiven Auswirkungen für die gesamte Gemeinde ersichtlich sind, könnten die Gemeindebewohner dann abstimmen, ob sie diesen Satz auf 2,5% und zu einem späteren Zeitpunkt vielleicht auch auf 3,0% erhöhen wollen. Bei 3% endet die Umverteilung von arm zu reich dann ganz. Auch wenn die Mitglieder der Hochfinanz mittlerweile große Teile des Grunds und Bodens der Kommunen aufkaufen, können die Kommunen den Grund und Boden mit der erwähnten Bodenpacht von 2,5-3%/Jahr als Gemeindesteuer besteuern und die Zinsabflüsse zur Hochfinanz damit beenden. Nur die Bodenpacht macht eine zinsfreie Wirtschaft vollständig. Hier steht also eine Konfrontation zwischen den Gemeinden/der Basis auf der einen Seite und der Hochfinanz, die überall das Land aufkauft, auf der anderen Seite an. Eine solche Konfrontation wird für die Gemeinden vermutlich erst im Moment der Geldentwertungskrise siegreich zu gestalten sein, weil die Hochfinanz in dem Moment ja ihr mächtigstes Kontrollwerkzeug, das Zinsgeld, durch Entwertung verloren hat. Dies ist ein weiterer Punkt, warum die Einführung eines Systems zinsfrei fließenden Geldes vermutlich erst zum Zeitpunkt der Geldentwertungskrise möglich sein wird.

Wichtig ist natürlich, dass die Herausgeber des zinsfrei fließenden Geldes die Wirtschaftsdaten so richtig berechnen, dass weder eine Inflation noch eine Deflation dieser Währung eintritt. Die Gemeinden brauchen als Herausgeber also schon Wirtschaftsfachleute, die richtig rechnen können.

Probleme bei nicht gleichzeitiger Einführung

Wie schon gezeigt, ist es am besten, diese gleichzeitig in Kraft treten zu lassen, da sie von Tag 1 an geschlossen Geldkreisläufe schaffen. (Nur die Ressourcensteuer könnte in den Gemeinden zeitlich verzögert eingeführt werden.) Eine getrennte Einführung brächte zudem folgende Nachteile:

Wenn eine umlaufgesicherte Währung allein eingeführt wird und so erfolgreich ist, dass Menschen keine Zinsen auf ihre Geldinvestitionen mehr erwirtschaften können, streben diese Investitionen verstärkt in den Ankauf von Grund und Boden und von Immobilien. Dies würde die Boden- und Immobilienpreise und auch die Mieten noch weiter als sowieso schon ansteigen lassen. (Diesen Missstand haben wir aufgrund des jahrelangen Niedrigzinses auch im Zinsgeldsystem schon seit einigen Jahren.)

Die Bodenpacht sorgt dann dafür, dass die Preise von Grund, Boden und Immobilien und damit auch die Mieten stark sinken und auch mit ihnen keine Zinsen mehr zu erwirtschaften sind – d.h. dass auch hier keine Vermögensumverteilung zu den Reichen und Reichsten mehr stattfindet.

Wenn weder durch Geld noch durch Grund und Boden und Immobilien Zinsen zu erwirtschaften sind, wird schließlich die Versuchung stärker, Profite auf Kosten der Natur zu erzielen. Daher ist die Besteuerung der Ressourcen der Natur höchst wichtig zu deren Schutz. Zumindest die Rohstoffe für Produkte aus Metall und Kunststoff müssen so besteuert werden, dass die Wiederverwertung alter Metalle und Kunststoffe günstiger wird als die Neuherstellung aus Naturressourcen. Der Schutz der Natur auf diesem Wege dürfte auf Gemeindeebene noch nicht so wichtig sein. Er wird jedoch umso relevanter, je mehr sich die zinsfreie Wirtschaft flächendeckend ausbreitet.

Wenn zu viele Menschen in der Gesellschaft ihr Denken darauf ausrichten, mit ihren wirtschaftlichen Aktivitäten einen Profit zu erzielen, wird sich diese kollektive Ausrichtung massiv gegen die Umlaufsicherungen richten. Die Möglichkeit der erfolgreichen Einführung eines zinsfrei fließenden Geldes hängt also ganz von der wirtschaftlichen Aufklärung über die Auswirkungen des Zinsgeldes und der Alternative des zinsfrei fließenden Geldes einerseits und andererseits von einer weiten Verbreitung der nötigen Reife ab, mehr das Wohl der Gemeinschaft anzustreben als den persönlichen Vorteil. Das ist der Grund, warum es erst eine Geldentwertungskrise braucht, die auch die Anhaftung an verzinstes Vermögen durch den desillusionierenden Verlust abschließend transformiert, bevor die Menschen ein zinsfrei fließendes Geld wirklich annehmen und wollen.

Wer sich also zinsfrei fließendes Geld wünscht, sollte außer der Aufklärung zur Geldthematik den Fokus primär darauf legen, mehr Menschlichkeit in die Gesellschaft einzubringen. Und dies ist auch ungeachtet der Geldthematik in jedem Fall sinnvoll und eine Bereicherung für alle, die sich so einbringen, und für alle, die Menschlichkeit erfahren.

Zinsfrei fließendes Geld wird sich vermutlich also erst im Moment der Geldentwertungskrise erfolgreich einführen lassen. Bis dahin gibt es nichts zu bekämpfen. Wir können völlig entspannt bleiben und nur in wirklich passenden Momenten und Gelegenheiten die Diskussion über das Geldthema mit Inspiration und Intelligenz in eine öffentliche Diskussion einbringen. Das zinsfrei fließende Geld lässt sich sowieso erst einführen, wenn das kollektive Bewusstsein so weit ist, ein solches Geld auch zu tragen.

Sonst enden die Versuche, seiner Einführung wie in der Vergangenheit. Und das Erwachen dieses Bewusstseins braucht seine eigene Zeit. Es lässt sich nicht forcieren.

Übergang von ZFG zu geldlosem Arbeitsbeitragssystem

Es ist zu überlegen, ob es nicht irgendwann sinnvoll sein kann, ein geldloses Arbeitsbeitragssystem einzuführen, nachdem das ZFG eingeführt wurde.

Wie weiter oben betrachtet, erzeugt das zinsfrei fließende Geld Geldfülle, Gerechtverteilung, freundlichen Wettbewerb, Ressourcenschonung, Dezentralisierung, Gerechtigkeit, Heilung, Mut und Selbsterkenntnis. Diese Auswirkungen genügen, um zu sagen: Ein System zinsfrei fließenden Geldes ist alles, was wir brauchen, alles, was erforderlich ist, angestrebt zu werden. Mehr brauchen wir wirklich nicht. Schauen wir uns dennoch an, wie sich die Umstellung in einigen Bereichen auswirken würde.

Die Automatismen der Geldverknappung und Umverteilung werden durch das zinsfrei fließende Geld in eine Tendenz zur Geldfülle und Neutralverteilung verwandelt. Das zinsfrei fließende Geld ersetzt die Mangelgefühle und Unzufriedenheit also durch ein Bewusstsein der Fülle und Zufriedenheit. Vermögen in Form von Geld, Grund und Boden, Immobilien, Unternehmen, Aktien usw. führen nicht mehr zu nennenswerten Zinseinnahmen.

Dieser Wegfall der Zinseinnahmen dürfte die Anhaftung und Anklammerung an Vermögen ein ganzes Stück weit auflockern. Wenn in diese Situation zu gegebener Zeit ein GABS eingeführt wird, kann es tatsächlich möglich sein, das Vermögen als Gemeindebesitz zu betrachten. Wenn sich das Bewusstsein der Menschheit in Richtung selbstlosem Dienen höherentwickelt, wird dieser Punkt eines Tages kommen.

Die Automatismen der Machtkonzentration und Verdrehung werden durch das zinsfrei fließende Geld in eine Tendenz zur Dezentralisierung und Gerechtigkeit verwandelt. Das zinsfrei fließende Geld verwandelt damit die Machtlosigkeitsgefühle und Zwangsgefühle in ein Bewusstsein von Souveränität und Möglichkeiten und in Redlichkeit. Das GABS dürfte dies in etwa so lassen. Da es im GABS jedoch kein Privatvermögen gibt, ist es für das Gedeihen dieses Systems erforderlich, dass der Dienst an der Gemeinschaft nicht mehr nur als Pflicht, sondern auch als Gelegenheit wahrgenommen wird, in der Freude am Leben zu wachsen, indem man anderen dient und sie glücklich macht. Es müsste also ein Bewusstsein entstehen, dass wir unsere Pflichten nicht nur erfüllen, weil sie unsere Pflichten sind, um zu bekommen, was wir brauchen und wollen, sondern weil die Pflichterfüllung uns Freude macht. Es ist also zu sehen, dass dieser zusätzliche Schritt hin zu einem GABS eine Weiterentwicklung, d.h. Höherentwicklung des Bewusstseins erfordert.

Es wird sich erst umfassend einführen lassen, wenn die Anhaftung der Menschen an Privatvermögen kollektiv schwindet und sich die Pflicht gegenüber der Gemeinde kollektiv von einer bloßen Pflichtausübung zu einem Bedürfnis wandelt, durch die Ausübung der Pflichten und über die Ausübung der bloßen Pflicht hinaus anderen Gutes zu tun.

Praktische Erwägungen zur GABS-Einführung in ein ZFG-System

Wir haben in Kapitel 2 gesehen, dass ein zinsfrei fließendes Geld eine Geldfülle erzeugt. Wenn es bei der Bank keinen Sparzins gibt und eine Geldhortung zu Hause sich nicht lohnt, weil diese Hortung besteuert wird, dann werden auch Unternehmen auf Dauer keinen Profit (Zinsgewinn) erwirtschaften, während ihnen die Kredite der Investoren erhalten bleiben, weil diese keine Ausweichmöglichkeit haben, um sich einen Kapitalertrag zu erwirtschaften. Wenn alle möglichen Märkte schrumpfen, ist dies ein sicheres Zeichen, dass die Gesellschaft in diesen Bereichen bereits gut versorgt ist. Unternehmen werden dann mitschrumpfen, Angestellte werden sich Arbeit in Bereichen suchen, in denen Arbeit benötigt wird und ganz allgemein wird sich die Arbeitszeit für alle mit dem technischen Fortschritt immer mehr verkürzen.

Wenn nun ergänzend zu einer zinsfrei arbeitenden Wirtschaft die Projekte eines geldlosen Arbeitsbeitragssystems gestartet werden und erfolgreich sind, werden die Märkte für die Unternehmen weiter schrumpfen. Die Arbeitsgruppen der Gemeinden übernehmen nun immer mehr Anteile des Marktes. Anders als die Zinswirtschaft ist es in einer Wirtschaft mit zinsfrei fließendem Geld kein Problem zu schrumpfen. Die Zinswirtschaft kollabiert, wenn sie schrumpft. Das zinsfrei fließende Geld passt sich an die Schrumpfung des Marktes an.

Die Fähigkeit, schrumpfen zu können, ist nun entscheidend im Hinblick auf die Toleranz, Akzeptanz und auch Zusammenarbeit mit geldlosen Arbeitsbeitragsgruppen. Durch das fließende Geld können Unternehmen umfassend mit den Arbeitsgruppen der Gemeinden zusammenarbeiten.

Bei beiden Systemen ist gleich, dass sie keine Umverteilung bewirken. Es wird kein Zins an Investoren abgeführt. Die Früchte der Arbeit verteilen sich auf alle Arbeitenden. Dadurch gibt es anders als bei der kritischen Animosität zwischen Zinsgeld und Arbeitsgruppen eine konstruktive und kreative Zusammenarbeit zwischen Unternehmen, die mit zinsfrei fließendem Geld arbeiten, und den Arbeitsgruppen von Gemeinden.

Wenn die Gesellschaft dies wünscht und praktikabel findet, kann die wirtschaftliche Tätigkeit nach und nach von den Unternehmen verlagert werden auf die Arbeitsgruppen der Gemeinden. So ist ein harmonischer und allmählicher Übergang möglich, der nicht schneller ablaufen muss als von den Gemeinden gewünscht und bei dem es am Ende auf natürliche Weise und ohne Bauchschmerzen auf dem Weg dahin kein Geld mehr gibt.

Bester Zeitpunkt für die Einführung eines ZFG-Systems

Damit endet die vergleichende Analyse, welches System wir mit dem Ende des Zinsgeldsystems aufgrund einer Geldentwertung am besten einführen. Es wird deutlich geworden sein, dass die Einführung eines zinsfrei fließenden Geldes unsere beste Option auf eine nachhaltige Lösung ist, die der ganzen Menschheit einen dauerhaften, gerecht verteilten Wohlstand im Einklang mit der Natur beschert.

Viele mögen sich mit der Frage beschäftigen, ob wir ein zinsfrei fließendes Geld nicht doch früher einführen und auf diesem Weg eine Menge vermeidbaren Leids verhindern können. Es wäre wünschenswert, das ganze vom Zinsgeldsystem erzeugte Leid zu beenden und ein goldenes Zeitalter, wenn wir können, schon früher herbeizuführen. Ein früherer Erfolg in der Zirkulierung eines zinsfrei fließenden Geldes würde ein solches Goldenes Zeitalter auch früher herbeiführen.

Tatsächlich könnte das Zinsgeld durch parallel gleichwertig zirkuliertes zinsfrei fließendes Geld wie in Kapitel 3 gezeigt seinen Wert behalten. All das hart erarbeitete Geld müsste nicht wertlos werden. Das zinsfrei fließende Geld würde als primäres Zahlungsmittel dienen und das Zinsgeld vorwiegend als Wertspeicher (und im Falle des Euros z.B. auf Reisen).

Das Zinsgeld würde dem zinsfrei fließenden Geld dienen. Könnte dieses Argument genügen, eine Mehrheit für die Einführung eines zinsfrei fließenden Geldes zu schaffen, die sich auch durchsetzt und das ZFG einführt? Jedenfalls endet mit dieser Konstellation die Vermögensumverteilung zur Hochfinanz, die wohl bis zuletzt ihren ganzen Einfluss geltend machen wird, diese Lösung daher zu verhindern. Und das bedeutet, dass das Zinsgeld wahrscheinlich doch zur Entwertung kommen und die Einführung des zinsfrei fließenden Geldes erst dann möglich sein wird.

Jedenfalls ist die Zeit des Leidens bis es zu einer Geldentwertung kommt auch nicht völlig sinnlos. Sie erfüllt sogar einen sehr wichtigen, unerlässlichen Zweck. Wir haben schon festgestellt, dass wir ein zinsfrei fließendes Geld als Gesellschaft nur dauerhaft tragen können, wenn das kollektive Bewusstsein diese Form des Geldes auch trägt. Wenn es noch zu egoistisch und eigennützig gestimmt ist, wenn die Anhaftung an verzinstes Vermögen noch zu groß ist, werden die Menschen darauf hinwirken, dass Umlaufsicherungsgebühr, Bodenpacht und Ressourcensteuer wieder abgeschafft werden. Ohne diese drei lassen sich egoistische Ziele besser verfolgen. Verfrühte Bemühungen, ein zinsfrei fließendes Geld einzuführen, werden also scheitern.

Auch wenn es grausam klingt: Wir werden all das Leid, alle die zunehmenden Erschwernisse durch die steigenden Zins- und Steuerlasten und alle die Frustrationen in den Bemühungen um den Aufbau von Vermögen und Rücklagen brauchen, um das Zinsgeldsystem loslassen zu können. Ohne eine solche schwere Zeit würde unsere kollektive Anhaftung an das Zinsgeld nicht ausreichend transformiert werden. In gewissem Sinne passt das kollektive Bewusstsein der Menschheit schon selbst auf sich auf. Die Anhaftung sorgt dafür, dass ein zinsfrei fließendes Geld nicht verfrüht, wenn wir kollektiv noch nicht bereit sind, eingeführt werden kann. Erst wenn das Zinsgeld wertlos wird, hat es seinen Zweck für unsere kollektive Transformation erfüllt. Und das ist der höhere Bewusstseinsgrund, warum wir ein zinsfrei fließendes Geld wahrscheinlich erst in der Geldentwertungskrise und nicht früher werden einführen können.

Zusammenfassende Tabelle der drei Wirtschaftssysteme

Auf der nächsten Doppelseite folgt eine tabellarische Zusammenfassung.

Was bei dieser Tabelle offensichtlich wird:

Die Unterschiede zwischen Zinsgeld und zinsfrei fließendem Geld sind, wie in den ersten Kapiteln schon dargestellt, diametral konträr.

Es gibt weit mehr Gemeinsamkeiten zwischen zinsfrei fließendem Geld und geldloser Wirtschaft als zwischen Zinsgeld und zinsfrei fließendem Geld. Diese Gemeinsamkeiten liegen vor allem daran, dass es in beiden Systemen kein Zinsgeld gibt. Das Problem ist nicht das Geld an sich, sondern das Zinsgeld, das automatisch entsteht, wenn dem Geld die Umlaufsicherung fehlt.

Zinsgeld	Zinsfrei fließendes Geld	Geldloses Arbeitsbeitragssystem
Wirtschaften mit Geld	Wirtschaften mit Geld	Wirtschaften ohne Geld
Geldverknappung	Geldfülle für die ganze Menschheit => riesiger Nachholbedarf der armen Menschen dieser Erde	Fülle ohne Geld
Organisation der Wirtschaft in Unternehmen	Organisation der Wirtschaft in Unternehmen	Organisation der Wirtschaft in lokalen, regionalen und überregionalen Projekten
Profitorientierung	Gezielte Profitneutralisierung, so dass Geld nur durch Arbeit zu verdienen ist	Arbeiten und Wirtschaften ohne Gedanken an eine Bezahlung
Fokus auf Arbeiten zum persönlichen Vorteil	Fokus auf Arbeiten zur guten Selbstversorgung und zum Allgemeinwohl	Fokus auf Arbeiten zum Allgemeinwohl
Der Markt bestimmt den Lohn. Durch die Umverteilung sind Arbeitskräfte (die der Umverteilung nicht direkt dienen) viel zu schlecht bezahlt.	Der Markt bestimmt den Lohn. Da die Arbeitskraft wichtiger ist als das Geld, gleichen sich die Gehälter gegenüber heute stark an.	Die Gegenleistung für Arbeit ist für alle gleich. Alle werden versorgt. Es gibt keine unterschiedliche Vergütung.
Umverteilung	Gerechtverteilung gemäß Nutzen geleisteter Arbeit	Gleichverteilung
Wachstumszwang	Fähigkeit der Wirtschaft, nach Bedarf zu wachsen oder zu schrumpfen	Es wird immer genau die Arbeit geleistet, die von der Gemeinde gebraucht und gewünscht wird
Verarmung und schließlich Kollaps bei Schrumpfung oder zu langer Stagnation	Schrumpfmöglichkeit bei mindestens gleichbleibendem Wohlstand	Wie oben
Mangelnde Flexibilität der gesellschaftlichen Selbstorganisation	Hohe Flexibilität der gesellschaftlichen Selbstorganisation	Hohe Flexibilität der gesellschaftlichen Selbstorganisation
Zunehmende Arbeitslosigkeit	Kaum Arbeitslosigkeit	Keine Arbeitslosigkeit

Zinsgeld	*Zinsfrei fließendes Geld*	*Geldloses Arbeitsbeitragssystem*
Arm-Reich-Spaltung	*Wohlstand für alle*	*Wohlstand für alle*
Vernichtungswettbewerb	*Freundlicher Wettbewerb*	*Kein Wettbewerb*
Eroberung von Märkten, Globalisierung	*Dezentralisierte Märkte, Regionalisierung*	*Keine Märkte*
Verschwendung	*Ressourcenschonung*	*Ressourcenschonung*
Machthierarchisierung	*Dezentralisierung*	*Dezentralisierung*
Entmachtung der Gemeinden, des Souveräns durch die Zentralisierung der Macht	*Wiederherstellung der Gemeinden als rechtmäßiger Souverän*	*Bewahrung der Gemeinden als rechtmäßiger Souverän*
Verdrehung = Unrecht, das zu Recht gebogen wird	*Gerechtigkeit*	*Gerechtigkeit*
Traumatisierung *Angststeuerung* *Deutungshoheit & Schuldprojektion*	*Heilung* *Vertrauen* *Eigenverantwortung & Selbsterkenntnis*	*Heilung* *Vertrauen* *Eigenverantwortung & Selbsterkenntnis*
Geistiges Eigentum / Patente werden aufgekauft und weggeschlossen, wenn sie der Umverteilung nicht dienen	*Neue Ideen, Errungenschaften und Lösungen bedrohen keine Profite und können sich daher manifestieren*	*Neue Ideen und Errungenschaften werden allen zugänglich gemacht und dienen der ganzen Menschheit*
Rentensystem über Beiträge, das durch die automatische Umverteilung zunehmend der Gefahr einer Rentenreform ausgesetzt ist, bei der ein Teil der Renten in die Umverteilung zur Hochfinanz wandert	*Rentensystem kann durch ein bedingungsloses Grundeinkommen für alle von der Geburt bis zum Tod ersetzt werden*	*Versorgung durch die Arbeitsgruppen, ohne dass Menschen, die nicht (mehr) arbeiten können, selbst arbeiten müssen*

Es gibt keine Gemeinsamkeiten zwischen Zinsgeld und geldloser Wirtschaft. Im Sinne einer Evolution, eines allmählichen positiven Wandels, wäre ein Übergang von Zinsgeld zu geldloser Wirtschaft zu radikal und würde zu viel Widerstand und Faulheit einerseits und zu viel Kontrolle und Zwang andererseits beinhalten, mit der kaum abwendbaren Gefahr eines Rückfalls in das Alte.

Die bisherigen Ausführungen machen also deutlich, dass der beste Weg in eine goldene Zukunft der Menschheit darin besteht, dass sich alle, die einen Beitrag für eine bessere Welt leisten möchten, bewusst machen, dass das bestehende System auf eine Krise zusteuert, in der entweder eine Deflation nicht mehr zu stoppen sein oder das Geld wertlos werden wird. Da die Zentralbanken einer Deflation schon seit vielen Jahren durch massiven Gelddruck gegensteuern und dies auch weiterhin tun werden, wird am Ende wahrscheinlich eher die Geldentwertung stehen. Der Moment der Geldentwertungskrise wird eine Tür öffnen für die Einführung einer zinsfreien Wirtschaft, also die Einführung einer Umlaufsicherung auf Geld, einer Bodenpacht auf Land und einer Ressourcensteuer. Je besser wir uns auf diesen Zeitpunkt vorbereiten, desto besser werden wir die Krise auffangen können, so dass es zu keiner Mangelversorgung kommt. Auch wenn wir das zinsfrei fließende Geld höchstwahrscheinlich noch nicht vorher einführen können, so können wir das Thema dennoch in die öffentliche Diskussion bringen. Das zinsfrei fließende Geld wird uns befähigen, die Umwelt zu retten, die Demokratie zu retten, Menschlichkeit auf diesem Planeten zu verbreiten, der ganzen Menschheit zu Wohlstand zu verhelfen. – Auch Menschen, die sich eine Welt ohne Geld wünschen, können dieses Ziel am besten erreichen, wenn sie die Möglichkeiten der Einführung einer zinsfreien Wirtschaft fördern und verbreiten.

Das Gleichgewicht in der Welt

Wenn wir davon reden, die Welt ins Gleichgewicht zu bringen, bedeutet das nicht, das Gleichgewicht zwischen selbstloser Fürsorge für die Gemeinschaft einerseits und Ego andererseits. Ego allein ist die Kraft, die Ungleichgewicht erzeugt. Je stärker die Egos in Relation zu den Bemühungen, der Gemeinschaft Gutes zu tun, desto mehr ist die Welt im Ungleichgewicht. Gleichgewicht entsteht also durch die Minderung und Auflösung von Ego. Gleichgewicht bedeutet ein Übergewicht des Wunsches, der Gemeinschaft Gutes zu tun, gegenüber dem Wunsch, dem persönlichen Vorteil zu dienen. Ab dem Moment, in dem unser Wunsch, der

Gemeinschaft Gutes zu tun, kollektiv stärker wird als unser Ego, ab dem Moment, beginnt die Welt, ins Gleichgewicht zu kommen.

Zinsgeld existiert durch den Wunsch, egoistischen Interessen zu dienen, und besteht durch diesen Wunsch fort. Daher erzeugt Zinsgeld auch jene Automatismen, die wir in Kapitel 1 durchleuchtet haben, die von der Hässlichkeit und Zerstörungskraft des Egos geprägt sind und unsere Welt aus den Angeln heben.

Zinsfrei fließendes Geld stammt mehr aus dem ehrlichen Wunsch nach Gerechtigkeit in der Welt, getragen von der wissenden Absicht, persönliche Interessen (durch Umlaufsicherungen) nicht auf Kosten anderer oder der Natur optimieren zu können.

Ein geldloses Arbeitsbeitragssystem ist eher mit dem Wunsch verbunden, der Gemeinschaft dienen zu können und in einer Welt zu leben, die sich durch die Schönheit des selbstlosen Gebens und Dienens auszeichnet.

Zinsgeld ist also auf das „Nehmen" fixiert. Wir wollen möglichst wenig Geld bezahlen (da Finanzierung Zinsen kostet). Wir wollen für unsere Waren und Dienstleistungen möglichst viel Geld bekommen (da wir selbst Zinsen zahlen müssen). Alles Wirtschaften ist durch den Zins darauf ausgerichtet, mehr zu bekommen und weniger zu geben, also auf unseren persönlichen Vorteil.

Das zinsfrei fließende Geld ist auf ein Gleichgewicht von „Nehmen" und „Geben" ausgerichtet. Es geht nicht darum, möglichst viel zu bekommen und möglichst wenig zu geben, sondern Teil einer Gesellschaft zu sein, die im Gleichgewicht ist. Wir sind nicht gezwungen, Preise runterzuhandeln (da Finanzierung keine Zinsen kostet). Wir sind nicht gezwungen, unsere Waren und Dienstleistungen so teuer wie möglich zu verkaufen (da wir selbst keine Zinsen zahlen müssen). Das Gleichgewicht von Nehmen und Geben ermöglicht in jeder Situation ein leben und leben lassen.

Ein geldloses Arbeitsbeitragssystem (GABS) geht noch einen Schritt weiter und ist auf die Freude am „Geben" und „Beitragen" fokussiert. Entsprechend ist es noch eine Bewusstseinsstufe höher als das zinsfrei fließende Geld und wird sich wohl auch erst später flächendeckend einführen lassen. (Heute gibt es meiner Schätzung nach erst einige Millionen, höchstens einige Dutzend Millionen Menschen auf der Erde, die selbstlos genug veranlagt sind. Damit ein GABS global funktioniert, müssen es Milliarden werden.)

Es gibt also eine harmonische Höherentwicklung von Zinsgeld (Philosophie des Nehmens) zu zinsfrei fließendem Geld (Gleichgewicht aus

Nehmen und Geben) zu einem geldlosen Arbeitsbeitragssystem (Philosophie des Gebens und Schenkens als Grundlage der Freude am Leben).

Das ist der Grund, warum wir alle Menschen, die eine bessere Welt anstreben, für eine Fürsprache für das zinsfrei fließende Geld gewinnen können. Wenn wir uns eine Welt ohne Geld wünschen, ist die Verbreitung von Menschlichkeit und Mitgefühl und des Wissens um das zinsfrei fließende Geld der beste Weg, eine solche Welt des Gebens und Schenkens letztlich auch zu erreichen.

Das zinsfrei fließende Geld ist die beste Grundlage auch für die Möglichkeit einer letztlich geldlosen Welt, in der die Menschheit sich wie eine einzige Familie sieht und verhält.

Was wir tun können

Wir können daran arbeiten, bessere Menschen zu werden, wir können anderen Menschen in unserem Alltag Gutes tun, wir können uns an Projekten zur Schaffung nachhaltigen Wohlstands für die Armen, zur Rettung und Wiederherstellung der Umwelt, für die Einführung immer effizienterer alternativer, umweltfreundlicher Energien und an anderen menschheitsdienlichen Projekten beteiligen, wir können die grundlegenden Geld- und Wirtschaftssysteme, vor allem das zinsfrei fließende Geld als zentralen Schlüssel für die Lösung der Menschheitsprobleme in die öffentliche Diskussion bringen und wir können uns bewusst werden, wer der eigentliche Souverän ist, der die politische und wirtschaftliche Verantwortung für diese Welt trägt und einen Beitrag zu den erforderlichen Vorbereitungen auf die kommende Geldkrise in unseren Gemeinden leisten. All dies hilft.

Das Zinsgeldsystem und die homöopathische Miasmenlehre

Die Neunheit ist der rote Faden dieser Buchreihe. Die Neunheit verbindet verschiedene wissenschaftliche Disziplinen, die sich mit der Welt beschäftigen, mit unserem Bewusstsein. Die folgenden Überlegungen sind der homöopathischen Miasmalehre entlehnt. Diese wird teilweise auch Gegenstand der Bücher über Tolkien und ausführlicher eines eigenen Bandes über die Homöopathie.

Diese Lehre hat eine extrapolierbare Bedeutung weit über die Homöopathie hinaus. Sie bringt eine grundlegende Dynamik zum Vorschein und zeigt die weitreichende Anwendbarkeit der Neunheit. In diesem speziellen Fall schauen wir uns ihre Bedeutung für das Thema dieses Buches, die Ökonomie, unser Geldsystem, an.

Alles Leben braucht Gleichgewicht und strebt – wenn im Ungleichgewicht – stets zielgerichtet nach dem verlorenen Gleichgewicht. Das Streben nach Gleichgewicht hört erst mit dem Tod auf.

Es gibt drei Ebenen, die wie drei Stufen von der physischen Existenz auf der einen Seite bis hin zum reinen Bewusstsein unseres innersten Menschseins auf der anderen Seite ansteigen. Diesen Stufen lassen sich ihrer Aufgabe gemäß folgende Namen geben:

- Energieerschaffung (in diesem Band auch die materielle Ebene genannt)
- Energieverwaltung oder -organisation (hier organisatorische Ebene)
- Energieauflösung in reines Bewusstsein (hier innere, menschliche Ebene)

Im 1. Band der Reihe „Neunfache Selbstheilung" heißen diese Ebenen passend zum Thema des Aufbaus unseres Geistes: Energiekörper (gesteuert vom Althirn), Mentalkörper (gesteuert vom Neuhirn/Großhirn) und spiritueller Körper (= unser vom physischen Körper unabhängiges innerstes Wesen).

Wenn die erste Ebene ein Ungleichgewicht erleidet, führt dies zu einem Energiemangel. Lässt sich dieser nicht beheben, kann auch die 2. Ebene in ein Ungleichgewicht verfallen.

Auf dieser organisatorischen Ebene wirkt das Bestreben, die mangelhaften Energieressourcen optimal zu nutzen und die Nutzungskapazitäten entsprechend auszuweiten.

Lässt sich der grundlegende Mangel aber immer noch nicht lösen und die Nutzungskapazitäten ufern aus, dann kann auch die innere, menschliche Ebene in ein Ungleichgewicht verfallen.

(Zum Beispiel gehört der Leistungsgedanke auf die „Selbstwert"-Ebene; wenn wir versuchen, Minderwertigkeitsgefühle, die uns einschränken und Energie rauben, durch immer mehr Leistung zu lösen, identifizieren wir uns mit unserer Leistungsfähigkeit; durch Erfolge, die wir mit unserer Leistungsfähigkeit erzielen, kompensieren wir Minderwertigkeit vielleicht zu Arroganz und werden uns selbst, unserem inneren Selbst dadurch fremd, zerstören uns.)

Hier setzt dann anstatt der Auflösung/Umwandlung unserer Energie in höheres Bewusstsein aufgrund der Ausuferung der Nutzungskapazitäten und der Nichtlösung des ursprünglichen Mangels eine Selbstzerstörung unseres inneren Menschseins ein, die meist ins Unterbewusstsein abwandert.

Wir haben hier also eine Abfolge von: Einschränkung / Restriktion => Ausweitung / Expansion => Zerstörung / Destruktion.

Jede dieser drei Hauptebenen ist ihrerseits in drei Bereiche unterteilt, die ebenfalls die Abfolge Einschränkung / Restriktion => Ausweitung / Expansion => Zerstörung / Destruktion aufweisen. Für die Funktionsbereiche unseres Geistes bedeutet das wie im 1. Band herausgearbeitet:

Versorgung: Störung = Mangel, welcher teufelskreisartig verschärft wird => Einschränkung der uns verfügbaren Energie und Ressourcen

Austausch: Störung = Unzufriedenheit, welche durch ihren Teufelskreis ausufert => Ausweitung/Ausuferung von Wünschen, Ansprüchen, Erwartungen

Miteinander: Störung = Benachteiligung, welche durch ihren Teufelskreis zu Feindseligkeit führt => Zerstörung der Mitmenschlichkeit

Wert/Selbstwert: Störung = Minderwertigkeit, welche durch ihren Teufelskreis verschärft wird = Einschränkung des Selbstwertgefühls

Macht: Störung = Machtlosigkeit, welche durch ihren Teufelskreis in das Streben nach Macht und Einfluss oder eine immer größere Nachgiebigkeit ausufert = Ausweitung

Gerechtigkeit/Ethik: Störung = Zwang, welcher durch seinen Teufelskreis die Gemeinschaft zerstört = Zerstörung (der Redlichkeit/des Dharmas)

Dieselbe Abfolge gilt bei der inneren, menschlichen Ebene.

In einer Tabelle der neun Bereiche sieht dies kombiniert wie folgt aus:

Versorgung *Einschränkung* *Einschränkung*	***Austausch*** *Einschränkung* *Ausweitung*	***Miteinander*** *Einschränkung* *Zerstörung*
Selbstwert *Ausweitung* *Einschränkung*	***Macht*** *Ausweitung* *Ausweitung*	***Gesetz/Ordnung*** *Ausweitung* *Zerstörung*
Innerstes Sinngefühl *Zerstörung* *Einschränkung*	***Innerstes Seinsgefühl*** *Zerstörung* *Ausweitung*	***Innerstes Bewusstsein*** *Zerstörung* *Zerstörung*

Hier sind die jeweiligen drei Bereiche der drei Ebenen in eine Tabelle eintragen. So erhalten wir sowohl von oben nach unten als auch zusätzlich von links nach rechts denselben Ablauf: Einschränkung => Ausweitung => Zerstörung.

Beim Thema Geldsystem finden sich in den jeweiligen Bereichen die beiden jeweiligen Tendenzen kombiniert wieder, wenn die Wirtschaft durch Zinsgeld in ein immer größeres Ungleichgewicht versetzt wird:

Versorgung: Hier gibt es den Zwang, immer wieder eine Warenverknappung zu bewirken, damit noch ein Zins erwirtschaftet werden kann. Durch die Entnahme der Zinsgewinne ohne Re-Investition der Gelder entsteht dann in der Summe in der Realwirtschaft die unausweichliche Geldverknappung. Wir haben also eine zweifache Verknappung: Einschränkung und Einschränkung. Dieser Mechanismus kann nichts als immer wieder Mangel, Mangel und Mangel zu erzeugen. Beides, Einschränkung und Einschränkung auf der Ebene der Versorgung sind charakteristisch für das vom Zinsgeld erzeugte Ungleichgewicht.

Austausch: Hier haben wir durch die automatische Umverteilung eine Verschärfung der Geldverknappung bei den Menschen, die auf die Bezahlung ihrer Arbeit angewiesen sind (Einschränkung) und eine nach oben nicht begrenzte Ausuferung des Reichtums der Hochfinanz (Ausweitung). Außerdem bewirkt dieser zunehmende Geldmangel (Einschränkung) einen Wachstumszwang (Ausweitung), um die Verarmung der Arbeitenden hinauszuzögern. Diese Auswirkungen von Einschränkung und Ausweitung gleichzeitig auf der Ebene des Austauschs sind charakteristisch für das vom Zinsgeld erzeugte Ungleichgewicht.

Miteinander: Hier gibt es durch den Vernichtungswettbewerb eine immer wieder auftretende Schließung von Unternehmen, um für die nötige Warenknappheit zu sorgen. Wir haben also den Knappheitszwang (Einschränkung) und die daraus resultierende ständige Schließung von Unternehmen (Zerstörung).

Wert: Hier prallen Wachstumszwang (Ausweitung) und Knappheitszwang (Einschränkung) aufeinander. Die Differenz zwischen beiden definiert das Ausmaß der vom Zinsgeld erzwungenen Verschwendung und Umweltzerstörung.

Macht: Die automatische Umverteilung des Vermögens (Vermögensausweitung der Reichsten) geht einher mit einer zunehmenden Machtkonzentration. Je mehr Macht, desto mehr Vermögen, je mehr Vermögen, desto mehr Macht, je mehr Spaltung in arm und reich, desto mehr Spaltung in mächtig und machtlos, Ausweitung und Ausweitung.

Gerechtigkeit/Ethik: Je größer die Umverteilung des Vermögens, desto größer die Ungerechtigkeiten in dieser Welt (Ausweitung). Jeder größer die Ungerechtigkeit, desto stärker die Versuchung, sich auf unrechte

Weise Vorteile zu verschaffen und verlorenes Recht zurückzuholen und je größer die Unredlichkeit in der Gesellschaft, desto stärker der Zwang von oben zur Durchsetzung der Gesetze (= Zerstörung der Redlichkeit = Zerstörung der Freiheit). Wir haben hier also Ausweitung und Zerstörung.

Innerstes Sinngefühl: Je schlimmer die Traumatisierung (Zerstörung des Glücks im Leben) der Gesellschaft und Menschheit, desto mehr schrumpfen die Möglichkeiten der Inspiration, Begeisterung und Freude, die wir zur Lösung der Menschheitsprobleme brauchen (Einschränkung). Hier haben wir also Zerstörung und Einschränkung.

Innerstes Seinsgefühl: Je schlimmer die Angststeuerung (Zerstörung von Mut und Selbstvertrauen) durch die vom Zinsgeld für die Zukunft programmierten Übel, desto größer die Angst, dass die programmierten Übel auch eintreten (Ausweitung). Das Zinsgeld macht die Angst vor der systemimmanenten Verschlimmerung zu einer sich selbst erfüllenden Prophezeihung, die unseren Willen steuert und uns den Menschen an den Schalthebeln des Systems ausliefert.

Innerstes Bewusstsein: Je schlimmer die Auslieferung an die Deutungshoheit anderer (Zerstörung unserer eigenen Wahrnehmung durch zu starke Schuldgefühle), desto mehr lassen wir uns gegen alle Lösungen instrumentalisieren, die das Zinsgeld überflüssig machen könnten (Zerstörung aller Lösungen). Hier haben wir also Zerstörung und Zerstörung. Dies ist das Ende der Fahnenstange.

Wir können uns als Menschheit nur retten, wenn wir uns durch Menschlichkeit und inspirierte Zuversicht von der Traumatisierung heilen, aus der Angststeuerung aufwachen und Mut und Mitgefühl zur Behebung des Leids in der Welt aktivieren, und unsere Unterwerfung unter die Deutungshoheit des Systems durch Selbstvergebung, Erkenntnis und Selbsterkenntnis auflösen, unsere kindliche Unschuld zurückgewinnen und wieder lernen, mit der richtigen Unterscheidung auf unsere eigene Wahrnehmung zu vertrauen.

Das Zinsgeldsystem ist eine mathematisch genau vorausberechenbare Maschine. Ihre komplexen Mechanismen lassen sich anhand der Tabelle oben wie man sieht sogar mit relativ wenigen Worten darstellen.

Die Neunheit-Reihe

Die Werke der Neunheit Reihe zeigen zu sehr verschiedenen Themenbereichen die universelle Präsenz der neunfachen Struktur der menschlichen Psyche auf. Die menschliche Psyche besteht aus einem Energiekörper, einem Mentalkörper und einem spirituellen Körper. Jeder dieser drei Körper ist seinerseits in drei sich nach ihrer Funktion für die Psyche unterscheidende Bereiche unterteilt. In Band 1 wird die neunfache Struktur unseres Geistes im Detail unterschieden und erläutert.

Die Menschheit ist in den Jahrtausenden der uns näher bekannten Geschichte durch eine Zeit gegangen, in der die menschlichen Bestrebungen auf Vorstellungen beruhten, die immer wieder zu Auseinandersetzungen und Kriegen geführt haben. Unser Bewusstsein war durch egoistische Bestrebungen verdunkelt, gerechtfertigt durch Überzeugungen, selbst die Wahrheit zu kennen und anderen die Unwahrheit austreiben zu müssen.

Heute sieht es so aus, dass parallele Prozesse ablaufen, die diese Zustände gleichzeitig verbessern und weiter verschlechtern, weil es einerseits Menschen gibt, in denen sich diese Haltung bessert und andererseits solche, in denen sie sich verhärtet. Wenn Licht und Dunkel gleichzeitig stärker werden, ist dies normalerweise ein Hinweis, dass wir auf einen Punkt zusteuern, an dem die Dunkelheit weichen muss. Die Dunkelheit lastet immer schwerer auf uns, weil das Licht stärker wird. Wenn wir das Licht der Wahrheit in uns wählen, wird das Dunkel der Illusionen in uns schließlich weichen.

Alles, was wir in der Welt erschaffen, ist eine Widerspiegelung unseres Bewusstseins, das unsere Handlungen konzipiert hat. Alle auf uns rückwirkenden Erfahrungen, die wir mit unseren Schöpfungen machen, bieten somit Möglichkeiten für unsere Selbsterkenntnis als das erschaffende Bewusstsein. Wenn nun eine *Schuldprojektion* (unserem Ego dienliche Schuld projizierende Konzepte) in uns installiert wurde, stellen wir uns selbst nicht mehr in Frage und wollen eher die Welt und die Menschen in der Welt gemäß unseren Vorstellungen verändern, so dass sie zu unseren Vorstellungen passen.

Die *Schuldprojektion* bewirkt, dass wir die Welt an unsere Vorstellungen anpassen, anstatt von ihr zu lernen. Solange unser Leben bei diesem Vorgehen überwiegend angenehm ist, haben wir nicht das Gefühl, Selbsterkenntnis zu brauchen. Aber wenn Probleme und Konflikte zunehmen und unsere Bemühungen, Glück in der Außenwelt zu finden, scheitern, kann der Punkt kommen, an dem wir uns von außen nach innen wenden.

Das grundsätzliche Problem der Menschheit, das alle Schrecken in der Geschichte der letzten Jahrtausende verursacht hat, ist also folgendes: Wenn die Strukturen, die wir in der Welt erschaffen, von falschen Annahmen ausgehen, die wir nicht als solche erkennen, wird die Rückwirkung aus der Wirklichkeit mit leidvollen und schmerzhaften Erfahrungen verbunden sein, die uns auffordern, die Annahmen zu untersuchen, denen die von uns in der Welt geschaffenen Strukturen zugrunde liegen. Solche falschen Annahmen können sowohl unsere Vorstellungen von uns selbst als auch unsere Vorstellungen von der Welt betreffen. Nur, wenn die Korrektur unserer Vorstellungen von der Welt dazu führte, dass wir auch unsere Vorstellungen von uns selbst korrigieren müssten, und wenn wir dies (aufgrund lauernder Unannehmlichkeiten durch Strafen, Jobverlust, Statusverlust, Gesichtsverlust etc.) nicht wollen, können wir auch unsere falschen Vorstellungen von der Welt nicht korrigieren. In dem Maße, in dem die Ursache unseres Unwillens in gesellschaftlichen Tabus liegt und wir Angst vor einem Außenseiterdasein haben, wird es zu einer Frage von Mut und Selbstvertrauen, dennoch nach Selbsterkenntnis zu streben. Ungeachtet aller inneren und äußeren Hindernisse, beginnt und endet die Heilung der Welt jedenfalls mit unserer Selbsterkenntnis als was oder wer auch immer wir in Wahrheit sind. Jede(r), die/der die Selbsterkenntnis wählt, senkt die Hemmschwelle für alle anderen, es auch zu tun.

Tatsächlich lassen sich die unangenehmen Rückwirkungen und Rückmeldungen aus der uns umgebenden Wirklichkeit viel besser für unsere Selbsterkenntnis nutzen als die angenehmen. Wie es aussieht, braucht der Mensch also leider erst Leid, um wahres Glück erfahren zu können. Sobald wir unserer Anhaftung an das Angenehme die Gefolgschaft kündigen und Selbsterkenntnis zu unserem Ziel machen, wandeln sich unsere unangenehmen Erlebnisse im Leben ganz einfach in Möglichkeiten zur Selbsterkenntnis. Diese Möglichkeiten, das, was nicht funktioniert, im Ungleichgewicht, gestört oder krank ist, zur Selbsterkenntnis zu nutzen, ziehen sich letztlich in alle wissenschaftlichen Themenbereiche zur Ordnung des menschlichen Lebens. Wir können alles, was in unserer Welt nicht funktioniert, für unsere Selbsterkenntnis nutzen, und alle Selbsterkenntnis, die wir gewinnen, für einen Beitrag für eine menschlichere, dem Menschsein besser dienende Welt nutzen.

Das Leben erfüllt für uns die Aufgabe, uns die Dinge, die wir nicht sehen wollen, direkt vor Augen zu führen. Daher haben sich in der Geschichte der letzten Jahrtausende Strukturen entwickelt, die dem, was wir kollektiv in uns nicht sehen wollen, genau entsprechen, es widerspiegeln. Dies bezieht sich vor allen anderen Dingen auf unser Geldsystem, dessen Automatismen die Auswirkungen widerspiegeln, die die *Schuldprojektion* auf unser Bewusstsein von uns selbst hat. Daher kann uns eine genauere Analyse unseres Geldsystems sehr viel über uns selbst und die Schatten der Nichterkenntnis in uns verraten. Wenn wir diese Schatten durch das Licht der Selbsterkenntnis verjagen können, werden wir auch kollektiv ein Geldsystem installieren können, das unsere Selbsterkenntnis nicht mehr behindert, sondern diese einher mit dem Wohlstand, Frieden und Glück der Menschheit fördert. Unser Geldsystem ist Gegenstand von Band 2.

Die von egoistischen Absichten in uns eingebaute *Schuldprojektion* (die für unsere Ego bequemen Schuld projizierenden Konzepte) wird in den Schriften Tolkiens vom Einen Ring symbolisiert, der von Sauron geschaffen wurde. Die *Schuldprojektion* dient ausschließlich unserem Ego, dessen Machenschaften enden, wenn wir uns selbst erkennen, symbolisiert von Saurons Ende durch die Vernichtung des Einen Ringes. Ego und *Schuldprojektion* sind die beiden Kräfte, die die 3 Ebenen unseres Geistes, bei Tolkien symbolisiert von den Zwergen, Menschen und Elben, bedrohen und zunehmend in Chaos versetzen.

Da unser Geldsystem die *Schuldprojektion* in uns widerspiegelt, hat Tolkien in seinen Schriften die Geschichte des Bewusstseins der Menschheit und gleichzeitig die Geschichte der dunklen Machenschaften jener Menschen verschlüsselt, die in den letzten Jahrtausenden unser Geld kontrolliert und einher damit die Menschheit gesteuert haben. Tolkiens hat uns für unsere Zeit vorausgesagt, dass wir uns von der *Schuldprojektion* und dadurch gleichzeitig auch von dem uns fremdsteuernden Geldsystem befreien können (und wohl auch werden). Mit diesen Inhalten beschäftigen sich die Bände 3 und 4.

Einzeln sind alle neun Bereiche unseres Geistes von unserem Ego - das ja auch die *Schuldprojektion* geschaffen hat - bedroht. Nicht nur die Gesamtpsyche, sondern bereits jeder einzelne ihrer neun Bereiche, ist komplex und lohnt eine separate Untersuchung. Die Grimm-Märchen beschäftigen sich mit ihren symbolischen Bildern jeweils mit einem der Einzelaspekte der Neunheit und wie wir uns von den Auswirkungen unseres Egos auf den jeweiligen Bereich befreien können. Die Grimm-Märchen sind als Band 5 der Neunheit-Reihe erschienen.

Die *Schuldprojektion* führt auch unseren physischen Körper auf zweierlei Weise in die Krankheit: Einerseits dadurch, dass sie immer tiefer in unseren Geist eindringt und wir uns mit jeder Stufe der Eindringtiefe vor uns selbst entfremden, und andererseits dadurch, dass dann biologische Konflikte zunehmen, die unseren Körper immer kränker und krankheitsanfälliger machen können. Auch diese Inhalte sind als weiterer Band der Reihe zum Thema Homöopathie geplant. Das immer tiefere Eindringen der *Schuldprojektion* in unseren Geist wird von der homöopathische Miasma-Lehre dargestellt.

Auch weitere Bände sind möglich, z.B. ein Abgleich zwischen Bibel und Tolkiens Silmarillion oder die Neunheit in unserem Sonnensystem. In den Werken zu den jeweiligen Themen dieser Reihe wird zum einen die Bedeutung der neunfachen Struktur der menschlichen Psyche für das jeweils besprochene Thema und zum anderen die Rückwirkung jener Strukturen beleuchtet, die aus dem Gleichgewicht geraten sind, mit dem Ziel, einen Beitrag sowohl für unsere Selbsterkenntnis als auch für die Schaffung funktionierender Strukturen in der Welt zu leisten. In dem Maße, in dem wir uns selbst erkennen, kann unser Bewusstsein Strukturen in der Welt schaffen, die dieser korrekten Selbsterkenntnis entsprechend im Gleichgewicht sind. Wenn die Welt nicht mehr die Aufgabe erfüllen muss, uns kollektiv auf irrige Selbstvorstellungen hinzuweisen, kann sie sich auch wandeln. Wenn wir also in unserem Bewusstsein ein goldenes Zeitalter erschaffen können, wird es sich schließlich auch im Außen manifestieren lassen.

Die Neunheit-Reihe ist so konzipiert, dass jeder Band für sich alleine gelesen werden kann. So kann sich jeder Leser heraussuchen, welches Thema ihn anspricht. Die in jedem Werk enthaltenen Bezüge auf frühere oder spätere Werke der Reihe verweisen auf die Möglichkeit, das entsprechende Thema dort zu vertiefen. Die bei der Lektüre aller Werke werkübergreifend auftretenden Wiederholungen dienen der Vertiefung, da sich die Perspektive mit jedem Thema verändert.

ÜBER DEN AUTOR

Ludwig D. Gartz lebt in Michelstadt (Hessen). Er ist als Schriftsteller tätig. 2008 ist sein Buch „Fließendes Geld“ erschienen, 2015 der 1. Band, 2016 der 2. Band, 2017 der 3. und 4. Band, 2020 der 5. und 6. Band und 2021 der 7. und 8. Band der Neunheit-Reihe (www.neunheit.de).

ISBN 978-3-00-054698-3

Heinrichstraße 3, D-64720 Michelstadt
www.neunheit.de

UMSEITIG FINDEN SIE WEITERE BÜCHER DES AUTORS
›››

Die Symbolik Tolkiens

DRITTER BAND DER NEUNHEITSREIHE.

Dieser dritte Band legt die Grundlage für die vollständige Entschlüsselung des Herrn der Ringe als eine Prophezeihung für unsere Zeit. Jede Figur, jedes Lebewesen, jeder Ort und jeder Gegenstand im Herrn der Ringe weist eine spezifische Bedeutung auf, die hier logisch und bildhaft verständlich abgeleitet wird. In dieser Symbolsprache sind Tolkiens Werke verfasst.

ISBN 978-3-00-058254-7

Die Ringvernichtung

VIERTER BAND DER NEUNHEIT-REIHE.

Tolkiens Schriften verschlüsseln die Menschheitsgeschichte von ihren Anfängen bis in die fernere Zukunft. Sie enthalten auch die Probleme der Jetztzeit und ihre Lösungen.

Dabei findet die im Herrn der Ringe verschlüsselte, fünfstufige Zeitenwende gerade jetzt statt.

ISBN 978-3-00-058255-4

ISBN 978-3-9812507-2-5

Der Ring Weda

Der Ring Weda ist die Fortsetzung der Interpretation von Tolkiens Silmarillion in Der Silmaril Weda. Während in Der Silmaril Weda die Entwicklungsprozesse der damaligen Menschheit während des ersten im Silmarillion dargestellten Zeitalterzyklus‘ nachgezeichnet werden, beginnt Der Ring Weda mit den durch Númenor symbolisierten Prozessen in Atlantis, die zu dessen Untergang führten, und beschäftigt sich dann mit der nachatlantischen Zeit bis heute. Das Buch macht anhand der symbolischen Erzählung Tolkiens deutlich, durch welche geistige Entwicklung wir gegangen sind und wie wir diese in unserer Zeit zu einem erfolgreichen Abschluss bringen können.

ISBN 978-3-9812507-4-9